Renate Amann, Barbara von Neumann-Cosel (Hrsg.)

Berlin *Eine Stadt im Zeichen der Migration*

VWP VERLAG FÜR WISSENSCHAFTLICHE PUBLIKATIONEN

Impressum

*Berlin - Eine Stadt im Zeichen
der Migration
Hrsg. Renate Amann,
Barbara von Neumann-Cosel
Darmstadt 1997,
vwp Verlag für wissenschaftliche
Publikationen*

ISBN 3-922981-92-5

*Gestaltung:
Thomas Reinhardt
Gesamtherstellung:
Oktoberdruck GmbH*

*Alle Rechte sind vorbehalten.
Fotomechanische Wiedergabe
nur mit Genehmigung
des Verlages vwp*

*© vwp Verlag für
wissenschaftliche Publikationen 1997*

*Renate Amann,
Barbara von Neumann-Cosel
Genossenschaftsforum e.V.
Königin-Elisabeth-Straße 41
14059 Berlin*

*Telefon 030 - 302 38 24
Telefax 030 - 306 22 64*

*Diese Publikation entstand im Zusammenhang
mit der 6. europäischen WOHNBUND-Konferenz
„Migration - Stadt im Wandel"
vom 27.-30.11.1997 in Berlin*

*Veranstalter
WOHNBUND e.V.
Verband zur Förderung wohnpolitischer Initiativen
Kasselerstraße 1a
D - 60486 Frankfurt am Main*

*Telefon +49 - 69 - 77 60 25
Telefax +49 - 69 - 77 30 37
e-mail WOHNBUND.Frankfurt@t-online.de*

*Organisation
Joachim Brech, WOHNBUND Frankfurt
Laura Vanhué,
Consultant, 21, rue Tiberghien, B 1210 Brüssel,
Telefon & Fax + 32- 2- 217 99 37
e-mail: Laura.vanhué@skynet.be*

*Förderung
Die Konferenz wurde durch die
Kommission der Europäischen Union,
das Land Berlin und die
Stiftung Deutsche Klassenlotterie Berlin
gefördert.
Sie stand unter der Schirmherrschaft
des Generalsekretärs des Europarates,
Herrn Daniel Tarschys.*

Vorwort

Das Buch „Berlin- Eine Stadt im Zeichen der Migration" erscheint zum 6. Europäischen Wohnbund-Kongreß in Berlin. Mit dieser Veröffentlichung wird der Themenschwerpunkt „Migration und Stadtentwicklung" auch für die gastgebende Stadt vorgestellt.

Intention war es, die Bandbreite und das Spektrum der Vernetzungen von stadtplanerischen mit wirtschaftlichen, sozialen und kulturellen Bezügen durch die Zuwanderung aufzuzeigen. Bei der Vielfältigkeit des Themas mußte auf Vollständigkeit verzichtet werden und so konnten viele Einzelaspekte und Vorort-Projekte nicht dargestellt werden. Gleichwohl hat sich bei der Recherche gezeigt, wie sehr das Thema Zuwanderung bislang im Bereich von akademischen Disziplinen wie der Migrationsforschung oder im Ressort Ausländerpolitik verblieben ist und eine Vernetzung mit anderen Forschungs- und Verwaltungsstellen noch als Zukunftsaufgabe aussteht.

In diesem Buch werden wissenschaftliche Untersuchungen mit Beispielen aus der Praxis in Verbindung gesetzt. Die Annäherung an das Thema erfolgt in vier Abschnitten. Der erste, „Stadt im Wandel", dient der Einführung aus Sicht der Stadtpolitik, der historischen Entwicklung sowie von aktuellen stadtsoziologischen Aspekten. In den drei folgenden Abschnitten „Stadtraum und Aneignung", „Identität und Netzwerke" sowie „Partizipation und Intervention" werden einzelnen thematischen Zugängen jeweils Projektbeispiele gegenübergestellt. Damit entspricht die Orientierung von Buch und Kongreß, innovative Lösungsansätze und Handlungsspielräume aufzuzeigen, den grundlegenden Prinzipien der Arbeit des Wohnbunds e.V.

Wir danken dem Büro der Ausländerbeauftragten des Senats von Berlin, der Senatsverwaltung für Stadtentwicklung, Umweltschutz und Technologie sowie allen AutorInnen und aktiven Ratgebern, die zum Entstehen dieses Buches beigetragen haben.

Berlin im November 1997

Renate Amann
Barbara von Neumann-Cosel

I INHALT

6 Stadt im Wandel

8 Berlin - Integrationswerkstatt der Nation
Barbara John

16 Migration - ein Thema der Stadtentwicklung
Julian Wékel

22 Zuwanderung und Stadtentwicklung in Berlin
Dilemmata in einem Nicht-Einwanderungsland
Hartmut Häußermann

26 Traditionslinien der Migration und Stadtentwicklung in Berlin
Cihan Arin

II

34 Stadtraum und Aneignung

36 Zuwanderung und Stadtstruktur
Die Verteilung ausländischer Bevölkerung in Berlin
Andreas Kapphan

42 Migration in Schöneberg - Ein Bezirk im Wandel
Elisabeth Ziemer

48 Migration als Aufgabenfeld der Stadtplanung
Orte türkischer Migranten in Kreuzberg
Ümit Bayam

51 *Wohnen und Leben e.V. Kreuzberg*

52 Integration statt Gewalt
Die freizeitpädagogische Arbeit mit Kindern und Jugendlichen in einem interkulturellen Stadtteil
Stefan Greh

54 Stadtteilentwicklung in Berlin-Wedding mit und für Immigranten
Die Lokale Partnerschaft Soldiner Straße als integrativer Ansatz
Jürg Schwarz

57 *Kommunales Forum Wedding e.V.*

58 Sozialer Brennpunkt Beusselkiez?
Streiflichter auf ein problematisches Gebiet
Barbara Haag

61 Entwicklung einer schrittweisen Verbesserung der sozialen Situation im Beusselkiez
Helmut Rösener

62 Ein Haus in Europa
Modell einer Nachbarschaftskonferenz in Neukölln
Rita Klages

66 Stadtteil-Netze für verbesserte Lebensbedingungen im Kiez
Das BSG Vor-Ort-Büro Schillerpromenade
Ilse Wolter, Horst Evertz

68 Gedanken zu einem Spaziergang durchs Reuterquartier in Neukölln
Dörte Hedemann, Jürgen Schröder, Christine Skowronska-Koch

70 *Öko-Zentrum für Jugend und Beruf*

71 *elele Nachbarschaftsverein e.V.*

72 Berlin - Brücke der Kulturen
Lokale Strategien einer projektorientierten Sozialpolitik in Ostberlin
Klaus M Schmals

77 *SüdOstEuropa Kultur e.V. (SOEK)*

78 *OWEN - Ost-West-Europäisches FrauenNetzwerk e.V.*

79 *S.U.S.I. Interkulturelles Frauenzentrum*

80 Interkulturelle Pädagogik an einer Oberschule in Lichtenberg
Tufan Uyanik

82 Ostberliner Großsiedlungen und Migration
Holger Kuhle

85 *PRO MIGRANT - Einrichtung aufsuchender Sozialarbeit für MigrantInnen in Hellersdorf*

86 Marzahn als neue Heimat für Zuwanderer
Elena Marburg

89 Marzahn - ein Stadtbezirk im Wandel
Cornelia Reinauer

III Identitäten und Netzwerke

92 Nadelöhr Wohnen
Wie polnische Wanderarbeiter in Berlin unterkommen
Norbert Cyrus

95 *ZAPO Zentrale Anlaufstelle für PendlerInnen aus Osteuropa*

96 Zwischen »Charlottengrad« und »Scheunenviertel«
Jüdische Zuwanderer aus der früheren Sowjetunion
Judith Kessler

103 *Die Jüdische Gemeinde zu Berlin*

104 Unsere Heimat ist die russische Sprache
Russischsprachige Medien in Berlin
Tsypylma Darieva

106 Community-Formierung und ethnisches Gewerbe
Zur Rolle der italienischen Zuwanderer
Edith Pichler

109 *Kinder & JugendMuseum im Prenzlauer Berg*

110 Jenseits der Ghettos
Kreolisierung, Identität und räumliche Repräsentation der Deutsch-Türken in Berlin
Ayşe S. Çağlar

114 Türkische Ökonomie nach der Wende in Berlin
Ahmet Ersöz

117 *Arbeit und Bildung e.V Projekt Kumulus*

118 Der Türkische Friedhof zu Berlin
DITIB Die Türkische Islamische Union der Anstalt für Religion e.V.

119 *Der Türkische Bund in Berlin-Brandenburg e.V.*

120 „Früher war ich ein Fisch in einem Glas, jetzt schwimme ich im großen Meer"
Treff- und Informationsort für Türkische Frauen e.V (TIO)
Karin Heinrich

122 Geschlechtsspezifische Arbeitsmärkte für Migrantinnen in Berlin
Felicitas Hillmann

125 *I.S.I. Initiative Selbständiger Immigrantinnen e.V.*

126 Vietnamesische Migrantenökonomie im Ostteil Berlins
Lars Liepe

129 *Verein Reistrommel e.V.*

130 *Fountainhead Tanz Theatre*

131 *EURAFRI Europa-Afrika-Kulturzentrum in Berlin-Brandenburg e.V.*

132 Migranten sind .... Rentner?
Zur Situation älterer Arbeitsmigranten in Deutschland und Berlin
Reinhard Griepentrog

IV Partizipation und Intervention

138 Die Möglichkeiten der Partizipation und die Notwendigkeiten der Intervention
Ethnische Eigenorganisationen als Instrumente im Situierungsprozeß
Jürgen Fijalkowski

142 Die interkulturelle Öffnung sozialer Dienste
Eine zeitgemäße Form der Partizipation von Migranten an kommunalen Dienstleistungen
Margret Pelkhofer-Stamm

146 Die Arbeit des Caritasverbandes mit Migranten
Projektarbeit in Berlin
Barbara Ruff, Peter Wagener

150 Die Wohnheimunterbringung von Migranten in Berlin
Peter Kužma

154 Planung eines interkulturellen Gesundheitszentrums für Berlin
Angelika Pochanke-Alff

155 *Akarsu e.V. Immigrantinnen Verein*

156 Mileuschutz als Instrument zur Erhaltung multi-ethnisch strukturierter Wohngebiete
Sigmar Gude

160 Zur Standortbestimmung kommunaler Wohnungsunternehmen
Hans Jörg Duvigneau

164 Mieterberatung für Zuwanderer in Berlin
Ausländer und Mietrecht - Schwierigkeiten der Interessenvertretung
Reiner Wild

170 Haus der Nationen
Interkulturelles Projekt im sozialen Wohnungsbau einer Genossenschaft
Renate Amann, Barbara von Neumann-Cosel

172 Werkstatt der Kulturen: Werkstatt für die Weltstadt
Andreas Freudenberg

175 *Haus der Kulturen der Welt*

Stadt im Wandel

Berlin war, nicht zuletzt durch seine geographische Lage, immer ein Zentrum von Wanderungsbewegungen. Inzwischen stellen Migranten eine sozio-ökonomisch wie kulturell wichtige Gruppe innerhalb der Berliner Bevölkerung dar. Perspektivisch zeichnet sich für die Stadt als wesentliche Wachstumstendenz die Zuwanderung ab, die neben großen Herausforderungen auch neue Qualitäten einer urbanen Entwicklung eröffnet.

Das Fehlen aktiver Strategien einer Einwanderungspolitik hat bisher verhindert, daß das Phänomen der Zuwanderung als sozio-ökonomische und kulturelle Aufgabe einen Niederschlag in der Gestaltung des öffentlichen Raums gefunden hat. So verbleibt es bislang weitgehend als Aufgabe der Fachressorts mit sozialen und ausländerspezifischen Themen. Eine notwendige Verknüpfung insbesondere mit stadtplanerischen Bereichen ist noch kaum erkannt worden.

Die Krise der Städte erfordert konstruktive Phantasien und einen tiefgreifenden Bewußtseinswandel auch in der Auseinandersetzung mit den politischen, gesellschaftlichen und planerischen Konsequenzen der Migration. In der Verknüpfung von Stadtplanung und Zuwanderung - dem „roten Faden" des Buchs - liegen zugleich Potentiale einer sozialen, räumlichen und wirtschaftlichen Entwicklung der Hauptstadt Berlin, die nicht nur Visionen einer offenen und multi-kulturellen Gesellschaft einschließt, sondern auch Prozesse einer europäischen Metropole im Werden. Signale gegen Vorurteile und Fremdenfeindlichkeit zu setzen, müssen dabei zum gemeinsamen Konsens werden.

Berlin - Integrationswerkstatt der Nation

Berlin ist die Integrationswerkstatt der Nation. Diese Aufgabe ist von allen Stadtregierungen, so unterschiedlich sie politisch auch zusammengesetzt waren in den letzten 15 Jahren, verstanden und ernst genommen worden.
Integrationspolitik ist Gestaltungspolitik in den klassischen Politikfeldern wie Soziales, Schule und Ausbildung, Arbeit und Wohnen.

Barbara John Städte sind Einwanderungsländer im Kleinen. Mit einer halben Million Menschen nicht-deutscher Muttersprache leben in Berlin mit Abstand die meisten Ausländer im Vergleich zu anderen Ballungsgebieten in Deutschland. Der Anteil an EU-Ausländern liegt in Berlin bei lediglich 11%; in anderen größeren Städten sind es zwischen 20 bis 30%.
Die größte Minderheit bilden die türkischen BerlinerInnen. 160.000 wohnen dauerhaft in der Stadt; viele bereits in der 3. Generation. So ist Berlin weltweit die „größte türkische Stadt" außerhalb der Türkei. Berlin konnte seit mehr als einem Jahrzehnt in zentralen integrationspolitischen Fragen beispielgebend wirken. So wurde hier bereits 1981 die Stelle einer Ausländerbeauftragten geschaffen. Berlin war damit das erste Bundesland, das eine ressortübergreifende Einrichtung geschaffen hat, die Konzeptionen entwickelte, praktische Integrationspolitik anregte und Anlauf für die Minderheitengruppen wurde. Das hat sich ausgezahlt: Berlin hält seit 15 Jahren die bundesweite Spitzenposition bei der Zahl der Einbürgerung. Während hier durchschnittlich 6% derjenigen im Jahr eingebürgert werden, die sich schon 10 Jahre und länger in Deutschland aufhalten, sind es in den übrigen Bundesländern nur ca. 1 bis 2%. In Berlin ist der Aufbau vieler Integrationsprojekte gelungen, mit Schwerpunkten für die berufliche Qualifizierung ausländischer Jugendlicher, für Beratung und für Kontakt- und Kommunikationsmöglichkeiten. Diese Projekte ergänzen und erleichtern den Zugang zu den Regeleinrichtungen. So können die Migranten-Eigenorganisationen Aktivität entfalten, Mitverantwortung übernehmen und gleichzeitig die Interessenvertretung der Zuwanderergruppen ausüben. Der Katalog der Veröffentlichungen meiner Dienststelle umfaßt inzwischen etwa 8 Seiten. Wir informieren die deutsche Mehrheit und in vielen Sprachen auch die verschiedenen Minderheitengruppen. In Videofilmen, Plakataktionen und mit Postkarten wird u.a. in Berlin für integratives Zusammenleben geworben.
Seit wenigen Jahren bieten wir Beschäftigten und Auszubildenden in der Wirtschaft und im Öffentlichen Dienst Trainings an, um sie zur

Auch im Ostteil Berlins nimmt der Anteil der ausländischen Bevölkerung allmählich zu

kulturübergreifenden Verständigung und zur Konfliktvermeidung zu befähigen. Die Liste der „Berliner Programme" zur Integration ließe sich noch lange fortsetzen. Auf die Fülle und die Details der Maßnahmen und Programme kommt es nicht so sehr an. Entscheidend ist, daß in Städten und Kommunen mit einem hohen Zuwandereranteil Integrations- und Migrationspolitik als zentrale Aufgabe der Stadt angesehen wird.

Die neuen Stadtbewohner werden nur dann eine Integrationschance haben, wenn sie mit ihren besonderen Zugangsschwierigkeiten und Nöten wahrgenommen und berücksichtigt werden. Das fängt bei einer Neuordnung der Erzieherausbildung an, erstreckt sich über alle Lebensbereiche bis hin zur Bestimmung eines Grabfeldes für muslimische Bestattungen, um Beispiele aus dem Alltagsleben zu nennen. Integrationspolitik will erreichen, daß die ausländische Wohnbevölkerung als Teil der städtischen Bevölkerung wahrgenommen und respektiert wird.

Integration von zugewanderten Minderheiten als Jahrhundertaufgabe
Obwohl diese Grundsätze in Berlin weithin beachtet worden sind, ist die Integrationsaufgabe noch längst nicht erfüllt. Im Gegenteil: 35 Jahre nach der Zuwanderung vieler großer Minderheitengruppen werden sozialstrukturelle Schwächen bei den zugewanderten Bevölkerungsgruppen immer deutlicher.

Die Arbeitslosigkeit ist dreimal höher als bei der deutschen Wohnbevölkerung; die Zahl der Schulabbrecher liegt mehr als doppelt so hoch wie bei der vergleichbaren deutschen Altersgruppe, die Zahl der Sozialhilfeempfänger unter den Ausländern hat sich seit 1986 mehr als verfünffacht (von knapp 6000 auf über 30.000, und zwar ohne Flüchtlinge).

Die Ursachen liegen in einem Zusammenspiel von allgemeinen wirtschaftlichen Strukturveränderungen mit besonderer Wirkung auf die Städte - durch die Wiedervereinigung ist Berlin besonders betroffen. Die Sparhaushalte zwingen zu Einschränkungen von Förderprogrammen. Die Zuwanderung von ausländischer Wohnbevölkerung hält an: z.B. Familienangehörige, Flüchtlinge, unbegleitete Jugendliche. Alle haben nur eingeschränkte Zugangsmöglichkeit zum Arbeitsmarkt. Gleichzeitig gibt es Anzeichen für eine sich verstärkende Abwanderung von deutscher Wohnbevölkerung ins Umland.

So ist es in den Städten aktuell zu einer Problemverdichtung gekommen. Die Folge ist u.a.: Die Sozialhaushalte wachsen, die finanziellen Belastungen der Stadtbevölkerung steigen ständig (z. B. Gebühren), negative Stimmung und Schuldzuweisung gegenüber Ausländern nehmen zu, häufig auch in sehr pauschaler Form. Bei der deutschen Bevölkerung setzen Verdrängungs- und Überfremdungsängste ein, die ausländische Bevölkerung sieht sich um Integrationschancen betrogen. Soziale Konflikte nehmen zu und werden ethnisiert, d.h. die Ursachen für die Verschlechterung werden oft den Zuwanderern angelastet. Die Integration scheint politisch zu stagnieren.

Handlungsspielräume für die Bundesregierung

Wesentliche Handlungsspielräume für eine gelungene Integrations- und Migrationspolitik liegen nicht bei den Städten, auch nicht bei den Bundesländern. Vor allem muß die anhaltende Zuwanderung so geregelt werden, daß Belastungen der Sozialhaushalte weitgehend vermieden werden. Das kann u.a. dadurch erreicht werden, daß zuwandernde ausländische Ehepartner sofort mit Zugang zum Arbeitsmarkt ausgestattet werden (Arbeits- bzw. Gewerbeerlaubnis). Über Quoten können gezielt ausländische Fachkräfte, Investoren und Selbständige angeworben werden, die Arbeitsplätze schaffen. Die Städte sind in ihrer Rolle als Integrationswerkstätten der Nation aufzuwerten und strukturell politisch zu unterstützen. Integration und Migration müssen als politische Gestaltungsaufgaben verstanden werden.

Kulturelle Vielfalt in den Institutionen als Merkmal der Stadt

Dazu gehört, daß Buntheit und Verschiedenheit ihren sichtbaren Ausdruck auch in neuen Institutionen finden:

Ich nenne zuerst die öffentlichen Medien: Seit Herbst 1994 gibt es im lokalen Berliner Radio SFB, das ist der Sender Freies Berlin, die „MultiKulti-Welle". Sie wird mit öffentlichen Mitteln finanziert. Dieser Sender strahlt Programme in 17 Sprachen aus, von Albanisch bis Vietnamesisch. Das ist längst nicht alles an muttersprachlichen Sendungen. Seit 1985 gibt es den „Offenen Kanal" in Berlin. Dieser ist eine Einrichtung der Medienanstalt Berlin-Brandenburg. Er wird durch Rundfunkgebühren finanziert. Der Jahresetat des „Offenen Kanals" beträgt 2 Mio DM. 15 MitarbeiterInnen sind für Beratung, Betreuung und Schulung der Nutzer zuständig. Der „Offene Kanal" wird besonders von den verschiedenen ethnischen Minderheiten in Berlin genutzt. Im Radio gehen 10% der Sendezeit an 10 Nationen, im Fernsehkanal werden 50% der Sendezeit von Nutzern aus 30 Nationen bestritten. Hier kommen also all diejenigen zu Wort, die in größeren Medien keine Stimme haben. Im „Offenen Kanal" sind allein 6 verschiedene türkische Gruppen aktiv.

Als ich kürzlich an einer Diskussionsrunde teilnahm, führte durch das Programm ein junger Berliner türkischer Herkunft. Er war kein Zeitungs-, kein Rundfunk- oder Fernsehjournalist, er lernte Bäcker. Die Zugangsbarrieren zum „Offenen Kanal" sind weder in finanzieller noch in professioneller Hinsicht hoch. Anfänger erhalten Unterstützung, um technisch einwandfrei und inhaltlich professionell senden zu können.

Der „Offene Kanal" ist damit zu dem Medium geworden, in dem unterrepräsentierte Gruppen einen großen Zuschauerkreis erreichen können.

Mit ca. 14 Mio. DM unterstützt der Berliner Senat nichtdeutsche Vereine und Selbsthilfegruppen. Allein 15 Projekte werden für ausländische Frauen finanziert. In den Projekten, die sich in allen Berliner Bezirken befinden, werden Sprachkurse angeboten, es gibt Rechts- und Gesundheitsberatung. Die Projekte dienen auch als Freizeitstätten und haben Treffpunktcharakter.

Ich gebe monatlich eine Zeitschrift heraus, die sich „Berlin - International" nennt. Alle Vereine und Organisationen können ihre Veranstaltungen dort anbieten und Öffentlichkeit darüber herstellen. Gerade in diesem Programm werden vor allem die kleineren Gruppen unterstützt, etwa die Zuwanderer aus Afghanistan, Eritrea oder die Aramäer aus der Türkei. Sie haben es schwerer als die größeren Gruppen, sich zu organisieren und zu treffen, um in der Gruppe dem Einzelnen Halt und Anerkennung zu geben. Trotz eingeschränkter Mittel werden wir diese Informationsschrift erhalten können.
Berlin hat zwei große Häuser, in denen sich die unterschiedlichen Kulturen begegnen können. Es gibt das „Haus der Kulturen der Welt". Dort stellen sich in großen Ausstellungen, Musik- oder Theateraufführungen die großen Kulturen der Welt dar. Daneben gibt es auch die „Werkstatt der Kulturen", eine Einrichtung, die von meiner Dienststelle finanziert wird. Wie es schon der Name ausdrückt, sollen hier die unterschiedlichen, in Berlin ansässigen Nationalitäten ein Forum haben, in dem sie gemeinsam neue Formen im Tanz, in der Musik, im Theaterspielen und bei anderen Aktivitäten finden und gestalten können.
Kulturelle Veranstaltungen aller Nationalitätengruppen werden mit jährlich 1,1 Mio DM aus dem Budget des Kultursenators unterstützt. Das kann z.B. eine Rockfete gegen Ausländerfeindlichkeit, die Ausstellung eines bosnischen Malers im „Süd-Ost-Europa-Zentrum", der Folklore-Wettbewerb sein, an dem alle Gruppen teilnehmen können.

Politische Teilhabe der Migranten
Wie sieht es nun mit der politischen Teilhabe der Immigranten in Berlin aus?
In vielen der 23 Berliner Bezirke existieren Ausländerbeiräte, in denen Vertreter von ausländischen Vereinen zusammenarbeiten und an die lokale Bezirksregierung Empfehlungen aussprechen.
Nichtdeutsche Vereine haben das Recht, angehört zu werden zu allen politischen Initiativen der Landesregierung in Fragen mit besonderer Bedeutung für die ausländische Wohnbevölkerung.

Weltoffene und tolerante Grundstimmung in der Berliner Bevölkerung
Ich führe bei verschiedenen Minderheitengruppen einmal im Jahr Umfragen durch, in denen ich erkunde, wie erfolgreich die Integration verlaufen ist, welche Probleme die Gruppen sehen. Diese Umfragen werden in den Medien sehr detailliert dargestellt. Die Ergebnisse tragen dazu bei, die Integrationspolititk stärker auf die Bedürfnisse der einzelnen Gruppen auszurichten.

So wurden im November 1995 1.500 Personen ab 18 Jahren mit Wohnsitz in westlichen und östlichen Bezirken befragt. Diese Umfrage war die bisher umfassendste zum Thema „Ausländerintegration" nach dem Mauerfall. Eine im Oktober/November 1992 durchgeführte Befragung fand in einer Zeit statt, in der fast täglich Gewalt gegenüber Ausländern verübt wurde (Rostock, Mölln, Solingen und andere Orte).

Die Themen Ausländerfeindlichkeit und Asylstreit hatten damals Hochkonjunktur. Große Teile der Bevölkerung, die Wirtschaft eingeschlossen, bezogen gleichzeitig öffentlich Stellung gegen Fremdenfeindlichkeit und Gewalt mit Lichterketten und Tausenden von Einzelaktionen.

Drei Jahre später - die Öffentlichkeit beschäftigt sich nur noch mit Einzelaspekten des Ausländerthemas - stehen andere Fragen im Mittelpunkt der Diskussion, nämlich die Sorge um die Arbeitsplätze und um die Entwicklung der Wirtschaft.
Vor diesem Hintergrund überrascht die überwältigend hohe Zustimmung zu allgemeinen Zielen und Konzepten der Integrationspolitik. Weit über 90 % der Befragten unterstützten politische Ziele wie: andere Kulturen verstehen, Toleranz fördern, kulturelle Vielfalt betonen, gegenseitiges Mißtrauen abbauen, Chancengleichheit herbeiführen, berufliche Förderung anstreben.

Viele Geschäfte von Zuwanderern übernehmen inzwischen die Funktion der einstigen „Tante-Emma-Läden". Beispiel: Badstraße im Wedding

Die Antworten legen den Schluß nahe, daß sich in Berlin eine weltoffene und tolerante Grundhaltung und Grundstimmung durchgesetzt hat. Die Zustimmungsquoten bleiben hoch, verringern sich aber, wenn es darum geht, den Worten auch Taten folgen zu lassen. Immerhin unterstützen auch dann noch zwei Drittel der Befragten, daß ausländische Kinder und Jugendliche stärker schulisch und beruflich gefördert werden sollten und daß Ausländer vor Diskriminierung auf dem Arbeits- und Wohnungsmarkt zu schützen sind.
Beim Dauerthema Einbürgerung, das auch schon bei den vorherigen Befragungen eine Rolle spielte, wächst die Unterstützung für Erleichterungen und die Zustimmung zu mehr Einbürgerungen. Es gibt eine klare Mehrheit von 52% für mehr Einbürgerung als Ziel der Integrationspolitik. Knapp 43% sind dagegen. Für eine Verringerung der Mindestaufenthaltszeit votierten auch mehr als die Hälfte der Befragten. Fast ungeteilte Zustimmung findet die Einführung des Territorialrechts für in Deutschland geborene Kinder, wenn bereits ein Elternteil hier zur Welt gekommen ist.

Zum ersten Mal wird in einer demoskopischen Untersuchung nach inhaltlich umstrittenen politischen Konzepten und Begriffen wie „multikulturelle Gesellschaft", „Einwanderungsland" und „doppelte Staatsbürgerschaft" gefragt. Es stellte sich heraus, daß der so kontrovers diskutierte Begriff „multikulturell" breit akzeptiert ist, wenn darunter verstanden wird, neben der deutschen Kultur andere Kulturen als gleichwertig zu achten und zu respektieren.

Mit dem Begriff Einwanderungsland wird zutreffend die Vorstellung verbunden, daß die Einwanderung nach vorgegebenen Quoten erfolgt, und zwar in kontrollierter Form.
Große Unklarheit dagegen herrscht darüber, welche konkreten rechtlichen Folgen die „doppelte Staatsbürgerschaft" hat. So werden bestehende Nachteile - z.B. die Wehrpflicht in zwei Ländern - nicht deutlich gesehen. Über ein Drittel der Befragten glaubt, daß Doppelstaater in Deutschland sich je nach Belieben abwechselnd als Deutsche oder als Ausländer ausgeben können.

Nicht zu übersehen ist allerdings, daß punktuell Ängste und Gefühle von Bedrohung wachsen. Während 1992 fast 60% die Aussage ausdrücklich verneint haben „Ausländer nehmen Deutschen die Arbeitsplätze weg", hat sich die Zahl derjenigen verdreifacht, die dieser Aussage zustimmen.

Platte Vorurteile über Ausländer finden wenig Widerhall. Das zeigt die hohe Zahl von Ablehnungen zu negativen Pauschalurteilen wie „Die Deutschen sind im allgemeinen zuverlässiger und fleißiger als Türken und Vietnamesen.".

Die gewachsene Freizügigkeit in der Europäischen Union wird mehrheitlich als Vorteil angesehen. Als wichtig wird die Freizügigkeit von Selbständigen, Arbeitnehmern, Rentnern und Studenten eingeschätzt. Allerdings sinkt die Zustimmung dann von 90% auf 20%, wenn ausländische Arbeitnehmer aus Unionsländern dabei in Deutschland zu Niedriglöhnen tätig sind.

Zu den „Pionieren" im Ostteil Berlins gehörten die Döner-Kebap-Stände wie hier am Alexanderplatz

Auf die Frage, ob die Kriegsflüchtlinge zurückkehren sollen, setzen sich nur 20 % der Befragten dafür ein, daß sie hierbleiben dürfen. 40% sind dagegen. Die Befragten aus östlichen Bezirken urteilen bei der Rückkehrfrage strenger. 44% sind dafür. In den westlichen Bezirken sind es 36%.

Dagegen finden es 81 % der Befragten richtig, daß ehemalige vietnamesische Vertragsarbeiter aus der Ex-DDR bleiben sollten, wenn sie einen Arbeitsplatz gefunden haben. Erwartungsgemäß sind es diesmal in den östlichen Bezirken mehr, nämlich 84%, in den westlichen dagegen nur 78%.

Die Umfrageergebnisse stimmen zuversichtlich. Ein neuralgischer Punkt ist allerdings die Arbeitsplatzsituation. Solange die Arbeitsplätze knapp sind, muß die Aufklärung über die hausgemachten und strukturellen Ursachen von Arbeitslosigkeit verstärkt werden, damit die Ausländer nicht zu Sündenböcken abgestempelt werden. Bei genauer Analyse stellt sich ohnehin heraus, daß die ausländischen Arbeitnehmer viel einschneidender von Arbeitslosigkeit betroffen sind als Deutsche.

London, Paris und Berlin sind auch Durchgangsstädte. Viele Zuwanderer sind, wenn sie kommen, zunächst arm, und wer hier bleibt, ist in der Gefahr, sozial und bei uns auch rechtlich deklassiert zu sein. Unsere Städte ziehen viele Menschen an, stoßen sie auch wieder ab. Nach Berlin fahren an jedem Tag mindestens 10.000 Ausländer aus den angrenzenden Ländern, viele fahren auch jeden Tag wieder fort. In Berlin leben schätzungsweise 100.000 Menschen ohne die notwendigen Aufenthalts- und Arbeitserlaubnisse. Auf dem Weg über Ostberlin wurden in den 80er Jahre Hunderttausende von Flüchtlingen, die in die Bundesrepublik Deutschland und nach Westeuropa weiterwanderten, in den Westteil Berlins eingeschleust. Und die DDR-Regierung hat daran sogar verdient.

Bei uns gelten erst neuerdings Wahlrechte für Bürger der Europäischen Union, nicht aber für die anderen Zuwanderer aus Drittstaaten. Ich will auch ein überaus positives Beispiel nennen: Die Visumsfreiheit für Polen, die dazu führt, daß sich einerseits Polen in großer Zahl am Arbeitsmarkt - auch am grauen Arbeitsmarkt - unserer Städte beteiligen, daß aber zugleich eine wohltuende Entkrampfung zwischen Deutschen und Polen einsetzte.

Lassen Sie mich zum Abschluß noch drei Vorschläge machen, die wir gemeinsam gestalten könnten.

- ▸ Ich halte es für nötig, daß unsere städtischen Verwaltungen (und hier insbesondere unsere Polizeien) aus den bereits entwickelten Trainingserfahrungen zur Gewaltprävention und zur Antidiskriminierung lernen können. Hierzu sollten wir zum einen ein Austauschprogramm beginnen und zum anderen Trainer wechselseitig ausbilden lassen. Ich freue mich daher, daß die Europäische Kommission beabsichtigt, im kommenden Jahr ein solches transnationales Modellvorhaben zu finanzieren.

- ▸ Schließlich sollten wir eine Initiative beginnen, mit der die Menschenrechte auf Nicht-Diskriminierung von Ausländern und ethnischen Minderheiten gesichert werden können. Ein erster Erfolg liegt mit dem Artikel 6a des Amsterdamer Vertrages vor. Allerdings muß dieser nun auch in die Rechtspraxis der europäischen Mitgliedsstaaten verankert werden.

- ▸ Und zudem könnten wir anregen, daß die Europäische Kommission zukünftig regelmäßig vergleichende Untersuchungen über die Integrationsprogramme in unseren Städten durchführt.

Wie in der Antike werden auch in Zukunft die großen und größeren Städte das prägende Lebensumfeld der meisten Menschen sein, die in Europa zu Hause sind. Die weitere Zuwanderung wird sich auf die Ballungsräume konzentrieren.

Damit werden die typischen Konflikte von Einwanderungsgesellschaften in den Städten ausgetragen werden. Die Städte stehen also vor gewaltigen Aufgaben. Sie müssen Überfremdungsängste bei den lange Einheimischen mildern, das geschieht am besten dadurch, daß sie die Zugewanderten schnell und gleichberechtigt integrieren. Sie müssen Zuwanderern und Minderheiten Heimat werden. Die Städte werden also auf der nationalen und auf der europäischen Ebene Integrationsleistungen erbringen, die dem Land und dem Kontinent dienen. In dieser Rolle brauchen und verdienen sie mehr Anerkennung und mehr Aufwertung ■

Zur Autorin:
Barbara John ist die Ausländerbeauftragte des Senats von Berlin

Migration - ein Thema der Stadtentwicklung

Julian Wékel Europäische Städte sind im 20. Jahrhundert fast immer nur durch Zuwanderung gewachsen. Dabei gab es historisch die gleichen Fragestellungen, die auch heute im Mittelpunkt stehen: Integration in den Arbeitsmarkt, Wohnungsversorgung, kulturelle Konflikte, Assimilation oder ethnische Spaltung. Migration ist als Chance für die aufnehmende Gesellschaft zu begreifen, wenn sie den Zuwanderern die Möglichkeit bietet, sich wirtschaftlich und sozial, aber auch rechtlich zu integrieren. Deutschland versteht sich zwar nicht als Einwanderungsland, dennoch kann und muß gerade Berlin seine Stadtpolitik stärker auf die Erfordernisse der gegenwärtigen und zukünftigen Migration ausrichten. Dazu gehört, den Einwanderern das Wohnen und Arbeiten zu ermöglichen und die Bedingungen für eine Integration wie auch der Ausübung ihrer Kultur zu gewährleisten. Großstädte wie Berlin sind auf Zuwanderung angewiesen, haben jedoch keinen rechtlichen Spielraum, eine eigenständige Einwanderungspolitik zu betreiben. Für die Stadtentwicklungsplanung besteht daher das Erfordernis, Migration als bedeutsames Thema zu erkennen und innovative Ansätze zur Integration der Zuwanderer zu entwickeln. Welche Aufgaben die Stadtentwicklungspolitik dabei übernehmen kann bzw. muß, soll hier am Beispiel der wirtschaftlichen Rahmenbedingungen Berlins erläutert werden.

Durch den Zusammenbruch des osteuropäischen Staats- und Wirtschaftssystems sind neue Wanderungströme ausgelöst worden. Berlin ist aufgrund seiner Lage in das Zentrum Mitteleuropas gerückt. Das wiedervereinigte Berlin hat frühzeitig sein Interesse bekundet, als „Tor nach Osteuropa" zu fungieren. Mit der neuen Funktion als Hauptstadt und Sitz der Regierung ist die Attraktivität des Standortes Berlin stark gewachsen. Bedeutende Dienstleistungsunternehmen wie u.a. Banken und Verbände haben seitdem beschlossen, ihren Hauptsitz nach Berlin zu verlegen oder wichtige Abteilungen hier zu etablieren. Berlin besitzt inzwischen wieder neue wirtschaftliche Wachstumsbranchen, die Medizin- und Biotechnologie, Transport- und Verkehrstechnologie, die Umwelttechnologie wie auch die Film- und Medienbranche.

Die Lage Berlins im Zentrum eines vereinten Europa hat der Stadt neben den wirtschaftlichen Verbindungen neue Zuwanderer gebracht. Für Migranten aus Osteuropa ist Berlin eine erste Station in Westeuropa. Aber auch aus den westeuropäischen Staaten sind in zunehmendem Maße Zuwanderer zu verzeichnen, was sowohl für die hohe Attraktivität der Stadt als Wohn- und Arbeitsort als auch für die neue internationale Verflechtung der Wirtschaft in Berlin spricht.

Neue Strukturen der Zuwanderung

Die Zuwanderung nach Berlin wird gegenwärtig - neben formaler Einwanderung und Fluchtmigration - insbesondere durch neue temporäre Formen der Arbeitsmigration gekennzeichnet. Das ist ablesbar am hohen Männeranteil unter den Zuwanderern aus der EU und Polen und ist auf Änderung der rechtlichen Rahmenbedingungen - die Erlassung entsprechender Abkommen innerhalb der EU und mit osteuropäischen Staaten - zurückzuführen. Berlin ist heute also nicht primär Wanderungsziel von Flüchtlingen aus der Dritten Welt, sondern vor allem von Arbeitsmigranten aus anderen Teilen Europas.

Diese Form der Migration findet in einem transnationalen Raum statt, die Arbeiter pendeln zwischen ihren Wohn- und Arbeitsorten hin und her und leben nicht ständig in der Berliner Gesellschaft. Die derzeitige Zuwanderung insbesondere von Polen und Portugiesen ist somit Ausdruck einer neuen internationalen und europaweiten Arbeits- und Pendelmigration. Dieses Phänomen ist wohl die charakteristischste Form der Migration der 90er Jahre in Berlin, ihre Bedeutung wird zukünftig weiter zunehmen.

Für diese Wanderungsbewegungen erscheint der Begriff Mobilität eher angemessen als Migration. Da sich in der EU seit der Etablierung einer allgemeinen freien Wahl des Arbeitsplatzes die Wanderungen nicht erhöht haben, ist zu vermuten, daß auch die Öffnung der Landesgrenzen im mittel- und osteuropäischen Raum vordringlich nicht zu einer Erhöhung der Wanderungen, sondern zu einer höheren großräumlichen Mobilität führen wird.

Die neue Zuwanderung erreicht Berlin in der Zeit eines umfassenden wirtschaftlichen Strukturwandels. Während im industriellen Bereich Arbeitsplätze vor allem für Facharbeiter und wenig qualifizierte Beschäftigte wegfielen, erfordert der neu entstandene Dienstleistungsbereich differenzierte Qualifikationsprofile: neben diesen hohen Anforderungen sind die zumeist geringentlohnten Arbeitsplätze im Handel, Gaststätten- und Reinigungsgewerbe u.a. durch niedrige Qualifikationsansprüche gekennzeichnet.

Entwicklung der Arbeitslosigkeit

Aufgrund der wirtschaftlichen Umstrukturierung ist die Arbeitslosigkeit in Berlin enorm gewachsen. Da die Industrie traditionell den wichtigsten Arbeitgeber für Zuwanderer darstellt, wirkt sich dies auf die Arbeitslosigkeit von Ausländern besonders negativ aus. Der Arbeitsplatzabbau betraf vor allem die in den 60er und 70er Jahren zugewanderten Ausländer, für sie können heute Arbeitsplätze im Industriesektor nur noch in Ausnahmen gefunden werden. 1990 arbeiteten noch 40% der ausländischen Beschäftigten in Westberlin im verarbeitenden Gewerbe, 1994 waren es noch 27%. Fast die Hälfte der Arbeitsplätze im produzierenden Gewerbe, an denen Ausländer beschäftigt waren, sind zwischenzeitlich abgebaut worden, dies betraf vor allem die türkischen Beschäftigten. Gleichzeitig stieg die Arbeitslosenquote: sie lag bei Ausländern in Westberlin im August 1990 mit 11% nur 2%-Punkte über der allgemeinen Arbeitslosenquote, im August 1996 bereits bei 28,5% und damit 12,6%-Punkte über der allgemeinen Arbeitslosenquote.

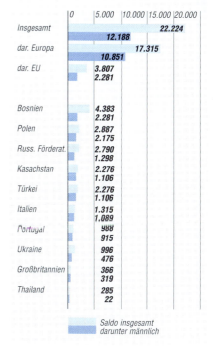

Zuwanderungssaldo der bedeutendsten Herkunftsstaaten - Berlin 1995
Quelle: Statistisches Landesamt Berlin

	gesamt	Deutsche	Ausländer
1990	100	100	100
1991	110	104	140
1992	133	122	190
1993	143	132	203
1994	155	142	227
1995	161	147	239
1996	177	160	269

Tabelle 1: Entwicklung der Arbeitslosigkeit in Westberlin 1990 -1996 (1990 =100 %)
Quelle: Landesarbeitsamt Berlin-Brandenburg

Entqualifizierung, Pendelmigration und Selbständigkeit

Die Migration nach Deutschland ist meist mit einer Entwertung der Qualifikationen verbunden. Das führt dazu, daß nicht unbedingt die Zuwanderergruppen mit hohem Ausbildungsniveau die besten Chancen auf dem Arbeitsmarkt besitzen, sondern die Gruppen, die sich den hiesigen Anforderungen am schnellsten anpassen und eine Entqualifizierung am ehesten hinnehmen. Die Folge ist, daß einfache, schlecht bezahlte und schneller kündbare Beschäftigungen bei Ausländern äußerst häufig sind. So lag der Anteil von ungelernten Arbeitskräften an den ausländischen Arbeitnehmern gesamt in Westberlin 1991 zum Beispiel bei 65%.

Entqualifizierung ist auch eine Voraussetzung für Pendelmigration. In Verbindung mit einer zeitweiligen Erwerbstätigkeit im formellen oder informellen Sektor und niedriger Bezahlung führt sie im Vergleich zum Herkunftsland zu einem relativen Wohlstand, der in den Heimatort unproblematisch wieder transferiert werden kann. Bei einem dauerhaften Aufenthalt würde diese Strategie nicht mehr funktionieren: der Arbeitnehmer müßte sich einen besser bezahlten Arbeitsplatz suchen bzw. ergänzende Transferleistungen beziehen.

Ausländer sind im selbständigen Gewerbe nur unterdurchschnittlich vertreten, weil erst die „besondere Arbeitserlaubnis" die Selbständigkeit ermöglicht, die Ausländern frühestens nach acht Jahren Aufenthalt erteilt wird. Seit 1990 hat eine neue Gründungswelle von ausländischen Unternehmen, Handwerks- und Einzelhandelsgeschäften eingesetzt, die sich in den jeweiligen Wirtschaftszweigen erst noch etablieren müssen.

Westberlin	Insgesamt		davon Ausländer			
	absolut		absolut		in %	
	1990	1995	1990	1995	1990	1995
Einzelhandel	81.013	76.869	5.176	5.153	6,4	6,7
Gasstätten/Hotels	23.868	24.291	7.164	8.492	30,0	35,0
Reinigung/Körperpflege	22.048	24.187	5.858	7.747	26,6	32,0
Bundespost/Bahn	10.587	15.214	372	464	3,5	3,0
Kreditinst./Versicherungen	26.289	33.301	547	652	2,1	2,0
Rechts-/Wirtsch.beratung	11.795	20.421	404	692	3,4	3,4
Architekturbüros/Wohnungswesen	29.740	44.204	2.223	2.295	7,5	6,6
Öffentliche Verwaltung	41.657	36.281	2.951	1.691	7,1	4,7
Sozialversicherung	17.476	21.809	271	388	1,6	1,8
Öff. Sicherheit u. Ordnung	17.379	7.836	4.354	181	25,1	2,3

Tabelle 2:
Entwicklung der Beschäftigten im Dienstleistungsbereich 1990 - 1995
Quelle: Statistisches Landesamt Berlin

Konzentration in Branchen des Dienstleistungsgewerbes

Die begrenzten Chancen für Zuwanderer auf dem Arbeitsmarkt drücken sich in ihrer Konzentration in bestimmten Branchen aus. Neue Arbeitsplätze entstanden nur im Baugewerbe (dieser Trend ist derzeit wieder rückläufig) und im Dienstleistungssektor. Hier wiederum sind es nicht die höherwertigen Berufe, sondern vor allem das Gaststätten- und das Reinigungsgewerbe (s.Tabelle 2). Auch in den expandierenden Branchen Banken und Versicherungen, sowie den Beratungs- und Architekturbüros ist trotz absoluter Zunahme der Anteil ausländischer Beschäftigter leicht zurückgegangen. Der für andere Länder traditionell bedeutsame und vorrangig von ausländischen Arbeitnehmern besetzte Bereich der haushaltorientierten Dienstleistung ist in dieser Größenordnung in Berlin noch nicht vorhanden.

Neue Arbeitsmärkte im deregulierten Arbeitsmarktsegment

Neue Arbeitsplätze für Zuwanderer entstehen vor allem im deregulierten Arbeitsmarkt, das heißt in Teilzeit- und Hilfsjobs ohne Versicherungspflicht und Arbeitsvertrag. Unter den gegenwärtigen Umständen ist der Start für

Neuankömmlinge in Berlin außerordentlich schwierig. Die meisten wissen, daß sie in Deutschland noch einmal ganz von vorne anfangen müssen. Für die neu Zugewanderten von außerhalb der EU ist die Situation besonders schwierig. Zwischen ein und vier Jahren müssen sie auf die Erteilung einer Arbeitserlaubnis warten. Bei der Arbeitsplatzvergabe auf dem Arbeitsamt sind sie EU-Bürgern und Staatsangehörigen aus der Türkei nachgeordnet. Damit ergibt sich eine mehrfache Konkurrenz für Zuwanderer auf dem Arbeitsmarkt: zu den deutschen Staatsbürgern, zu den bereits in Berlin lebenden Ausländern und zu den „privilegierten" Zuwanderern aus der EU. Ohne einen Arbeitsplatz wird die soziale und kulturelle Integration praktisch unmöglich und Zuwanderer von Sozialhilfe abhängig gemacht, falls sie nicht in die illegale Erwerbstätigkeit „abtauchen".

Prognose der zukünftigen Entwicklung der Zuwanderung
Für Wanderungs- und Fluchtbewegungen aus osteuropäischen und angrenzenden Regionen wird die Stadt auch zukünftig ein erster Zielpunkt sein. Für Pendelmigranten wird Berlin weiter Anziehung ausüben, wenn das Währungsgefälle zu den Nachbarstaaten erhalten bleibt und die hier erwirtschafteten Löhne für den Lebensunterhalt in den Herkunftsstaaten ausreichen. Das Wohlstandsgefälle zwischen den ost- und außereuropäischen Ländern und den Ländern der Europäischen Union bleibt voraussichtlich jedoch auch in Zukunft hoch. Wieviele der Wanderer für wie lange Zeit - legal oder illegal - bleiben, ist offen und hängt von den zukünftigen Änderungen der rechtlichen Rahmenbedingungen ab.

Folgerungen für eine städtische Integrationspolitik
Die mit der prognostizierten Zuwanderung verbundenen gesellschaftspolitischen Prämissen sind beeinflußbar: Wirtschafts- und Steuerpolitik, Sozial- und Innenpolitik entscheiden weitgehend über den Verlauf zu erwartender Szenarien - Integration oder Ausgrenzung. Die Stärkung der städtischen Strukturen und die bewußte Steuerung einer sozialen Mischung der Stadt bilden als eine Aufgabe von Stadtentwicklungspolitik gleichzeitig Instrumente zur Verhinderung von zu befürchtenden Segregationsstendenzen. Dabei wird zur Schlüsselfrage, ob die Bildung ethnischer Gemeinden zur Integration oder eher zur Separierung von Zuwanderen beiträgt.

Integrationsmodell: Förderung von ethnischen Gemeinden
Erfahrungen von Einwanderungsländern zeigen deutlich, daß eine räumliche Konzentration von Zuwanderern insbesondere in der Anfangsphase zu deren sozialer und ökonomischer Stabilisierung beiträgt. Zuwanderung nach Berlin war in der Vergangenheit sowohl durch Aufbau und Entwicklung von ethnischen Gemeinden (z.B. türkische Gemeinde in Kreuzberg SO 36) als auch durch „unauffällige" Integration gekennzeichnet. Im Zusammenhang mit der 1975 verfügten Zuzugssperre für die Innenstadtbezirke Wedding, Tiergarten und Kreuzberg wurde die Konzentration von Ausländern als Integrationshemmnis

Die Salden der Zuwanderung aus dem Ausland nach Berlin haben seit 1991 durchschnittlich 23.000 Personen pro Jahr betragen, bei stark unterschiedlichem Verlauf. Eine eindeutige Tendenz der Zu- oder Abnahme ist dabei nicht erkennbar. Mit diesen Dimensionen ist auch in Zukunft zu rechnen, allerdings werden - wie in den Daten zur Bevölkerungsprognose 2010 deutlich wird - die Zahlen stark schwanken und insbesondere vom Umfang der Flüchtlingsströme aus politischen Krisengebieten abhängen. Diese Prognosezahlen verdeutlichen, vor welcher anspruchsvollen Aufgabe zur Gestaltung seiner städtischen Zukunft Berlin steht.

interpretiert. Doch ergaben sich gerade hier durch die Herausbildung ethnischer und sozialer Netzwerke Arbeits- und Integrationsmöglichkeiten für ansässige Migranten und informelle Starthilfen für Neuzuwanderer. Gleichzeitig haben die hier verorteten vielfältigen kulturellen, politischen und religiösen Aktivitäten zur sozialen Stabilisierung von Migranten entscheidend beigetragen. Die Einbindung in die sozialen Netze der ethnischen Gemeinden ist eine wichtige Voraussetzung für die individuelle Arbeitsmarktintegration. Ethnische Gemeinden sind danach auch eher in der Lage, mittellose Zuwanderer aufzufangen und auf ihrem Weg in eine gesicherte Existenz zu begleiten. Zu ihrer Unterstützung und Stärkung ergibt sich für die Stadtplanung daher die Aufgabe, die zum Aufbau von sozialen Netzen erforderlichen öffentlichen Räume zu sichern und zur Verfügung zu stellen. Gleichzeitig ist zu gewährleisten, daß öffentliche Zuschüsse von den Gemeinden eigenständig für den Aufbau ihrer Infrastruktur verwendet werden können. Unter diesen Voraussetzungen können ethnische Gemeinden mehr sein als Stätten der Eingewöhnung und des Übergangs für Zuwanderer: Mit ihren kulturellen und ökonomischen Potentialen stellen sie eine Bereicherung des städtischen Lebens dar. Für eine auf dieses Modell abgestimmte Wohnungsversorgung von Zuwanderern steht der Stadt Berlin derzeit noch ein bedeutsames Potential zur Verfügung: der hohe Anteil von sozial gebundenem Wohnraum, für dessen sozialorientierte Verteilung jedoch ein effektiveres Steuerungsinstrument zu finden ist.

Förderung der Qualifikation und beruflichen Bildung
Obwohl bei besseren Erwerbschancen für Zuwanderer viele Defizite im Bereich der Reproduktion nach und nach gleichsam von selbst verschwinden würden, stehen gerade dafür am wenigsten staatliche Instrumente zur Verfügung. So lange jedoch die Zugänge zur Erwerbstätigkeit aufgrund fehlender beruflicher Qualifikation oder wegen sprachlicher Inkompetenzen auf marginale Beschäftigungsbereiche begrenzt sind, bleiben Bemühungen um die Verbesserung der übrigen Wohn- und Lebensbedingungen strukturell begrenzt. Da sich die Konzentration in den genannten Dienstleistungsbereichen zum Teil auf niedrigere Qualifikationen der ausländischen Bevölkerung zurückführen läßt, sind besondere Förderungen nötig, damit sich die Unterprivilegierung der Einwanderer nicht in der zweiten und dritten Generation fortsetzt. Allerdings sind die Chancen, nach der Schule einen Ausbildungsplatz zu bekommen, derzeit gering. Die Ausbildungsbeteiligung liegt durchschnittlich unter dem Anteil an den entsprechenden Altersklassen. Ohne die gezielte Förderung einer hochwertigen Ausbildung besteht jedoch die Gefahr, daß sich die soziale Segregation von Einwanderern in der zweiten und dritten Generation fortsetzen wird.

Förderung der sozialen, kulturellen und kommunikativen Potentiale von Zuwanderern
Die öffentlichen Mittel zur Lenkung stadtentwicklungsplanerischer und damit auch sozialer Prozesse sind heute bedenklich knapp geworden. In diesem Zusammenhang können und dürfen Städte auf die Kräfte der Selbstorganisation auch der ausländischen Zuwanderer nicht verzichten. So muß eine integrierende einwanderungsorientierte Stadtpolitik die Arbeit eigenständiger Organisationen und Vereinigungen von Ausländern fördern, da diese die Selbsthilfe im kulturellen und politischen Bereich und damit die soziale Stabilität und Integrationsfähigkeit von Einwanderungsgruppen unterstützen. Eine staatlich organisierte Versorgung z.B. der spezifischen kulturellen Bedürfnisse von Zuwanderern wäre in diesem Sinne kontraproduktiv. Die Akzeptanz der zukünftig erwarteten Migration kann nur durch einen öffentlichen Diskurs hergestellt werden. Neben Selbsthilfepotentialen sind somit auch die kommunikativen Potentiale von Zuwanderern zur Information und Unterstützung des Zusammenlebens in einer interkulturellen Großstadtgesellschaft zu fördern.

Förderung mobiler Strukturen
Unter Berücksichtigung der sich herausbildenden neuen Formen der Migration wird die städtische Zukunft von einer zunehmend mobileren Bevölkerung geprägt sein. Das bedeutet insbesondere für die Großstädte, sich auf Pendelexistenzen einstellen zu müssen. Diese brauchen Räume, Stätten, Orte für den zeitweiligen Aufenthalt. Stadtentwicklungspolitik muß auch diesen Anforderungen entsprechen: Neben wertorientierter Flächenverwertung im Zuge neuer Funktionszuweisungen ist danach die „Belassung" multifunktionaler Stadträume zum Auffangen und Bewahren mobiler Strukturen notwendig.

Ausblick
Berlin hat die Chance, den noch nicht abgeschlossenen Prozeß des städtischen Strukturwandels und der andauernden Umbruchsituation am Rande Osteuropas für seine zukünftige Entwicklung zu nutzen und den Prozeß des kulturellen und wirtschaftlichen Miteinanders mitzubestimmen. Das gilt auch für die Öffnung der Stadt zu den Staaten und Städten Mittel- und Osteuropas wie für das Zusammenleben mit den Menschen aus aller Welt, die nach Berlin kommen. Die zukünftige Zuwanderung wird für Berlin ein Prüfstein dafür, ob bedeutsame Stadtbereiche von sozialen Desintegrationsprozessen gekennzeichnet sein werden oder ob es gelingt, durch entsprechende Rahmensetzung und Angebote offener Lebensräume Berlin zu einer internationalen, prosperierenden und solidarischen Stadtgesellschaft zu entwickeln ■

Zum Autor:
Julian Wékel ist Abteilungsleiter für Stadtplanung, Stadtentwicklung, Stadtgestaltung, Senatsverwaltung für Stadtentwicklung, Umweltschutz und Technologie.

Zuwanderung und Stadtentwicklung in Berlin
Dilemmata in einem Nicht-Einwanderungsland

Hartmut Häußermann ▎ Die Integration von Zuwanderern aus dem Ausland wird in den nächsten Jahrzehnten zu einem immer wichtiger werdenden Element von Stadtentwicklungspolitik. Über die Herkunftsgebiete der potentiellen Wanderer können wir einigermaßen sichere Annahmen machen. Sie liegen, wie die Entwicklung in den letzten 7 Jahren zeigt, überwiegend in Osteuropa, auf dem Balkan und in den Ländern der ehemaligen Sowjetunion. Mit einer wachsenden Zahl von Einwohnern aus diesen Regionen setzt sich die Tradition Berlins als Ziel von Wanderungsbewegungen aus den östlichen Regionen fort, die schon vor dem Nationalsozialismus bestanden hat. Der Ausländeranteil war in Berlin nie besonders hoch, und die meisten Ausländer stammten aus osteuropäischen Regionen. Das ergibt sich aus der geographischen Lage und aus der Zusammensetzung der schon anwesenden Ausländergruppen.

Ohne Zuwanderung aus dem Ausland hätten die Einwohnerzahlen der Großstädte in Deutschland in den letzten beiden Jahrzehnten stark abgenommen. Das gilt auch für den Westen von Berlin - und heute gilt es für die Gesamtstadt. Die Altersstruktur und die niedrigen Geburtenraten sorgen für einen Rückgang der Bevölkerung mit deutschem Paß. Dieser Bevölkerungsrückgang kann durch den erwarteten Zuzug von Deutschen lediglich gebremst werden, denn trotz Hauptstadthoffnungen und Metropolenphantasien: so viele Deutsche werden auch in den kommenden Jahren nicht nach Berlin umziehen, daß wieder ein Bevölkerungswachstum erwartet werden könnte - und viele wandern ins Umland in die dortigen Einfamilienhausgebiete ab. Da die Zuwanderung nach Deutschland mit der Änderung des Asylrechts erfolgreich gebremst worden ist, nahm im Jahr 1994 in Berlin die Zahl der Einwohner zum ersten Mal seit dem Mauerfall ab.

Die Abriegelung der Grenzen hat den paradoxen Effekt, daß die Zahl der Ausländer, die dauerhaft in der Stadt bleiben, wächst. Denn wer einmal den Zugang gefunden hat, muß bleiben, wenn er nicht sicher sein kann, nach einer Heimreise das Gastland wieder betreten zu können. Der Aufbau von „Dämmen" und (bei Visum-Zwang) die scharfe Kontrolle von Grenzübertritten behindern nämlich jene Form von großräumiger Mobilität, die für Berlin seit dem Fall des „Eisernen Vorhangs" eine wachsende Bedeutung hat. Dabei handelt es sich um Tages-, Wochen-, Monats- oder Saison-Pendler aus den benachbarten Staaten im Osten, die die Ressourcen verschiedener ökonomischer Welten nutzen, ohne sich für eine der beiden entscheiden zu müssen. Die Zahl der „illegal" in Berlin sich aufhaltenden Ausländer wird von Wohlfahrtsverbänden auf 100.000 geschätzt, aber die meisten von ihnen halten sich gar nicht illegal in der Stadt auf, sondern haben einen Touristen-Status, den sie mit irgendeiner Form des Gelderwerbs verbinden. Sie kehren immer wieder, auch für längere Zeit, in ihre Heimat zurück. Die Stadt wird so zu einem Raum, in dem sich ständig mehr Menschen aufhalten als hier dauerhaft gemeldet sind.

Das ist keinswegs ein neues Phänomen, sondern ist die ganz normale Form der langsamen Veränderung der großräumigen Verteilung der Bevölkerung in Deutschland und Europa. Schon im 19. Jahrhundert war das Wanderungsvolumen etwa sechs mal so groß wie der Saldo der Wanderungen. Damit ist gemeint, daß die Zahl der Menschen, die in die großen Städte zu- und abwandern, in der Summe sehr viel größer ist als die Zahl derjenigen, die dauerhaft bleiben. In der Phase der Urbanisierung im letzten Drittel des 19. Jahrhunderts ebenso wie während der Gastarbeiterwanderungen in den 60er Jahren des 20. Jahrhunderts blieb (im statistischen Durchschnitt) von 6 Zuwanderern nur einer dauerhaft. Die Städte waren schon immer Zentren der Mobilität, also Orte, in denen ein gewisser Anteil der Bevölkerung permanent fluktuiert. Dies machte einerseits die Großstädte für die alteingesessenen Bürger wie für die in der Provinz

Lebenden unheimlich und bedrohlich, andererseits war und ist dies eine ständige Quelle von ökonomischen, sozialen und kulturellen Innovationen - eben jene Qualität, die eine Großstadt zu einer Metropole macht.

Im Rahmen der Stadtentwicklungspolitik aber werden wachsende Ausländeranteile entweder als „soziale Probleme" behandelt oder - in „progressiver" Schreibweise - als Farbtupfer im Metropolengemälde, also entweder als Belastungsfaktor oder als folkloristische Zutat. Das kann angesichts der Rahmenbedingungen, die durch die nationale Gesetzgebung gesetzt sind, auch kaum anders sein. Die Städte müssen die Ausländergesetze vollziehen und deshalb unerwünschte Personen aufspüren, schikanieren und abschieben. Andererseits müssen sie die Kosten für eine Zuwanderungspolitik tragen, deren Ziele vor allem in Ausgrenzung und Abwehr bestehen. Für eine eigenständige Einwanderungspolitik haben sie kaum Spielraum. Lediglich unterhalb der Ebene rechtlicher Regelungen kann eine Stadt eine mehr oder weniger humane, mehr oder weniger freundliche Politik gegenüber ihren ausländischen Einwohnern praktizieren. Dies wird in Berlin z.B. deutlich in den so oft widersprüchlichen Forderungen und Maßnahmen, die von der Behörde des Innensenators und von der Sozialverwaltung mit der Ausländerbeauftragten ausgehen. Die städtische Politik gegenüber Ausländern steckt in dem Dilemma, einerseits mit wachsenden Ausländerzahlen umgehen zu müssen bzw. deren langfristige Integration sogar fördern zu wollen, andererseits aber keine wirkliche Einwanderungspolitik betreiben zu können.

Dies wird augenfällig am Beispiel der Politik, die gegenüber der räumlichen Konzentration von Ausländern betrieben wird. Wenn der Ausländeranteil in einem Gebiet eine bestimmte Höhe überschreitet, heulen in den Stadtverwaltungen die Alarmsirenen. Warum? Vor allem aus zwei Gründen: zum einen aus dem angeblichen Interesse der Zuwanderer selbst; das Zusammenleben mit anderen Einwanderern erschwere die Integration, weil so geringere Anreize zum Erlernen der fremden Sprache und der sonstigen Kulturtechniken des Gastlandes bestünden. Zum anderen aus Gründen der Sozialverträglichkeit, die die einheimischen Bewohner aufzubringen in der Lage sind; wenn die Ausländer weniger konzentriert sind, sind sie weniger sichtbar und bilden daher weniger Anstöße für fremdenfeindliche Projektionen oder Reaktionen. Wenn die vom einheimischen Gemüt bestimmte Zumutbarkeitsgrenze überschritten ist, sollten keine weiteren Ausländer in ein Haus, in ein Quartier oder in einen Bezirk ziehen dürfen - so die wahrscheinlich sogar gut gemeinte Richtlinie ausländerpolitischer Sozialtechniker. Das wurde in Berlin im Jahre 1975 sogar per Senatsbeschluß dekretiert, als eine „Zuzugssperre" für die Bezirke Tiergarten, Wedding und Kreuzberg beschlossen wurde, weil dort der Ausländeranteil über 15% angestiegen war (heute liegt er z.B. in Kreuzberg über 30%). Sie wurde formal erst 1990 wieder aufgehoben - weil sie nicht besonders wirksam war, aber wohl auch, weil die Beschränkung der Freizügigkeit nach dem Fall der Mauer nicht mehr besonders gut in die Landschaft paßte.

Das gut Gemeinte an dieser Strategie ist, daß keine Ghettos der Benachteiligung entstehen sollen - der Irrtum daran ist, daß die Benachteiligung geringer sei, wenn sie nicht so gut sichtbar ist. Der Versuch der Vermeidung von Ausländerkonzentration geht außerdem davon aus, daß die Integration in Ökonomie und Kultur des aufnehmenden Landes besser gelinge, wenn eine individuelle Integration angestrebt wird, wenn also die Individuen sich möglichst rasch aus ihrer mitgebrachten Kultur lösen und sich anpassen oder assimilieren. Das dürfte ein zweifacher Irrtum sein: zum einen vollzieht sich die Integration in den Arbeitsmarkt, wie man aus der Erfahrung von Einwanderungsländern (wie z.B. USA) weiß, über kollektive Prozesse. Bestimmte Segmente des Arbeitsmarktes stehen Zuwanderern eher offen als andere, und über diese finden sie Zugang zum Arbeitsmarkt, weil ihnen Informationen von den Angehörigen ihrer ethnischen Gruppe vermittelt werden. Die Einbindung in die sozialen Netze der ethnischen Community ist also eine wichtige Voraussetzung für die Individuen. Zum anderen zeigt die Forschung über die Biographien von Zuwanderern, daß auch in den Ländern, wo die Einwanderung bewußt gefördert und entsprechende Eingliederungshilfen organisiert werden, Einwanderer im Durchschnitt erst nach 10 Jahren einen sozioökonomischen Status erreichen, der dem Durchschnitt der einheimischen Bevölkerung gleich kommt. Die Politik der Desegregation ist also letztlich nur mit den fremdenfeindlichen Empfindlichkeiten der Deutschen zu begründen.

Die Individualisierungsstrategie gerät außerdem mit diesen Empfindlichkeiten in Konflikt. Die Maßnahmen zur bewußten Diffusion von Zuwanderern und damit zur Individualisierung ihrer Überlebensstrategien setzen nämlich voraus, daß auch Zuwanderer im Fall der Bedürftigkeit als Individuen überleben können, sie also voll in das soziale Sicherungssystem eingegliedert werden. Zumindest in der Bundesrepublik ist eine solche Bereitschaft gegenwärtig weniger denn je gegeben, schon deshalb, weil Fremdenfeindlichkeit mit der Kritik an „Schmarotzertum" von Zuwanderern breite Zustimmung findet.Damit ist das Dilemma perfekt: Die Großstädte sind auf Zuwanderung angewiesen, die Zuwanderer sollen aber die real existierende Gemütlichkeit nicht stören, weshalb sie keine sichtbaren Konzentrationen bilden dürfen. Ethnische Gemeinschaften wären jedoch eher in der Lage, mittellose Zuwanderer aufzufangen und auf ihrem Weg in eine gesicherte Existenz in der Stadt zu begleiten. Dafür müßten sie eine entsprechende Infrastruktur aufbauen und öffentliche Zuschüsse effektiv und autonom für selbstgesetzte Zwecke verwenden können. Diese Viertel und Kolonien wären Orte der Fremdheit für die Eingesessenen, aber Orte der Eingewöhnung und des Übergangs für die Fremden. Solche Orte hätten ihre eigenen Regeln (nicht nur bei den Ladenöffnungszeiten) und ihre eigenen Normen, sie würden sich aber, um ökonomisch erfolgreich zu sein, gegenüber der Stadt öffnen und diese bereichern.

Angesichts der gewandelten Migrationsformen und neuer, weniger lokal gebundener Netzwerkbildung ist jedoch die Bildung ethnischer Kolonien unter Umständen nicht das Hauptproblem der Zukunft der Städte. Vielleicht müssen sich die Städte auf eine noch mobilere Bevölkerung als bisher einstellen. Pendelexistenzen brauchen Orte für zeitweiligen Aufenthalt, sie bilden Lebensstile aus, die im direkten Gegensatz zur bürgerlichen Seßhaftigkeit im Einfamilienhaus stehen. Für einen solchen Lebensstil sind die Städte jedoch immer weniger geeignet, je mehr und je größere Teile der Innenstädte zu Einkaufs- und Erlebniszentren des gehobenen Konsums umgebaut werden. Die Räume für eine Bevölkerung, die nur eine höchst partielle Integration anstrebt, werden dadurch verengt und zwangsläufig konzentriert und verdichtet.

Unter den bestehenden Rahmenbedingungen bewegt sich die Stadtpolitik lediglich von einem Dilemma zum anderen. Diskriminierung wird systematisch erzeugt, wirksame Selbsthilfe systematisch unterbunden. Die kulturellen und ökonomischen Potentiale, die mit der Zuwanderung verbunden sind, werden in der Regel erst im historischen Rückblick anerkannt. Eine zukunftsorientierte Stadt kann allerdings nicht nur in den Sonntagsbeilagen ihrer Tageszeitungen weltoffen sein. Zu den wichtigsten Elementen der Großstadtpolitik im Europa am Ende des 20. Jahrhunderts gehört, für Zuwanderer mit der Bereitstellung noch nicht ein für alle mal funktional definierter Räume das möglich zu machen, was im Englischen so schlicht heißt: Making a Living ■

Zum Autor:
Dr. Hartmut Häußermann, Stadt- und Regionalsoziologe, ist Professor der Sozialwissenschaften an der Humboldt-Universität zu Berlin.

Traditionslinien der Migration und Stadtentwicklung in Berlin

Der Große Kurfürst sagt den Refugiés seine Unterstützung zu. (Spaich, S. 98)

Die wirtschaftlich erfolgreiche Stellung der Minderheiten drückt sich in Prachtbauten aus und prägt z. T. heute noch das Stadtbild. Der französische Dom um 1785. Architekt: Carl Philipp Christian Gontard (Spaich, S. 116)

Cihan Arin ▌ Im Mittelpunkt dieses Beitrages steht nicht die „Stadt- und Migrationsgeschichte Berlins"; es werden vielmehr Traditionslinien nachgezeichnet, die durch alle Entwicklungsphasen durchschimmern, uns Anhaltspunkte zur Gegenwart liefern und vielleicht zu den wesentlichen Fragen zur Zukunft Berlins.

Auch wenn die erste urkundliche Erwähnung des Fischerdorfs Berlin aus dem Jahre 1237 vor zehn Jahren den Anlaß zur doppelten 750-Jahrfeier in der damals noch geteilten Stadt in Ost und West lieferte, und auch wenn die erste jüdische Ansiedlung knapp 60 Jahre später, 1295, urkundlich erwähnt ist, existiert kaum eine durchgehende Parallele zwischen der Stadtentwicklung Berlins und der Existenz der „Fremden", der ethnischen bzw. religiösen Minderheiten: die Juden wurden Anfang der 70er Jahre im 16. Jahrhundert aus Berlin und Mark Brandenburg vertrieben, und es bedurfte mehrerer Jahrhunderte, v. a. eines industriellen Ausbruchs, bis aus diesem Dorf eine Großstadt wurde.

Erst mit dem Einsetzen des Merkantilismus des 17. und der Aufklärung des 18. Jahrhunderts werden zur Ankurbelung der regionalen Wirtschaftskraft gezielt Fremde ins Land geholt. Der Große Kurfürst Friedrich Wilhelm (1640 - 1688) von Mark Brandenburg lädt 1685 die Anhänger der Reformation Johannes Calvins, des Gegenspielers Martin Luthers, die sich „Hugenots" bzw. Hugenotten (Eidgenossen) nannten und in Frankreich rigorosen Verfolgungen ausgesetzt waren, nach Brandenburg ein und bietet ihnen eine neue Existenzgründung an. Rund 20.000 Hugenotten kommen v. a. nach Berlin, geregelt durch ein Aufnahme-Edikt von Potsdam, das für damalige Verhältnisse sehr tolerant und großzügig gestaltet ist: Neben den Hugenotten gehören vor allem Böhmen, auch Holländer und Juden zu den Fremden, die vom Kurfürsten ins Land geholt werden; er räumt 1671 den wohlhabendsten 50 jüdischen Familien, die aus Wien vertrieben wurden, ein 20jähriges Niederlassungsrecht gegen Schutzgelder und sonstige Abgaben ein („Schutzjuden" - Gidal, S. 113). Von diesen Familien lassen sich 7 in Berlin nieder.

Die gezielte Anwerbung von Fremden ist v. a. mit dem staatspolitischen Kalkül verbunden, durch deren Know-how und Finanzkraft der Wirtschaftsentwicklung des Landes einen positiven Impuls zu geben. Für Berlin geht diese Strategie voll auf: Die „Refugiés" (Hugenotten) erhöhen in vielen Gewerbezweigen, v. a. im Textilbereich, die Produktion durch Verfeinerung der Herstellungsmethoden und Modernisierung des Wirtschaftsverkehrs enorm. Auch die Juden übernehmen eine Pionierrolle bei der industriellen Revolution, die die Stadtentwicklung, ja -werdung Berlins nachhaltig prägt.

Aufstieg Berlins zur Industriemetropole

Die erste Phase in der Entwicklungsgeschichte Berlins nach der Industrierevolution umfaßt den Zeitraum von der Mitte des 19. Jahrhunderts bis zur Weimarer Republik. Berlin erlebt eine bislang noch nie dagewesene Industrialisierung und damit einhergehende Verstädterung, in der alle stadtentwicklungsrelevanten Weichen gestellt werden, die heute noch sichtbar sind, wobei die Erklärung Berlins zur Reichshauptstadt 1871 durch Bismarck eine deutliche Beschleunigung dieser Entwicklung nach sich zieht.

Nach dem gewonnenen Krieg gegen Frankreich und v. a. nach der Überwindung der Wirtschaftskrise setzt ein Entwicklungsschub in den 80er Jahren ein und dauert nahezu bis zum Ersten Weltkrieg. Hinsichtlich der Bevölkerungsentwicklung zeigt sich in dieser als „Gründerzeit" bekannten Periode die enorm steigende Nachfrage nach Arbeitskräften, insbesondere in der preußischen Landwirtschaft, die zum deutlichen Anstieg der Rekrutierung ausländischer Arbeiter führt. Aus der Sicht der Stadtentwicklung markant ist die ungeheure Bodenspekulation und die damit einhergehende Verdichtung der vorhandenen Bebauung in den Blockinnenbereichen mit Produktionsstätten und Seiten- und Quergebäuden, in denen unterste Einkommensschichten wohnen.

Die „Stadt" Berlin verkommt zur Altstadt, um die ein Bebauungsgürtel aus Arbeiterwohngebieten mit enormer Dichte entsteht, die in die Stadtgeschichte mit der Bezeichnung „Mietskasernen" Eingang finden. Auch die Entwicklung der Einwohnerzahl zeitigt diese enorm rasche Verstädterung Berlins: verdoppelt sich die Einwohnerzahl in der ersten Hälfte des 19. Jahrhunderts auf ca. 330.000 (1840), so verdreifacht sie sich alle 30 Jahre bis zur Jahrhundertwende (1871: ca. 930.000, 1900: 2,71 Mio), wobei das Proletariat quantitativ zur bedeutendsten sozialen Klasse der Stadt wird.

Für unsere Auseinandersetzung ist die Gründerzeit von besonderer Bedeutung: während in den 50er und 60er Jahren des letzten Jahrhunderts die Einwanderung nach Berlin im wesentlichen durch die einheimische Landflucht geprägt ist, werden ab 1871 „Fremde", vorwiegend Polen aus dem russischen „Kongreßpolen" bzw. Schlesien sowie Polen und Ruthenen aus dem österreichischen Galizien (Bade, S. 30) ins Land geholt. Eine sehr rigide Ausländerbeschäftigungspolitik kennzeichnet diese Phase: üblich ist die Saisonarbeit, wobei den fremden Arbeitern, seien es „Polacken" (Auslandspolen), „Makaronies" oder „Ostjuden" oder aber Kinder aus Tirol bzw. Voralberg in der winterlichen „Karenzzeit" ein Rückkehrzwang auferlegt wird. Auch die Trennung der Männer und Frauen in Arbeitskolonnen sowie die Zulassung von nur alleinstehenden Arbeitskräften ohne Familienverband sind typische Merkmale der Fremdenbeschäftigung. Schon vor dem Ersten Weltkrieg wurden in Berlin „Facharbeiter" eingesetzt, so z. B. türkische Arbeiter in der „Pera"-Zigarettenfabrik. Ausländische Arbeitskräfte werden, ob als Saisonarbeiter oder in Dauerstellung als fester Bestandteil der Arbeitsmarktpolitik bewertet, deren Einsatz unter der Maxime der Nützlichkeit für die Wirtschaftsentwicklung steht. Die Tradition der Verfügung über ausländische Arbeitskräfte als Konjunkturpuffer wird zum Selbstverständnis nicht nur der Berliner Geschichte, sondern der deutschen Geschichte schlechthin.

Türkische Arbeiter in der „Pera"-Zigarettenfabrik vor dem Ersten Weltkrieg (Spaich S.162)

Die zweite Entwicklungsphase Berlins, die sich auf den Zeitraum zwischen 1919 und 1932 erstreckt, legt sich wie eine neue Schicht auf das „steinerne Berlin", die „Mietskasernenstadt", und unterscheidet sich von diesem in vielerlei Hinsicht. Wesentlicher Motor der völlig neuen Entwicklung ist die Veränderung der politischen Landschaft: Der Zusammenbruch des Kaiserreiches und die Beseitigung des Dreiklassenwahlrechts verhelfen der Sozialdemokratie zur stärksten Kraft in der Stadtverordnetenversammlung, die Kommunisten werden zur bedeutenden linken Opposition; „Das kaiserliche Berlin wird zum 'roten Berlin'"(Bodenschatz, S. 82). Prägend für die 20er Jahre ist zugleich eine in vielerlei Hinsicht duale Entwicklung.

Ausländische Arbeiter im modernen Berlin der Weimarer Republik

Hinsichtlich der Stadtentwicklung ist der erste wesentliche Akt die mit den Stimmen der Arbeiterpartien 1920 durchgesetzte Verwaltungsreform, die aus 8 Städten, 59 Landgemeinden und 27 Gutsbezirken die Einheitsgemeinde „Groß-Berlin" mit 20 Bezirken entstehen läßt, die 1929 mit ca. 4,3 Mio. Einwohnern nach New York und London die drittgrößte Stadt der Welt darstellt. Die Stadtentwicklung wird nach den Prinzipien der Städtebaulichen Moderne vollzogen, die ihren rechtlichen Ausdruck in der neuen Berliner Bauordnung findet, und, im Gegensatz zur Gründerzeit, durch die gemeinnützige und nicht private Wohnungswirtschaft umgesetzt wird. Gesellschaften und Wohnungsbaugenossenschaften erstellen die bekannten Großsiedlungen an der städtischen Peripherie. Allerdings stellt die totgesagte „Mietskaserne" in Berlin, der Stadt der kriegsbedingten großen Wohnungsnot, quantitativ nach wie vor den wichtigsten Bestand bei der Wohnungsversorgung dar. Das Nebeneinander des „modernen" und des „traditionellen" Berlins: dies ist die erste Dualität der 20er Jahre. Eine weitere Dualität ist die politisch-kulturelle: in den „roaring twenties" kommt neben die prägenden Traditionslinien Berlins, die nationale und die ökonomische, eine kulturelle Großstadtatmosphäre. Begünstigt durch die Liberalität der parlamentarischen Demokratie entwickelt sich einerseits ein internationales, ja multikulturelle Ambiente, in dem die Moderne triumphiert, die kosmopolite, bohème, avantgarde „Subkultur" ihren Höhepunkt erlebt, wobei der Beitrag der Juden wesentlich ist. Diese politisch liberale Atmosphäre ist allerdings nicht untermauert: die meisten Menschen können mit ihrer liberalen Verfassung nichts anfangen, vermissen den starken Staat. Während eine gespaltene Linke Weltrevolutionspläne entwirft, arbeiten die Rechten direkt an der Vorbereitung des Faschismus.

Auch hinsichtlich der Ausländerbeschäftigung zeichnet sich die Weimarer Republik mit einer Dualität aus: einerseits erlebt das System der Kaiserzeit einen nachhaltigen Umbruch, in dem die Lohndrückerfunktion der ausländischen Arbeiter prinzipiell beseitigt wird und nationalgewerkschaftliche Positionen gestärkt werden. Andererseits verfestigt die Neuregulierung der Ausländerbeschäftigung das Prinzip des Inländerprimats, also die Konjunkturpufferfunktion der Ausländer. Drei wesentliche Merkmale sind dabei hervorzuheben: erstens Vorrang für inländische Arbeiter vor den ausländischen, zweitens Einhaltung der Tarifverträge bei der Ausländerbeschäftigung und drittens Beseitigung der freien staatlichen Ausweisungskompetenz der Ausländer (Dohse, S. 85 ff) Diese neuen Prinzipien der Ausländerbeschäftigung setzen sich in der Weimarer Republik durch. Wesentlicher Grund hierfür ist, daß die Nachkriegsarbeitslosigkeit die Besetzung auch der niedrig bezahlten Arbeitsplätze durch inländische Arbeiter erlaubt. Vor dem Hintergrund der neuen Regelungen und v. a. der enorm steigenden Arbeitslosigkeit Ende der 20er Jahre sinkt die Anzahl der Ausländer in der Weimarer Republik rapide ab. Insbesondere unmittelbar nach der Weltwirtschaftskrise erreicht ihre Anzahl in Deutschland mit rund 100.000 den niedrigsten Stand.

Wenn die Phase der 20er Jahre als liberale, multikulturelle, avantgarde etc. stets hochgehalten wird, auf die viele sich gerne berufen, so bedarf dieses Bild einer Korrektur durch die hier dargelegten Schattenseiten.

„Fremdarbeiter" in der Hauptstadt des 3. Reiches

Bis zum Kriegsbeginn scheint es auf den ersten Blick eine Kontinuität in der Wohnungspolitik zu geben: die Positionen der Reformpolitik sind weiterhin Staatsprogramm, die gemeinnützige Wohnungswirtschaft bleibt Träger des Wohnungsneubaus. In dieser Phase werden in Berlin immerhin 102.000 neue Wohnungen errichtet, die die enorme Wohnungsnot gewissermaßen lindert. Auch Altstadtsanierung wird ein bedeutendes Thema.

Hinter dieser formalen Kontinuität steckten allerdings eine ungeheure Gleichschaltung und Zentralisierung der gemeinnützigen Wohnungswirtschaft, sowie personelle, linientreue Umbesetzungen in den Wohnungsunternehmen. In dieser Zeit wird die öffentliche Wohnungsbaufinanzierung durch die Neugründung der Wohnungsbaukreditanstalt Berlin (1937) zentralisiert. Neben Kriegswirtschaft stellt die Bauwirtschaft im Dritten Reich einen bedeutenden Politikbereich zur Konjunkturbelebung dar.

Der wachsende Arbeitskräftebedarf ab ca. 1934, der v. a. in der Ausweitung der Kriegs- und Rüstungswirtschaft sowie den Einberufungen zur Armee begründet ist, führt zur Beschleunigung der Landflucht. Im Zuge des systematischen Abbaus der Rechtspositionen der einheimischen Arbeiterschaft wird die Freizügigkeit erheblich eingeschränkt und der „Staatlichen Arbeitslenkung" unterstellt. Zusätzlich wird dabei jeglicher Rechtsstatus ausländischer Arbeiter beseitigt; „Es ist (...) integraler Bestandteil des Ausländereinsatzes im faschistischen Deutschland, daß sämtliche Rechtsbeziehungen durch Gewaltsbeziehungen ersetzt wurden und (...) der staatliche Terror das Ausweisungsinstrumentarium substituierte" (Dohse, S. 133). Markant im Nationalsozialismus ist der Einsatz ausländischer Arbeiter als Zwangsarbeiter v. a. nach Ausbruch des Zweiten Weltkrieges, wobei die deutsche Industrie nicht nur Nutznießer, sondern auch treibende Kraft der Zwangsrekrutierung ist. Abgesehen von den wenigen ausländischen Arbeitern als Angehörige der „Freundstaaten", für die das Aufenthaltsrecht durch die Verordnung über Behandlung von Ausländern vom 5. September 1939 dem Primat der „öffentlichen Belange" unterstellt wird, werden Millionen von Zivilisten zur Zwangsarbeit verpflichtet und ins Reich deportiert. Für diese hat die klassische fremdenpolizeiliche Waffe der Ausweisung keine Funktion; deshalb wird für sie in der gerade erwähnten Verordnung ein generelles Ausreiseverbot festgelegt. Statt der Ausweisung heißt die Drohung für sie Arbeitserziehungslager bzw. Konzentrationslager.

Hauptsächlich aus propagandistischen Gründen wird in Arbeiterwohnvierteln - allen voran im roten Wedding - die Instandsetzung gefördert: Fassaden, Treppenaufgänge werden verputzt und übermalt, Höfe, Straßen gesäubert, eine neue Ordnung und Sauberkeit herbeigeführt und dadurch auch Arbeit geschaffen, als Ausdruck der „durch Luftschutzhauswarte und Blockwarte disziplinierten, von politischen Gegnern und Juden 'gesäuberten' Arbeitermietskasernen". (Bodenschatz, S. 115)

Russin in einem Rüstungsbetrieb (Spaich S.189)

Ganz im Sinne der rassistischen Ideologie des Nationalsozialismus wird bei den Zwangsarbeitern zwischen den „Westarbeitern" aus Frankreich, Belgien, Holland etc. und den „Ostarbeitern" aus Polen oder Rußland unterschieden: während jene, zumindest in den ersten Kriegsjahren, als Angehörige von „Herrenvölkern" bessergestellt und in ihrer Freiheit weniger eingeschränkt werden, müssen die „rassisch minderwertigen slawischen Untermenschen" die völlige Entrechtung (ausschließlicher Aufenthalt im Arbeitslager, Nahrungsminimierung, Kennzeichnung mit „P" für Polen und mit „Ost" für Ostarbeiter, ähnlich wie die Juden mit dem gelben Stern, etc.) hinnehmen (Bade, S. 59). Ohne die Zwangsarbeit von Millionen „Ostarbeitern" wäre die nationalsozialistische Kriegswirtschaft und damit die Kriegsführung selbst früher zusammengebrochen: Am Kriegsende befinden sich in Deutschland 6 Millionen zivile Zwangsarbeiter und 2 Millionen Kriegsgefangene im Arbeitsprozeß (Dohse, S. 119).

Während Westberlin durch enorme Subventionen aus Bonn eine wohlhabende Metropole simuliert und seine Bewohner sich als eine glückliche Minderheit daran gewöhnen, über ihre Verhältnisse zu leben, demonstriert die „Hauptstadt" in Ostberlin einen sozialistisch geprägten Glanz auf Kosten der restlichen Deutschen Demokratischen Republik - beide Stadthälften sind sich zumindest als Subventionsempfänger ähnlich.

Typischerweise werden ausländische Familien hauptsächlich auf dem Segment des Wohnungsmarktes fündig, das in Westberlin aus den Fragmenten des Arbeiterwohngürtels besteht: dies sind Stadtteile wie Kreuzberg, Wedding, Tiergarten und Nord-Neukölln, die, nach dem Mauerbau zu Randgebieten und zu ersten Sanierungsbereichen wurden. Nahezu nur hier haben Ausländer Zugang zu den Wohnungen, die im Vorfeld des beabsichtigten Abrisses den Eigentümern - seien es private oder gemeinnützige Eigentümer - die letzte Rendite gewähren. Zugleich sind dies ohnehin Gebiete Unterprivilegierter; sie werden nunmehr zum sozialen Schaufeld gegeneinanderprallender Kulturen.

Von „Gastarbeitern" zu Immigranten in der geteilten (Haupt)Stadt

Der Zeitraum von der Entzweiung beider deutscher Staaten bis zu ihrer Vereinigung ist geprägt durch die vergleichbare Funktion beider Stadthälften als Schaufenster des jeweiligen Systems, als Beweisort des jeweils Besser-Sein-Wollens. Diese Phase läßt sich in drei Zeiträumen darstellen.

I. Anwerbephase bis zum Anwerbestopp 1973

In den 50er und 60er Jahren verlassen viele Industrien stillschweigend die Halbstadt ohne Hinterland und überlassen sie dem Bonner Tropf. Dennoch gibt es, beflügelt durch die ideologisch bestimmte Subventionspolitik Westberlins, Glanzzeiten; das deutsche Wirtschaftswunder der Nachkriegsära geht auch hier nicht spurlos vorbei. Es ist die Zeit nach der harten Stadttrennung durch die Mauer 1961, in der wieder einmal verstärkt Arbeitskräfte gebraucht und u. a. aus dem Ausland rekrutiert werden.

Der nach einer öffentlichen Diskussion gefundene Begriff „Gastarbeiter" des Nachkriegsdeutschlands will einerseits den Begriff der Fremdarbeiter der Nazizeit wettmachen und durch das Präfix „Gast" einen freundlichen Akzent setzen. Er knüpft andererseits an die preußische Tradition der flexiblen Ausländerbeschäftigung an, die sich den Erfordernissen des Arbeitsmarktes unterordnet. Familienzusammenführung ist zunächst kein Thema. Je mehr allerdings die Dauerhaftigkeit dieses „Provisoriums" zu Tage tritt und Familien faktisch zusammengeführt werden, desto mehr werden v. a. die aus den Hauptanwerbeländern Türkei, Jugoslawien und Griechenland stammenden Ausländer nunmehr mit ihren Familien zu Teilnehmern des Wohnungsmarktes.

II. Die 70er Jahre

Anfang der 70er Jahre, v. a. nach dem Anwerbestopp, entwickelt sich eine neue Diskussion über Integration: aus Gastarbeitern werden „ausländische Mitbürger" ohne daß sie allerdings bürgerliche Rechte besitzen. Die sozial-liberale Politik knüpft an die preußische Tradition an und versucht, vorhandene Probleme anhand einer Politik „von oben" zu lösen: alle restriktiven, die Ausländer auf Objekte degradierenden und z. T. verfassungsrechtlich bedenklichen aufenthaltsrechtlichen Maßnahmen werden mit einem abstrakt bleibenden Integrationsziel begründet. So erläßt der Senat 1975 eine „Zuzugssperre", die den Zuzug der ausländischen Familien in die Bezirke Kreuzberg, Wedding und Tiergarten verbietet und somit die freie Wahl des Wohnorts eines Teils der Ausländerbevölkerung (hauptsächlich der Türken) dort einschränkt, wo sie die Chance hätten, Wohnungen zu bekommen. Auch diese diskriminerende „Maßnahme", die die Wohnungsversorgungssituation der Betroffenen drastisch verschlechtert und sie kriminalisiert, weil dadurch ein Markt für Scheinmietverträge und Pseudoanmeldungen entsteht, wird mit „Integrationsziel" begründet. Diese Politik belegt den Begriff Integration positiv und verwendet ihn als soziales Allheilmittel; sie leitet daraus das Negative mit den Begriffen „integrationsunwillig" bzw. „-unfähig" ab (Arin 1983).

Selbstverständlich führt diese Politik zu keinem positiven Ergebnis, da sie keine wohnungspolitischen Instrumente zur Verbesserung der Wohnungsversorgung entwickelt.

III. 80er Jahre mit Exkurs: Behutsame Stadterneuerung

Berlin ist in dieser Periode dadurch gekennzeichnet, daß an die brüchige Tradition der 20er Jahre angeknüpft wird, indem hier wieder die avantgarden Subkulturen bundesweit eine besondere Bedeutung erlangen, sich die Produktion der Kultur von unten wie sonst kaum anderswo verdichtet. Die strukturelle Anpassung der ethnischen Minderheiten an die gesellschaftlichen Verhältnisse und die graduelle Auflösung der subkulturellen Strukturen sind kennzeichnend für die 80er Jahre. Einen Anfang in Richtung der Normalisierung der zwischenkulturellen Verhältnisse stellt der Prozeß der IBA dar, der Anfang der 80er Jahre in Kreuzberg stattfindet.

Erst die sich verschärfende Wohnungsnot, Hausbesetzungen und eine sich hieraus entwickelnde Protestbewegung von unten bewirken Kurskorrekturen der autoritären Politikform. Allmählich setzt sich in der sozial-liberalen Koalition der Ansatz des politischen Dialogs durch; die Bevölkerung wird graduell in die Lösungsfindung einbezogen. Auch die Stadtentwicklungs- und Wohnungspolitik erfährt Kurskorrekturen in Richtung Bestandsorientierung. Der sozialdemokratische Bausenator Harry Ristock ruft die Internationale Bauausstellung Berlin (IBA) ins Leben, die, ganz in der Tradition der vorangegangenen Berliner Bauausstellungen, zukunftsweisende Ansätze in der Stadterneuerung und Wohnungspolitik praktizieren soll.

Unter dem Motto „Demokratie als Bauherr" nimmt die IBA 1979 / 80 im Sanierungsgebiet Kreuzberg ihre Arbeit auf und entwickelt den Ansatz der behutsamen Stadterneuerung mit Bewohnerbeteiligung. Rund 40% der Einwohner des Zuständigkeitsbereichs der IBA sind Ausländer, darunter die große Mehrheit aus der Türkei. Die IBA begreift den Stadtteil als Ganzes und versucht, ihn durch einen integrierten Ansatz langfristig zu stabilisieren, indem sie nicht nur auf eine behutsame Reparatur der Wohnsubstanz mit Bewohnerbeteiligung abzielt, sondern auch durch vielerlei Aktivitäten strukturelle Verbesserungen anstrebt. So entstehen hier auf den endogenen Potentialen des Stadtteils basierende Arbeits- und Ausbildungsstätten, soziale Infrastruktureinrichtungen ebenso wie Grünflächen und Wohnsubstanzverbesserungen zu bezahlbaren Mieten. Auch die ausländische Bevölkerung wird an der Stadterneuerung, hauptsächlich am Hausversammlungsverfahren, beteiligt, wenn auch nicht in dem Maße wie die alternativen Bewohner Kreuzbergs. Dennoch werden mehrere multiethnische Wohnprojekte realisiert, wobei die Bereitschaft unter den z.B. türkischen Berlinern wächst, sich in solchen langfristigen Wohnprojekten zu engagieren.

Die 80er Jahre sind durch dynamische Prozesse gekennzeichnet. Zum einen findet eine positive Entwicklung in Richtung der Konsolidierung des multikulturellen Stadtlebens statt, indem ein Teil der zweiten und dritten Generation Berliner Ausländer, nämlich artikulations- und konfliktfähige Nachkommen der Ende der 60er Jahre rekrutierten „Gastarbeiter", zunehmend am öffentlichen Stadtleben sowohl im kulturellen als auch im ökonomischen Sinn teilnimmt. Für diesen aktiven Teil der neuen Generationen weichen allmählich die rassistisch begründeten Diskriminierungen den gewöhnlichen Konkurrenzstrukturen, wie sie für alle BerlinerInnen existieren. Zum anderen aber führt die zunehmende Arbeitslosigkeit und die sich verschärfende Polarisierung der Einkommensstruktur zu strukturellen Konflikten, wobei ein Großteil der zweiten und dritten Generation, der eine geringere Artikulations- und Konfliktfähigkeit aufweist, wegen der nach wie vor vorhandenen strukturellen Diskriminerung kaum die Chance bekommt, ins Erwerbsleben einzutreten.

Luftbild Block 81 Dresdener Straße 13-15, 1980. IBA Gebiet im Vorfeld der Erneuerung

Integrationsprozesse in der Hauptstadt des vereinten Deutschlands

Die 90er Jahre sind durch grundlegende strukturelle Veränderungen gekennzeichnet. Der wirtschaftliche Aufschwung scheint unaufhaltsam: Nahezu alle Firmen und Konzerne mit internationalem Rang und Namen sind auf der Suche nach geeigneten Standorten in der werdenden Hauptstadt. Die durch den Krieg teil- und die anschließende Erneuerungspolitik im Westen wie im Osten nahezu gänzlich zerstörte Mitte Berlins wird, trotz intensiver Kritik, in einer ungeheuren Geschwindigkeit neu erstellt. Auch die nationale und internationale Anbindung wird enorm verbessert. Kurz: Berlin erlebt eine neue Renaissance der Stadtentwicklung, die sich in ihren Dimensionen möglicherweise mit der Gründerzeit messen läßt.

Die ab Mitte der 90er Jahre eingetretene Ernüchterung durch das starke Einebben des prophezeiten Booms, die mit der Normalisierung der anfänglichen Erhitzung der Verhältnisse sowie mit der allgemeinen wirtschaftlichen Entwicklung im Lande mit den höchsten Arbeitslosenzahlen viel zu tun hat, hilft die zwischenzeitlich in Vergessenheit geratenen Probleme zu vergegenwärtigen: enorm gestiegene Mieten v. a. in den ehemaligen Ostbezirken, Gentrification der Innenstadtbereiche und damit einhergehende Verdrängungsprozesse bestimmter Bevölkerungsgruppen aus ihrer vertrauten Umgebung und die ungeheuren Segregationsvorgänge stehen auf der politischen Tagesordnung. Diese Gebiete konzentrieren sich auf die nach der Vereinigung wegen ihrer Nähe zur Mitte und hervorragenden verkehrlichen Erschließung deutlich aufgewerteten Bereiche des ehemaligen Mietkasernengürtels wie Kreuzberg, Prenzlauer Berg, Tiergarten, Schöneberg etc.

Dem Strukturwandel der 90er Jahre wohnen auch Umschichtungsprozesse innerhalb der ethnischen Minderheiten inne; die Berliner Türken stehen nicht mehr auf der untersten Ebene der gesellschaftlichen Pyramide; es findet eine Unterschichtung durch neue ethnische Gruppen aus der ehemaligen Sowjetunion statt. Es gehört nunmehr zum Alltag des Beschäftigungssektors, daß türkische bzw. griechische Subunternehmer, v. a. in der Bau-, Reinigungs- und Gastronomiebranche, sich der Arbeitskraft der Polen, Rumänen, Bulgaren bedienen - die Berliner Türken sehen auf sie, genau wie die Deutschen, womöglich noch demonstrativer, herab.

Parallel zu der Neumischung der Verhältnisse zwischen Deutschen und Ausländern einerseits und unter den Ausländern andererseits formieren sich die Rechtsextremisten neu, suchen sich mit dem Rückenwind der öffentlichen Panikmache vor allem gegenüber Asylsuchenden ihre Opfer. Alle Drucksituationen rufen Reaktionen hervor. Die zweite und dritte türkische Generation in Berlin ist mit den gesellschaftlichen Verhältnissen bestens vertraut und sich ihrer dürftigen Rechte bewußt. Wenn türkische Jugendbanden gegen „Glatzköpfe" auf Jagd ziehen, kleinkriminelle Delikte organisieren oder mit Teilen der sogenannten Autonomen randalieren, so kumuliert sich hier die unter ihnen weitverbreitete Arbeits- und Perspektivlosigkeit mit den gegen sie gerichteten Alltagsrassismen, der oft nicht unparteiischen

---

Daß es im Rahmen dieser Polarisierungsprozesse Gewinner und Verlierer gibt und daß im gleichen Rahmen beabsichtigte und unbeabsichtigte stadträumliche Umschichtungen stattfinden, versteht sich. Kristallisationspunkte dieser Umschichtungen sind, wie bereits erwähnt, v. a. die traditionellen Altstadtviertel. Diese Gebiete sind seit mehreren Jahren Schauplatz sozialer Entmischungs- und Segregationsprozesse, auch wenn sie sich seit Mitte der 90er Jahre, bedingt durch die allgemeine ökonomische Stagnation, verlangsamt haben.

Haltung der Polizei und dem Gefühl des Sich-Zur-Wehr-Setzen-Müssens. Sie haben ohnehin nur wenige Möglichkeiten der Identitätsbildung - die Radikalisierung dieser Jugendlichen ist also Produkt gesellschaftlicher Verhältnisse.

Multi- oder Polykulturell? Schlußplädoyer für Gleichberechtigung

Der gewollte, geplante und allmählich Realität werdende Metropolisierungsprozeß Berlins zum wichtigsten Umschlagsort des Ost-West-Handels hat ein entscheidendes Manko in multikultureller Hinsicht. Eine kulturelle Aufklärungspolitik ist genauso wichtig wie die Ansiedlungspolitik für internationale Dienstleistungen, will Berlin das kommende Jahrtausend als eine moderne Metropole antreten. Noch besteht die Chance, Berlin u. a. zu einem Ort des ethnischen und kulturellen Pluralismus anstatt zu einem Ort ethnischer und kultureller Eskalationen zu entwickeln.

Die wichtigste Voraussetzung hierfür ist allerdings der offensive politische Wille dazu - ein Wille, der ohne Rücksicht auf Stimmungslagen artikuliert werden muß. Die sozial- und kulturpolitischen Bemühungen sind zwar wichtig, sind allerdings unzureichend, solange sie allein betrieben werden und solange politische Partizipation und wesentliche Bürgerrechte in Deutschland Millionen Menschen vorenthalten werden. Es gibt keine überzeugenden Gründe gegen Gleichberechtigung der Millionen von Immigranten in Deutschland, weder politische, noch ökonomische, soziale bzw. kulturelle. Ebensowenig überzeugende Gründe gibt es dafür, rund acht Millionen Menschen in Europa von den politischen Willensbildungsprozessen und einer Freizügigkeit fernzuhalten - solange diese Menschen politisch und rechtlich diskriminiert werden, solange die politische und rechtliche Integration dieser Menschen inmitten Deutschlands verhindert wird, bleibt die Glaubwürdigkeit der Rede von einer europäischen Integration auf der Strecke ■

Literatur:

Arin, Cihan, 1983: „Die nationale Identität ist für den Alltag ohne Gebrauchswert", in: Frankfurter Rundschau, 24. September, Dokumentation.

Arin, Cihan / Gude, Sigmar / Wurtinger, Hermann, 1985: „Auf der Schattenseite des Wohnungsmarkts: Kinderreiche Immigrantenfamilien", Basel / Boston / Stuttgart.

Bade. Klaus, 1983: Vom Auswanderungsland zum Einwanderungsland ? Deutschland 1880 - 1908, Berlin.

Bodenschatz, Harald, 1987: „Platz Frei für das neue Berlin ' Geschichte der Stadterneuerung seit 1971", Berlin.

Dohse, Knut, 1981: Ausländische Arbeiter und bürgerlicher Staat, Königstein/Ts.

Gidal, Nachum T., 1988: Die Juden in Deutschland - von der Römerzeit bis zur Weimarer Republik, Gütersloh.

Spaich, Herbert, 1981: Fremde in Deutschland, Weinheim und Basel.

Zum Autor:
Dr. Cihan Arin, Architekt und Stadtplaner, beschäftigt sich seit Jahren mit Fragen der Segregation und Integration sowie Phänomen der Ghettobildung

---

Aus dem kleinen Spaziergang in die Berliner Geschichte und Gegenwart lassen sich einige Aspekte in die Zukunft hineinprojizieren, die selbstverständlich Thesen bleiben müssen. Drei Punkte wären zu nennen:

1. *Die Hauptstadt- und Metropolentradition Berlins ist durch die Geschichte hindurch vor allem ökonomisch bestimmt, wobei der wichtigste Motor, die Arbeiter, stets von der Macht ferngehalten wurden - so steht Berlin in der Tradition eher einer Industrie- als einer Kulturmetropole.*

2. *Die Hauptstadt- und Metropolentradition Berlins ist schon immer national und überwiegend nationalistisch bestimmt; die gerne vorgegebene demokratische oder multikulturelle Tradition Berlins ist etwas weit hergeholt: die einzige Referenz wäre auf die „roaring twenties", die allerdings nur eine schmale Grundlage in der Stadtgeschichte bilden - hinzu können z.T. die 70er und 80er Jahre gezählt werden, in denen Spuren einer multikulturellen Tradition entstanden sind.*

3. *Es sind gerade die Arbeiter, die um ihre Existenz und Rechte gekämpft und den Weg zur Weimarer Republik geebnet haben - es gelang den Mächtigen des Industriekapitalismus allerdings, die Arbeiter aus anderen Kulturen stets von den deutschen Arbeitern getrennt zu halten und diesen das Gefühl der Überlegenheit zu vermitteln. Es gehört zur Tradition der Industriemetropole Berlin, die untergeordnete Position der Arbeiter aus anderen ethnischen Gruppen als selbstverständlich anzusehen und aufrechtzuerhalten.*

Die vorrangig ökonomische Prägung sich gegenwärtig vollziehender enormer Veränderungsprozesse in Berlin läßt die Frage aufwerfen, ob überhaupt kulturpolitisch vorbereitete, mit systematischer Aufklärung unterstützte Interaktionen zwischen den Kulturgruppen stattfinden. Diese Frage wird gegenwärtig eher negativ beantwortet werden müssen: zwischenkulturelle Interaktionen finden kaum statt, es existieren mehrere kulturelle Ghettos nebeneinander. Es scheint also, die Stadt entwickelt sich eher polykulturell.

Stadtraum und Aneignung

Das Wohnquartier, das die Berliner Kiez nennen, wurde Ort der Migration und zur temporären bzw. langfristigen neuen Heimat von Zuwanderern. Die Struktur der Stadt bietet dabei unterschiedliche Möglichkeiten für lokale Aneignungsprozesse. So sind differierende Entwicklungen zwischen den ehemals preisgünstigen Altbauquartieren mit ihrer meist noch vorhandenen Mischnutzung aus Wohnen und Gewerbe und den eher monofunktionalen Großsiedlungen zu beobachten, die sich insbesondere in Ostberlin mit dem Schlagwort „Plattenbau" verbinden.

Wie in vielen europäischen Metropolen hat auch in Berlin die Bildung ethnischer communities in städtischen „Insellagen" Tradition. Aktuell ist die Konzentration von Zuwanderern, insbesondere in den ehemaligen Arbeitervierteln Kreuzberg, Wedding, Tiergarten und Neukölln, Folge früherer stadt- und wohnungspolitischer Entwicklungen. Das Erscheinungsbild dieser Quartiere ist nicht nur durch bunte, dynamische Lebensstile, sondern in Zeiten wirtschaftlicher Krise auch durch Kumulation von Problemen wie Arbeitslosigkeit, sozialen Spannungen sowie zunehmender Verarmung der deutschen und ausländischen Bevölkerung geprägt. Ganzheitliche Projektansätze können hier dem Absinken einiger Stadtviertel entgegenwirken.

Hinsichtlich der Verteilung von Zuwanderern im gesamten Stadtgebiet zeigt der geteilte Status von Berlin bis 1989 noch heute Auswirkungen. So leben in Ostberlin deutlich weniger Migranten als im Westteil. Erst die neue Zuwanderungswelle mit Schwerpunkt aus den östlichen Ländern stellt insbesondere die Großsiedlungen vor enorme Aufgaben. Lösungen können hier nicht ohne die Potentiale der neuen Bewohner erarbeitet werden. Stadtentwicklung und Migration erweist sich somit als baulicher wie auch sozial-kultureller, rechtlicher und ökonomischer Bereich, der multi-ethnische Bevölkerungsstrukturen als Chance einer neuen Dynamik auffaßt.

Zuwanderung und Stadtstruktur
Die Verteilung ausländischer Bevölkerung in Berlin

Andreas Kapphan Die ausländische Bevölkerung ist in Berlin - wie auch in anderen deutschen Städten - sehr ungleich verteilt, diese räumliche Trennung wird im allgemeinen als Segregation bezeichnet. Durch räumlich selektive Angebote, begrenzte finanzielle Möglichkeiten und durch Diskriminierung auf dem Wohnungsmarkt werden viele Ausländer auf ein Segment des Wohnungsmarktes verwiesen, das durch schlechte Ausstattung der Wohnungen und hohe Mietpreise charakterisiert und räumlich stark konzentriert ist. Diese Konzentrationen werden teilweise durch die Wohnortsuche in ethnischen Informationsnetzen und individuellen Wohnort-Entscheidungen noch verstärkt. Der Prozeß der Segregation ist somit ein komplexer Vorgang, der abhängig ist von Wohnungsangeboten zu einer gegebenen Zeit. Segregation ist also im wesentlichen ein Abbild des Wohnungsmarktes, allerdings mit einer starken zeitlichen Persistenz, wie im folgenden zu zeigen ist. Einmal entstandene Konzentrationen von Zuwanderern können somit örtliche Milieus erzeugen, die als Einwandererquartiere oder ethnische Gemeinden bezeichnet werden.

Zuwanderung im geteilten Berlin bis 1989

Die Zuwanderung von „Gastarbeitern" nach Westberlin setzte erst Ende der 60er Jahre und damit später ein als in Westdeutschland. Daher kamen vergleichsweise weniger griechische und italienische Arbeitsmigranten, verstärkt jedoch türkische und jugoslawische Zuwanderer, da mit diesen Staaten erst später Anwerbeabkommen unterzeichnet wurden. 1989 lebten 280.000 Ausländer in Westberlin, dies entsprach 13,3% der Bevölkerung, davon besaßen 44% die türkische Staatsangehörigkeit, 12% die jugoslawische, weitere 7% kamen aus Polen.

Der Aufenthaltsstatus der Westberliner Zuwanderer war zum Ende der 80er Jahre weitgehend verfestigt. Die Zuwanderer der 60er und 70er Jahre waren v.a. als Gastarbeiter gekommen, hatten inzwischen Anspruch auf einen unbefristeten Aufenthaltstitel und damit auch ihre in Deutschland geborenen Kinder. Jene Ausländer, die erst in den 80er Jahren nach Berlin kamen, wurden überwiegend als Flüchtlinge anerkannt oder reisten als Familienangehörige ein (z.B. Vietnamesen, Iraner, Polen), mit Ausnahme von Libanesen und Palästinensern, denen ein asylrelevanter Fluchtgrund verweigert wurde und die daher nur geduldet wurden.

In Ostberlin war der Ausländeranteil zum Zeitpunkt der Vereinigung sehr gering. 1989 lag er gerade bei 1,6%, es überwogen die Vertragsarbeitnehmer aus Vietnam, Polen, Angola, Mozambique und anderer sozialistischer „Bruderländer". Die Arbeitsverträge und damit der Aufenthaltsstatus waren fast immer zeitlich begrenzt. Die meisten Ausländer in der DDR lebten isoliert in Wohnheimen, ohne individuelle Wahlmöglichkeit von Arbeitsplatz, Wohnort oder Wohnung. Mit der Wende verloren viele ihre Arbeit und damit oft auch ihre Aufenthaltsgenehmigung.

Der soziale Status der Zuwanderer war sowohl in West- wie auch in Ostberlin weit geringer als jener der deutschen Bevölkerung.

Die Zuwanderer der „Gastarbeiter-Generation" waren überwiegend als einfache, teils ungelernte Arbeiter in der Industrie beschäftigt. Die zweite Generation schaffte einen bescheidenen sozialen Aufstieg, hatte jedoch bereits seit Beginn der 80er Jahre mit der steigenden Arbeitslosigkeit zu kämpfen. Diese Situation hat sich heute durch die Krise der Berliner Industrie und den Strukturwandel noch verschärft.

▸ Zur Situation der aktuellen Zuwanderung

Seit 1989 haben sich die Herkunftsgebiete der Migration verändert, diese liegen nun vor allem östlich der deutschen Grenze: 40% der Zuwanderer kamen in den Jahren 1994 und 1995 allein aus der ehemaligen Sowjetunion. Bedeutende Herkunftsländer waren darüber hinaus Polen und die Nachfolgestaaten des ehemaligen Jugoslawiens. Aber auch die EU-Staaten und die Türkei spielen als Herkunftsgebiete der Migration noch eine große Rolle.

▸ Formale Einwanderung

Auffällig ist die Gleichzeitigkeit von verschiedenen, nur zum Teil neuen Zuwanderungsströmen. Der größte Teil der Zuwanderung kommt als dauerhafte Einwanderung nach Berlin: Aussiedler, Jüdische Kontingentflüchtlinge aus der Sowjetunion, Ehepartner und Kinder im Rahmen des Familiennachzugs, u.a. aus der Türkei. Dies sind die wenigen Gruppen, denen eine formale Einwanderung nach Deutschland offenstehen. Das Beispiel der Türkei zeigt, daß die Wanderungsverflechtungen mit den Herkunftsstaaten über lange Zeit bestehen bleiben können und auch zukünftig für Zuwanderung sorgen werden.

▸ Fluchtmigration

Die Zahl der Flüchtlinge hat seit 1989 in Berlin stark zugenommen. Vor allem zwischen 1991 und 1993 war die Anzahl der Flüchtlinge aus dem ehemaligen Jugoslawien hoch, doch auch 1995 verzeichnete Bosnien noch einen positiven Wanderungssaldo. Fluchtmigration wird in Zukunft typisch für die Zuwanderung nach Berlin bleiben, da die politische und soziale Instabilität in vielen Teilen der Welt auch in Zukunft andauern wird. Die Flüchtlinge haben alle einen prekären Status und leben überwiegend in Heimen.

▸ Neue Formen der Arbeitsmigration

Der hohe Zuwanderungsgewinn von polnischer, portugiesischer und italienischer Bevölkerung verweist auf die hohe Bedeutung neuer Formen der Arbeitsmigration. Für diese Staaten gilt, daß die Migration hauptsächlich auf die Zuwanderung von männlichen Arbeitnehmern zurückzuführen ist. Die Arbeiter sind in Berlin v.a. im Bausektor beschäftigt. Die aktuelle Zuwanderung von Polen und Portugiesen ist somit zunächst temporär angelegt, allerdings spricht vieles dafür, daß sich diese Migrationsströme verfestigen werden. Dies resultiert aus Migrationsbrücken, die die Zuwanderer durch einen zeitweiligen Aufenthalt in Berlin schaffen und bei einem wiederholten Aufenthalt nutzen können.

▸ Irreguläre Zuwanderung

In einem Land ohne Einwanderungsmöglichkeit für viele Gruppen nimmt veständlicherweise die Zahl der unregistriert Eingewanderten zu. Die Verschärfung des Asylrechts hat eine weitere unregistrierte Zuwanderung nach sich gezogen. In Berlin leben inzwischen wahrscheinlich 100.000 sogenannte „Illegale", darunter auch Kinder und ältere Menschen, ohne Rechte, Gesundheitsvorsorge, Bildungsmöglichkeiten und Aufenthaltsstatus. Die Wohnorte von Unregistrierten sind naturgemäß nicht erfaßt.

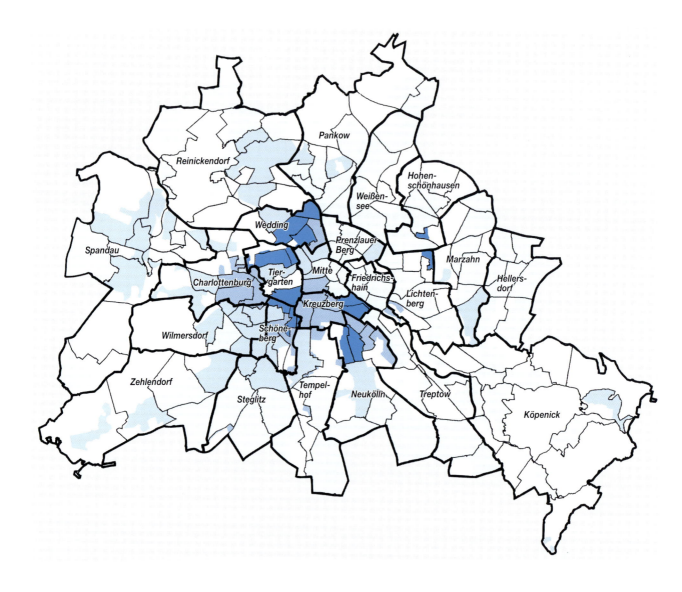

Anteil der Ausländer an der Wohnbevölkerung in Prozent

- bis 10%
- 10,1% bis 20%
- 20,1% bis 30%
- 30,1% und mehr
- keine Siedlungsgebiete

Mittelwert für Berlin: 13,0%

— Bezirksgrenzen
— statistische Gebietsgrenzen

Quelle: Statistisches Landesamt
Datenstand 31.12.1996
Bearbeitung: Andreas Kapphan

Verteilung der ausländischen Wohnbevölkerung in Berlin

In Berlin lebten Ende 1996 444.000 Personen ohne deutschen Paß, was einem Anteil an der Gesamtbevölkerung von 13% entsprach. Der größte Teil davon - 372.000 Personen - wohnte in den westlichen Bezirken und hier vor allem in der Innenstadt. Im Westteil der Stadt lag somit der Ausländeranteil bei 17,3%. Charakteristisch sind die hohen Anteile von Nichtdeutschen in den räumlich zusammenhängenden innerstädtischen Altbauquartieren Westberlins. Die höchsten Konzentrationen weisen Teile der Bezirke Kreuzberg, Wedding, Neukölln und Schöneberg auf, gefolgt von Tiergarten. In diese Quartiere zogen seit Ende der 60er Jahre verstärkt „Gastarbeiter" ein, die in den Sanierungs- und Sanierungserwartungsgebieten schnell und unkompliziert Wohnungen bekamen. Die „Gastarbeiter" waren als sogenannte

Anteil Ausländer nach Staatsangehörigkeit

GUS: GUS/ehemalige Sowjetunion, PO: Polen,
TÜ: Türkei, JU: ehemaliges Jugoslawien,
EU: EU-Staaten, ÜB: Übrige

*Quelle: Statistisches Landesamt
Datenstand 31.12.1996
Bearbeitung: SenStadtUmTech, II C 23*

II
Stadtraum und Aneignung

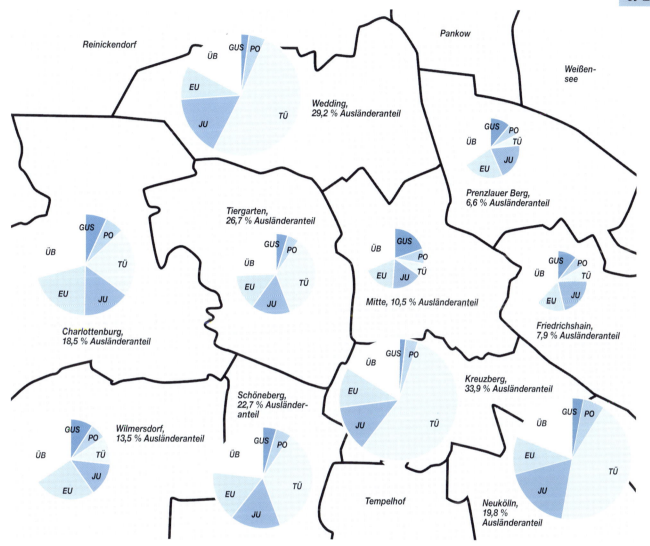

„Zwischennutzer" der Altbauten sehr beliebt, sollten doch die Häuser sowieso abgerissen werden. Wohnungsangebote in den Außenbezirken blieben der ausländischen Bevölkerung dagegen weitgehend verschlossen. Im Jahre 1975 war der Ausländeranteil in Tiergarten, Wedding und Kreuzberg über 15% gestiegen, während in Westberlin der Ausländeranteil damals bei 9% lag. Daraufhin verfügte der Senat eine „Zuzugssperre" für die oben genannten Bezirke, die ausländischen Einwohnern einen Zuzug untersagte. In der zweiten Hälfte der 70er Jahre stieg der Ausländeranteil im nördlichen Schöneberg, dem Altbauquartier Neuköllns und der Innenstadt von Spandau an. Mit der Wiedervereinigung 1990 war die Zuzugssperre für die Bezirke Wedding, Tiergarten und Kreuzberg aufgehoben worden.

Ausländer in den Innenstadtbezirken nach ausgewählter Staatsangehörigkeit

Ausländer gesamt

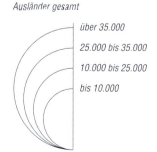

über 35.000
25.000 bis 35.000
10.000 bis 25.000
bis 10.000

In den innerstädtischen Quartieren entwickelten sich ethnische Strukturen, welche die Gebiete für die Zuwanderer attraktiv machten: Läden, Reisebüros, Übersetzungsdienste, Ärzte etc. Diese Quartiere sind vor allem von der türkischen Bevölkerung geprägt. Der Ausländeranteil nimmt in diesen Einwandererquartieren auch derzeit noch zu. Dies liegt daran, daß es immer noch einen Zuzug von Zuwanderern gibt, aber auch, weil junge Ausländer, die aus dem Elternhaus ausziehen wollen, oft keine Wohnungen finden. Folge davon ist eine starke Überbelegungsquote der ausländischen Haushalte in den Innenstadtquartieren. In Wilmersdorf, Tempelhof und auch den Siedlungen der 20er und 50er Jahre leben dagegen verhältnismäßig wenige Nicht-Deutsche, allerdings nimmt ihr Prozentsatz deutlich zu, insbesondere in der Nachbarschaft bestehender Einwandererquartiere. Anders als in den 60er und 70er Jahren haben die Zuwanderer der 80er Jahre keine ethnischen Quartiere ausgebildet. Dies mag einerseits daran liegen, daß bei der Zuwanderung von „Gastarbeitern" die Bedeutung von Migrationsketten von Anfang an höher war als bei den Flüchtlingen der 80er Jahre. Die polnischen Zuwanderer tendierten zum Beispiel dazu, sich möglichst schnell zu assimilieren, hinzu kam, daß der Wohnungsmarkt in Westberlin sehr entspannt war und es ein breites Angebot an modernen Wohnungen gab, auch im sozialen Wohnungsbau. Zudem waren die gemeinnützigen Wohnungsbaugesellschaften seit 1982 angewiesen, bei Neu- und Wiedervermietungen ausländische Haushalte mit 15% zu berücksichtigen. Auch wenn die Umsetzung dieser Quote nie kontrolliert wurde und sie nicht alle Gesellschaften erfüllten, so haben von dieser Regelung vor allem die neuen Zuwanderergruppen profitiert.
In den äußeren Stadtteilen Westberlins konnten sich wesentlich weniger und eher statushöhere Zuwanderer ansiedeln. Im Gegensatz zu anderen deutschen Großstädten sind die Großsiedlungen v.a. der 70er Jahre nur zu einem geringen Anteil von Ausländern bewohnt, was seinen Grund u.a. in den Vergabepraktiken der Wohnungsunternehmen hat. Dies scheint sich derzeit aber zu ändern: Durch eine Fülle neuer Wohnungsangebote in der Stadt und im Umland seit 1990, sowie durch die gestiegenen Wohnkosten für Mieter von Sozialwohnungen, welche die Einkommensgrenzen überschreiten, sind Sozialwohnungen für die deutsche Mittelschicht, die bisherige Mieterstruktur der Sozialwohnungskomplexe, unattraktiv geworden. Die Fluktuation im Sozialwohnungsbestand hat seit 1990 deutlich zugenommen. Leerstände und Vermietungsschwierigkeiten führen dazu, daß verstärkt Ausländer und ärmere Bevölkerungsgruppen im sozialen Wohnungsbau unterkommen und sich derzeit eine Entwicklung einstellt, die in den Städten Westdeutschlands bereits in den 80er Jahren einsetzte.
In den Ostberliner Bezirken lebten Ende 1996 72.000 Ausländer, ihr Anteil an der Gesamtbevölkerung betrug dort 5,6%. In den Innenstadtbezirken stieg der Ausländeranteil in den letzten Jahren deutlich an. Der überwiegende Teil der Ausländer lebte zuvor allerdings nicht im Westteil der Stadt, sondern wanderte im betrachteten Zeitraum zu.

Demzufolge leben weniger türkische Berliner im Ostteil als jüngst zugewanderte Gruppen vor allem aus den EU-Staaten und Osteuropa. Die Segregation ist in Ostberlin deutlich höher als in Westberlin und auch die Kriterien für die Verteilung nichtdeutscher Bevölkerung unterscheiden sich. Viele der hier lebenden Ausländer sind „statusniedrige" Heimbewohner: Werkvertragsarbeiter, ehemalige vietnamesische Vertragsarbeiter, Asylsuchende und Bürgerkriegsflüchtlinge. Die räumliche Verteilung ist damit stärker von der Lage der Heime abhängig, die sich tendenziell in den Außenbezirken befinden. Die beengte Unterbringungsform, der rechtlose und prekäre Status und die Konzentration auf einige Quartiere, in denen zu 90% Ausländer leben, hat in einigen Fällen bereits zu Konflikten geführt, so daß Heime ehemaliger vietnamesischer Vertragsarbeiter in den Bezirken Marzahn und Lichtenberg aufgelöst wurden.

Fazit

Die nach der Wiedervereinigung 1990 in Berlin einsetzende sozialstrukturelle Neusortierung betrifft auch die ausländische Bevölkerung. Allerdings hat sich gezeigt, daß bestehende Konzentrationen von Zuwanderern sehr stabil sind. Entgegen üblichen Annahmen sind Ausländer bisher kaum aus den westlichen in die östlichen Bezirke gezogen. Die ausländischen Bewohner im Ostteil setzen sich überwiegend aus neu zugewanderten Gruppen zusammen. Dies liegt daran, daß die länger ansässigen Ausländer in Westberlin aufgrund rassistischer Vorfälle seit 1990 oftmals unbekannte Quartiere, insbesondere im Ostteil, bei der Wohnungssuche ausschließen. Die Großsiedlungen, welche als Wohnquartiere bei der deutschen Mittelschicht bisher beliebt waren, sind bisher kaum von Zuwanderern bewohnt. Dies ändert sich allerdings derzeit und mit dem Auszug deutscher Haushalte in die Neubaugebiete am Stadtrand ziehen zunehmend Zuwanderer in die Wohnanlagen des sozialen Wohnungsbaus. Dies zeigt, daß die Verteilung von Ausländern in Berlin über die vergangenen Jahrzehnte durch die Mechanismen des Wohnungsmarktes und Zugangsmöglichkeiten erklärt werden können ■

Zum Autor:
Andreas Kapphan ist wissenschaftlicher Mitarbeiter am Institut für Stadtsoziologie der Humboldt-Universität zu Berlin, Themenschwerpunkte: Migration, Segregation, soziale Polarisierung, Armut, insbesondere in Berlin und den neuen Bundesländern.

Migration in Schöneberg - Ein Bezirk im Wandel

Elisabeth Ziemer Schöneberg: ein Bezirk Berlins mit einer Bevölkerung von rund 160.000 Personen. Eine Großstadt. Über ein Fünftel, nämlich 34.000 seiner Einwohner, sind Immigranten. Sie besitzen 118 verschiedene Nationalitäten, angeführt von der Türkei, gefolgt vom ehemaligen Jugoslawien, Polen, Italien und Griechenland. Manche, wie die einstmaligen Vertragsarbeiter heute oft wieder verschwundener Industriebetriebe, sind schon dreißig Jahre lang in Berlin, andere durch den Bürgerkrieg auf dem Balkan erst seit ein paar Jahren. Die einen haben sich ihre Existenz hier aufgebaut, ihre Familien hergeholt, sich Nachbarn gesucht, Kinder bekommen, haben studiert oder sind arbeitslos geworden, leiten Betriebe oder vereinsamen im Alter. Andere sitzen auf ihren Koffern, warten auf eine Chance, zurückzukehren.

Überhaupt, die Lebensentwürfe! Zunächst kommt man, um kurzfristig zu bleiben, Geld zu verdienen, Ausbildung zu machen, Gewalt zu entgehen. Doch auch wenn man sich seine kulturellen Zusammenhänge schafft, Institutionen gründet, unter sich bleiben will - der Austausch findet mit den Jahren unmerklich statt, Kinder forcieren die Konfrontation oder auch Diffusion der Kulturen, schließlich wächst die überraschende Einsicht, daß man in der Heimat der Fremde wird und die Kompaßrichtung wechseln muß. Oder man geht doch ziemlich rasch, bevor die Giraffe an der Brandwand des Hochhauses am Zoo, der Fernsehturm am Alex, die Kneipe oder Teestube an der Ecke das Gefühl auslösen, man käme nach Hause.

Die langsam wachsenden Verbindungsfäden sind jedoch unsichtbar, von außen betrachtet werden sogar in Berlin geborene Kinder türkischer oder afrikanischer oder asiatischer Immigranten immer noch in ein anderes Land verortet, welches sie möglicherweise nie betreten haben. Und so verwirrt sich nicht nur für die erste Generation die kulturelle Identität, sondern auch für die folgenden, diesmal nicht, weil sie sich selbst, sondern weil ihre Umgebung sie als Fremde definiert.

Welche Leitlinien oder Strategien kann die Politik angesichts der Vielfältigkeit der Lebensbiographien, der ständig im Wandel befindlichen gesellschaftlichen Anpassungs- oder Ausgrenzungsprozesse, der äußeren Ereignisse entwickeln? Welche Möglichkeiten habe ich als handelnde Person in meinem Verantwortungsbereich und auf welchem Erfahrungshintergrund agiere ich selbst?

Zunächst sollte man sich gerade in der Frage der Integration von wohlmeinender und die eigene Kultur überstülpender Paternalität hüten. Der Staat ist nicht dazu da, alle glücklich zu machen, sondern darauf zu achten, daß alle die gleichen Chancen bekommen. Insofern muß er in seinen Einrichtungen, mit seinen Programmen und Angeboten alle, die er damit anspricht, gleichermaßen berücksichtigen. Und er sollte dort, wo es feststellbare Defizite im gesellschaftlichen Miteinander gibt, überlegen, was zu tun ist, sie zu beheben. Dazu muß man aber erst ins Gespräch miteinander kommen (wollen). Und den vorhandenen städtebaulichen Rahmen mitdenken.

Eine Erfahrung, die man in Kitas oder Schulklassen, in Wohnhäusern oder dem Bezirk als Ganzem beim Zusammenleben macht, ist, daß je zahlreicher eine Nationalität vertreten ist, sie sich gegenüber den anderen eher abkapselt. Vielleicht auch, je ferner sie sich der dominanten Kultur fühlt.

In Schöneberg ist von den 118 vorhandenen Nationalitäten im Stadtbild deutlich sichtbar nur die türkische geworden - mit der umfassenden Infrastruktur von Banken, Reisebüros, Lebensmittelläden, Imbissen, Moscheen, Teestuben, Vereinen, Projekten, Kinderläden. Geographisch verteilen sich Wohnen und Infrastruktur türkischer Immigranten auf den Schöneberger Norden (Pallasstraße/Goebenstraße/Potsdamer Straße), den Osten (Potsdamer Straße/Hauptstraße/Schöneberger Insel) und auf den Südosten (Grazer Platz). Dies sind meistens Altbauquartiere, z.T. Sanierungsgebiete, in denen lange Zeit die Bausubstanz marode, die Mieten billig waren und in denen städtische Wohnungsbaugesellschaften die deutschen und die Sozialhilfeempfänger anderer Nationen unterbrachten, die sie aus ihren gepflegten Beständen heraushalten wollten. Daß von politischer Seite dieser kurzsichtigen Belegungspolitik kein Einhalt geboten, sondern sie eher unterstützt wurde und daß man sie auch nicht zum Anlaß einer Integrationsdebatte nahm, rächt sich heute. Hier ballen sich die sozialen Probleme, hier werden Verwahrlosungstendenzen sichtbar, gesteigert dort, wo Sozialbauwohnungen in abweisenden Betonklötzen hochgezogen wurden.

In der Pallasstraße

Das Problem der Verwahrlosung ist keines, was sich an der Linie deutsch/ausländisch diskutieren ließe. Umfragen einer Wohnungsbaugesellschaft im Bereich des Bülowbogens zeigen z.B., daß Immigranten die gleiche Kritik an der Unwirtlichkeit ihres Wohnumfeldes haben, wie deutsche Haushalte und daß die gut ausgebildeten, gut verdienenden unter ihnen ebenso wegziehen würden, wenn sie nicht durch die Nähe zur Familie, Infrastruktur und den Freunden am Ort gehalten würden. Insofern bilden Immigranten, dies bestätigen ältere Erhebungen sowohl aus dem Komplex „Wohnen am Kleistpark" wie aus anderen Bezirken, in der Regel einen höheren stabilisierenden Sozialfaktor, als deutsche Familien, was bei der Diskussion über die Aufwertung von Wohnquartieren unbedingt ins strategische Kalkül einbezogen werden muß.

Leider wissen wir viel zuwenig über die Bedürfnisse, Wünsche und Ideen von Immigranten, da meist versäumt wurde, sie bei der Stadtplanung und -entwicklung, die so manchen Vandalismus erst provoziert, einzubeziehen. In den entsprechenden Diskussionen spielten sie höchstens als Objekt, kaum als Subjekt eine Rolle. Dieses Defizit haben auch inzwischen vereinzelt in der Politik agierende Immigranten nicht beseitigen können, da sie sich - verständlicherweise - mehr um den Bereich der Diskriminierung kümmern, als um das für alle relevante Thema der städtischen Entwicklung.

"Sozialpalast" – Wohnen am Kleistpark

„Wohnen am Kleistpark", üblicherweise der „Sozialpalast" genannt, ist ein an der Stelle des abgerissenen, durch die Nazis berüchtigt gewordenen Sportpalastes errichteter Betonklotz mit ca. 1700 Bewohnern in 514 Sozialbauwohnungen an der Potsdamer Straße. Er wird von seinem Architekten immer noch als gelungenes Beispiel konzentrierten städtischen Wohnens vorgeführt, der nur die falschen Bewohner habe. Der Komplex zeigt als Paradebeispiel einer verfehlten Stadtplanung, wie gefährlich die Ausblendung der Nutzer, in diesem Fall über 50 % Immigranten aus ca. 18 Ländern, mit türkischem Schwerpunkt und überdurchschnittlich hoher Zahl Kinder und Jugendlicher ist. 1977 wurde die Anlage als eine der letzten Betonburgen des sozialen Wohnungsbaus fertiggestellt. Der Senat hatte sie gegen den Willen des Bezirkes durchgesetzt, es gab erhebliche Befreiungen für mehr Bebauungsdichte und weniger Freiflächen. Finanziert wurde sie durch Anleger und erhebliche Mittel des Landes Berlin, errichtet durch einen privaten Bauträger. Seit dem Erstbezug hat hier die Stadt Bewohner konzentriert, genauer gesagt, hin abgeschoben, die man auch in die städtischen Bestände nicht mehr aufnehmen wollte. Diese Ausgrenzung hatte zur Folge, daß man sich wenig Mühe gab, den schon beim Bezug sichtbar werdenden Problemen im Ansatz zu begegnen. In den ersten Jahren gab es im Komplex noch aktive Mieter, die auf diese hinwiesen und Hilfe bei ihrer Bewältigung anboten: zu verzeichnen waren umfangreiche bauliche Mängel, völlig unzureichende Spielmöglichkeiten für Kinder, die Anonymität der Anlage, die Ignoranz der Hausverwaltung gegenüber den Beschwerden der Mieter. Gedanken darüber, was sich an sozialem Sprengstoff, an ethnischen Konflikten in diesem Ghetto selbst, aber auch an Problemen im Wohnumfeld entwickeln könnte, wurde auf politischer Seite ausgewichen.

Erst 1987/88, kurz vor Auslaufen der Sozialbindung, gab der Bezirk eine Analyse der Situation in Auftrag. Endlich wurden nun systematische Befragungen der Mieterschaft durchgeführt. Einen nationalen Unterschied in den Klagen über Verwahrlosung, Angst vor Drogen und Kriminalität, über durch Vandalismus und Baumängel bedingte hohe Betriebskosten gab es nicht. Der soziale Zusammenhalt der Immigranten erwies sich jedoch als erheblich größer, als der der Deutschen, wobei sich nationalitätenbezogene Substrukturen herausgebildet hatten.

Der aus der Analyse abgeleitete Vorschlag lautete, in einem Gesamtkonzept Sozialplanung und Sanierung aufeinander abzustimmen. Offenbar traute man sich aber nicht zu, die Maßnahmen - Umnutzung verlärmter Wohnungen für Gewerbe und dringend benötigte Infrastruktur, Ausweitung von Freiflächen, Beseitigung baulicher und energetischer Mängel, vorsichtige Veränderung der Bewohnerstruktur, Mitbestimmung der Bewohner, Verbesserung des Images der Anlage insgesamt umzusetzen. Die Untersuchung verschwand im Regal, der „Sozialpalast" wurde wieder sich selbst überlassen. Verwahrlosung und Kriminalität stiegen inzwischen so an, daß heute selbst hausbesuchende Ärzte nur noch bewaffnet in die unübersichtlichen Gänge eintauchen. Was die Bewohner von der aktuellen Situation halten, ist unbekannt. Diese Entwicklung wird sich verschärfen, knüpft man nicht an die immer noch gültigen Vorschläge zur Beseitigung ihrer Ursachen an. Die Haushaltssituation wird es allerdings noch schwieriger als vor zehn Jahren machen, hier umzusteuern.

Weitere Konzentrationen von Nationalitäten, wie die aus dem ehemaligen Jugoslawien, gibt es in einigen verstreuten Containerbauten und mehreren Pensionen im Norden des Bezirks, wobei es nur bei letzteren zu Konflikten mit der Nachbarschaft kam. Die Betreiberinnen hatten die Pensionen überbelegt, indem sie Sozialräume zu Zimmern umgewandelt hatten, kümmerten sich nicht um eine Kinderbetreuung und schätzten eindeutig ihren Verdienst höher als die Integration der Bewohner in ihr Wohnumfeld. Zudem betätigten sich einige Bewohner äußerst unfriedlich. Von Schutzgelderpressungen war die Rede, von Überfällen Jugendlicher auf Gewerbetreibende aller Nationalitäten, von nächtlicher Ruhestörung und Belästigung von Mädchen. Hier konnte inzwischen eine gewisse Beruhigung der Situation durch einen „Runden Tisch" erzielt werden. Konkrete Verabredungen dämmten die Probleme ein, einige Familien wurden verlegt. Die Philosophie der Pensionsbetreiberinnen und die Häufung der Pensionen in wenigen Straßen sind aber für sich schon geeignet, Integration zu erschweren.

Aufmerksamkeit erregten auch verschiedene Jugendbanden, bestehend vor allem aus männlichen Jugendlichen türkischer Herkunft, die sich auf das Gebiet Goebenstraße und Grazer Platz konzentrierten. Im Norden bot man ihnen schon vor Jahren nach einem langen Diskussionsprozeß, den die Ausländerbeauftragte des Bezirkes begleitete, einen eigenen Laden und finanzierte Betreuungsstellen an. Das funktionierte so gut, daß inzwischen die jüngeren Geschwister und andere Heranwachsende durch das positive Beispiel und trotz ständig wachsender Arbeitslosigkeit in diesem Personenkreis, sich nicht wieder in Gewaltstrukturen organisierten. Am Grazer Platz gab es zwar ebenfalls diverse Aktivitäten seitens des Bezirks, u.a. Gespräche mit Müttern von Jugendlichen, Abstimmungen zwischen Jugendamt, Streetworkern und Ausländerbeauftragten sowie Seminare, um Jugendliche und Polizei auf friedlichem Wege einander näher zu bringen, doch bleibt ein harter Kern davon unbeeindruckt. Inzwischen fordern hier auch türkische Gewerbetreibende ein härteres Vorgehen gegen bewaffnete, der Polizei, aber auch den Jugendtreffs wohl bekannte Jugendliche. Das Dilemma öffentlicher oder von gemeinnützigen Trägern mit öffentlicher Förderung betriebener Jugendeinrichtungen wird hier deutlich: wenige gewalttätige Jugendliche dominieren die vielen anderen, die häufig gleicher kultureller Herkunft sind und schrecken sie vom Besuch ab. Eltern lassen ihre Kinder kaum mehr, Mädchen schon gar nicht, in diese Einrichtungen gehen.

Am Grazer Platz scheint sich nun doch noch eine friedlichere Perspektive dadurch zu eröffnen, daß auch hier positive Vorbilder erwachsen: 1997 führten Jugendliche verschiedener nationaler Herkunft ein monatelang in allen Details selbst vorbereitetes, großes, öffentliches Fest durch, was nicht nur durch seine große Besucherzahl und deren alters- sowie nationalitätenübergreifende Struktur zum vollen Erfolg wurde, sondern den Anwohnern erstmalig ins Bewußtsein brachte, daß ihre Grünanlage nicht nur Hundeklo und Mülldeponie, sondern attraktive Festwiese sein kann. Auch die vorher angekündigten gewalttätigen Störungen des Festes durch Jugendliche fanden nicht statt - im Gegenteil: überzeugte die öffentliche Resonanz einige aus diesem Kreis, die Seiten zu wechseln. Das nächste Fest der durch ihre Professionalität überraschenden jungen Organisatoren ist bereits in der Planung.

Im Norden Schönebergs kompliziert die Lage zusätzlich eine für die gesamte dort ansässige Bevölkerung unerträgliche Konfrontation mit der Kriminalität der Drogen-, Zuhälter- und Menschenhandelsszene. Ihre Auswirkungen betreffen alle, die Reaktionen darauf sind unterschiedlich. Während die Deutschen sich in Beschimpfungen über die Unfähigkeit ihrer Volksvertreter Luft machen, angesichts des Drogenhandels in vorwiegend libanesischer und türkischer Hand auch Abschiebungen fordern, versuchte schon mal die eine oder andere Immigrantenfamilie in Selbsthilfe durch Patrouillen die Situation unter Kontrolle zu bringen oder behütet ihre Kinder, vor allem die Mädchen, noch stärker als ohnehin.

Zur Entschärfung dieser Konflikte müssen in Zukunft im Rahmen eines gesellschaftlich zu verabredenden Präventionskonzeptes alle relevanten Gruppen dieses Stadtbereiches einbezogen werden. Daran wird zur Zeit gearbeitet.

Was am Beispiel krimineller Aktivitäten überdeutlich wird, ist auch bei normalen Problemen festzustellen: deutsche Bevölkerung wendet sich mit ihren Anliegen direkt an die Politik, Immigranten tun dies im seltensten Fall oder dann, wenn sie ihr Gegenüber persönlich kennen. Im alltäglichen Zusammenleben der Ethnien gibt es natürlich immer wieder Beschwerden übereinander - meist wird sich von deutscher Seite über lärmende Kinder und Jugendliche beschwert, über die Zweckentfremdung von Parkplätzen als Autoreparatur- und Verkaufsplatz, über die Entsorgung von Müll in Grünstreifen. Schon das letztere zeigt, wie sehr sich das Ärgernis im Normalbereich befindet. Viel davon dringt auch nicht bis in die politische Sphäre des Bezirksamtes vor. Beschwerden ausländischer Mitbürger richten sich zumeist gegen Ämter und Vermieter, kaum gegen Nachbarn. In meine Bürgersprechstunde kommen nur vereinzelt Immigranten, deshalb ist es zur Einrichtung geworden, Sprechstunden in ausländischen Projekten durchzuführen. Hier erfährt man von Problemen, auf die man sonst nicht so leicht gestoßen wäre. Ein großes Defizit bilden separate Angebote für türkische Frauen und Mädchen, sei es

Badezeiten in Schwimmhallen, eigene Sprach- und Sportkurse, Cafés oder Jugendzentren. Inzwischen versucht der Bezirk, den Nachfragen durch bezirkseigene Angebote etwa der Volkshochschule oder der Musikschule nachzukommen, die in den Räumen der Projekte wahrgenommen werden können. Ein in Arbeit befindliches Gesamtkonzept für Kinder- und Jugendangebote unter besonderer Berücksichtigung von Mädchen befindet sich in der Entwicklung. Neu ins Gesichtsfeld gerückt sind dabei die Defizite im Bereich der zwischen den S-Bahnen liegenden „Roten Insel".

Zur Orientierung über die mehr als fünfzig in Schöneberg aktiven Vereine und Projekte von und für Immigranten hat die Ausländerbeauftragte inzwischen den „Schöneberger Spiegel" erstellt. Wie sich anhand des erstmalig vorliegenden Überblicks zeigte, sind diese Aktivitäten häufig bereits auf interkulturelle Zusammenarbeit hin angelegt. Zwar soll die eigene kulturelle Herkunft wachgehalten, andererseits aber auch die Integration erleichtert werden. Die Zusammenarbeit der verschiedenen Nationen findet ihren konkreten Niederschlag in der SAGIF, dem seit 7 Jahren bestehenden, in Berlin einzigartigen Zusammenschluß der verschiedensten Flüchtlings- und Immigrantenprojekte. Ihre Idee war es seit langem, ein Interkulturelles Haus in Schöneberg einzurichten, in dem die Projekte vernetzt miteinander für den Bezirk und darüber hinaus arbeiten wollten. Als die sprunghaft angestiegenen Gewerbemieten vielen dieser Vereine das Überleben schwer machten, bot ihnen der Bezirk ein leerstehendes Objekt auf der Roten Insel zur Anmietung an. Inzwischen füllt sich die Geßlerstraße 11 als interkulturelles Haus mit Leben und strahlt auf die mit solchen Angeboten unterversorgte Umgebung aus, fördert andererseits aber auch die erstrebte Verzahnung der Projekte untereinander.

Als Fazit dieser Übersicht ist festzuhalten, daß die verschiedenen Nationen im Bezirk sich mehr oder weniger eigene Strukturen geschaffen haben, die mit der Zeit und von viel Engagement getragen, interkulturell wirksam werden. Reibereien sind normal, aber führen nicht zu größeren Konflikten. Die Einbeziehung von Immigranten bei der Erarbeitung von Konzepten für den Bezirk muß aber drastisch verbessert werden. Schwer lösbare Probleme tauchen jedoch dort auf, wo Stadtplanung und Belegungspolitik bereits gegen alle Vernunft und Integrationsideen Fakten geschaffen haben. Während man die vielfältige Entwicklung der interkulturellen Beziehungen entspannt verfolgen kann, müssen hier in kleinteiliger und aufwendiger Arbeit die Fehler der Vergangenheit korrigiert werden. Angesichts der Haushaltsmisere ein Unterfangen mit offenem Ausgang ■

Graffiti-Projekt August 1997 Geßlerstraße 11

Zur Autorin:
Dr. Elisabeth Ziemer ist Bezirksbürgermeistern von Berlin-Schöneberg.

Migration als Aufgabenfeld der Stadtplanung
Orte türkischer Migranten in Kreuzberg

> „Kreuzberg hat eine 30 jährige Geschichte, die mit den Türken eng verbunden ist. Das ist unsere Geschichte, die Geschichte der Immigration. Die Zeugen meiner Vergangenheit und die unserer Eltern müssen hier sichtbar sein, nicht in der Türkei. Gerade wir, die zweite Generation, haben keine Vergangenheit in der Türkei. Dieser Bezirk muß auch in Zukunft deutlich machen, daß hier eine andere, besondere Gruppe wohnt und lebt, die aber ein Teil der hiesigen Gesellschaft ist".
> (Tufan U.)

Ümit Bayam Nirgendwo in Europa wird soviel gebaut wie in Berlin. Nirgendwo verändert eine Stadt mit dem Anspruch der Metropole ihr Gesicht so stark wie derzeit die deutsche Hauptstadt. In dieser Neuordnung der Stadt müssen aber auch die Bewohner, deren Eltern und Großeltern eine andere Herkunft haben, ihren Platz finden. Es ist wichtig, daß dieser Gruppe politisch sowie gesellschaftlich Raum gelassen wird, den sie für die Entwicklung ihrer Persönlichkeit und kulturellen Identität brauchen. Sie müssen die Möglichkeit haben, ihre Identität zu bewahren und zu pflegen. Denn es muß der hiesigen Gesellschaft klar werden, daß die verschiedenen ethnischen Gruppen sich nicht vorübergehend in dieser Stadt aufhalten, sondern mit ihr verwurzelt sind. Auf diese Situation war die deutsche Gesellschaft nicht vorbereitet. Ebenso unvorbereitet waren aber auch die ehemaligen „Gastarbeiter", die angeworben wurden. Faktisch ist die Bundesrepublik zu einem Einwanderungsland geworden.
Die größte Gruppe der Arbeitsimmigranten, die Türken, haben sich in bestimmten Bezirken konzentriert. Einer dieser Bezirke ist Kreuzberg. Hier lebt und wächst die mitgebrachte Kultur, die sich in allen Bereichen ausdrückt. Die Lebens- und Wohnweise dieser Menschen unterscheidet sich von denen der Deutschen. Es darf nicht der Fehler gemacht werden, die von der hiesigen Gesellschaft entwickelten Muster für das Leben und Wohnen auf die anderen Kulturen anzuwenden. Solche Fehler wurden schon einmal Anfang der 80er Jahre gemacht. Die Türken in Berlin SO 36 hatten damals die große Möglichkeit, direkt auf ihr Umfeld Einfluß zu nehmen. Sie konnten sie nicht nutzen, weil ihnen die Ereignisse und Entwicklungen nur übersetzt aber nicht deutlich gemacht wurden. Auf der anderen Seite war aber auch ihre fiktive Vorstellung von der Rückkehr in die Türkei ein Hindernis für die Nutzung dieser Chance.

Der Bezirk Kreuzberg hat eine besondere Vergangenheit. Eine türkische Geschichte, mit der die Türken auch stark ihre Geschichte der Immigration verbinden.
Durch die Veränderungen seit dem 9. November 1989 ist die begründete Angst vor der Verdrängung der Anwohner aus dem Quartier und insbesondere der Türken sehr groß. Eine erneute Entwurzelung, diesmal aus der „neuen Heimat", dem mit aufgebautem Quartier, ist ihre größte Sorge. Sie wünschen sich einen wirksamen Schutz, um weiterhin in ihrem Quartier bleiben zu können, in dem sie starke Verflechtungen untereinander und eine starke Gebietsbindung haben. Die Quartiersbewohner haben es jedoch auch selbst in der Hand, mit den verschiedenen Formen des Widerstandes ihren Wunsch, den Bezirk in seinen Strukturen weiterhin zu erhalten, zum Ausdruck zu bringen.

Die Folgen der Immigration sind mit Sicherheit ein Aufgabenfeld der Stadtplanung. Planer können sich der Auseinandersetzung mit dieser Situation nicht entziehen, und müssen sich der politischen und sozio-kulturellen Diskussion stellen. Die Planung und Gestaltung von

Räumen in der Stadt, für das gesunde und sich gegenseitig befruchtende Zusammenleben von verschiedenen ethnischen Gruppen ist eine große Herausforderung. Sie kann bewältigt werden, wenn es gelingt, die Verschiedenheit der Lebens- und Wohnweisen dieser Menschen zu verstehen, sie zu schätzen und sie in die Stadt zu integrieren. Die Vielfältigkeit von Menschen und Kulturen macht die Stadt interessanter. Das weitgehend reibungsfreie Zusammenleben von verschiedenen ethnischen Gruppen ist möglich. Es setzt jedoch voraus, daß gemeinsame Werte des Zusammenlebens definiert sind. Eine Aufgabe des Stadtplaners ist es, hier Räume und Bereiche zu schaffen, in denen verschiedene ethnische Gruppen aus den Bedürfnissen des Alltags heraus zusammenkommen. Die Normalität in dem Verhältnis der verschiedensten Gruppen in dieser Stadt herzustellen, muß das Ziel sein.

Die eingewanderten Türken in Kreuzberg haben eine starke Bindung zum Gebiet und vereinnahmen es für sich. Sie haben sich im Laufe der Zeit eine neue „Heimat" aufgebaut. Besonders die zweite und dritte Generation ist fest mit ihrem Quartier verwurzelt. Die Zahl der türkischen Haushalte steigt parallel zu dem Wunsch, in der unmittelbaren Umgebung eine Wohnung zu beziehen. Der Bezirk Kreuzberg ist für sie nicht nur ihre neue Heimat, sondern auch ein großer Halt und ein „Bereich, wo wir uns sicher und frei bewegen können". (Cafer S.)

Trotzdem ist zu erkennen, daß die gegenwärtige Isolation der Türken im Gebiet gerade von ihnen selbst nicht nur positiv bewertet wird. Der verstärkte Wunsch nach Kontakten zu Deutschen und zu anderen Nationalitäten ist bemerkenswert. Allerdings stehen diesem Wunsch rechtliche, politische, gesellschaftliche und soziale Hindernisse im Weg, die die Türken selbst kaum überwinden können. Sie fühlen sich in ihrem Quartier wohl und sind zum größten Teil mit ihren Wohnungen zufrieden. Die altbekannten Probleme sind jedoch noch nicht gelöst. Das größte Problem ist die Überbelegung der Wohnungen, besonders bei großen Familien mit Kindern. Die schlechte ökonomische Situation sowie die rechtliche und gesellschaftliche Benachteiligung der Türken verhindert auch weiterhin die Entschärfung dieses Problems. Es ist zu erkennen, daß trotz des langjährigen Aufenthaltes in der Bundesrepublik Türken eine andere Vorstellung vom Wohnen haben, immer noch an bestimmten traditionellen Werten festhalten und auch bemüht sind, diese an die folgenden Generationen weiterzugeben. Diese Werte werden zum Teil von der zweiten und dritten Generation auch angenommen. Die gesellschaftliche Diskriminierung, die schlechte ökonomische Situation der jungen Türken und die letzten fremdenfeindlichen Ereignisse in Deutschland fördern geradezu das Leben in der Großfamilie, und es ist anzunehmen, daß sich daran in naher Zukunft nichts ändern wird.

„Damals in der Besetzerzeit, wohnten wir in dem Haus alleine. Das ganze Haus war entmietet. Wir waren die letzten. Dann kamen die Besetzer. Ich war damals 16 Jahre und habe das ganze nicht so genau verstanden. Ich glaube auch die älteren Türken nicht. Die Besetzer kamen und brachten wieder Leben ins Haus. Zuerst waren meine Eltern froh darüber, weil wir nicht in einen anderen Bezirk umziehen mußten. Mit der Zeit wurde ihnen aber alles zuviel. Zwei, drei Mal kam die Polizei und wollte räumen. Sie renovierten alles und versuchten, auch uns mit einzubeziehen. Meine Eltern waren zwar höflich zu ihnen, wollten aber sonst nichts wissen. Sie hatten Angst vor der Polizei, dem Hausbesitzer, um uns und überhaupt vor allem. Nach einer gewissen Zeit hieß es dann, die Besetzer seien alle Kriminelle, Kiffer und hätten einen unmoralischen Lebenswandel. Die Besetzer gaben sich echt Mühe, alles, was sie taten, uns zu erklären und mit uns in Kontakt zu kommen. Auf der anderen Seite aber badeten die Frauen und Männer nackt auf dem Hof, weil es im gesamten Haus keine Duschen gab. Da war natürlich für meine Eltern der Ofen aus. Wegen so einer Kleinigkeit, die aber die Verschiedenheit unserer Mentalität zeigt, brachen meine Eltern den Kontakt zu den Besetzern ab. Sie gingen nicht mehr zu den Hausversammlungen. Die Besetzer veränderten alles, machten alles viel schöner, aber halt nach ihren Vorstellungen. Meine Eltern wollten nur noch raus aus dem Haus. Auch als die Besetzer ankündigten, das Haus zu kaufen und mit Senatsgeldern zu modernisieren, wollten meine Eltern nichts davon wissen. Damals dachten sie erstens noch daran, in die Türkei zurückzugehen, und zweitens war das alles für sie unverständlich." (Cafer S.)

„Wären damals nicht die Türken in diese Bruchbuden eingezogen, dann hätten sie schon viel früher alles abgerissen. Die Türken haben einen grossen Beitrag dazu geleistet, daß der Altbaubestand erhalten geblieben ist und daß der Kiez sein jetziges Gesicht trägt."
(Cafer S., 28 Jahre, Student, Kreuzberger)

„Es ist kaum zu glauben, aber für eine Hochzeit muß man über ein halbes Jahr warten. Soviel Türken heiraten oder verloben sich und wollen ihre Freude natürlich allen anderen mit einem großen Fest zeigen. Ebenso viele Familien suchen Räumlichkeiten für das traditionelle Beschneidungsfest ihrer Söhne".
(Özcan Y. Vermittelt Räume für Feierlichkeiten der Türken)

Das Interesse der Türken an ihrem Quartier ist in den letzten Jahren größer geworden. Sie möchten nicht nur das erhalten, was sie sich in 20 - 30 Jahren im Gebiet zum größten Teil selbst aufgebaut haben, sondern auch das allgemeine Umfeld verbessern. Neben dem Abbau der Defizite im Bereich des Freizeitangebotes, der Erholungsfächen, der Kindertagesstätten und der Jugendfreizeiteinrichtungen, wünschen sie sich spezielle Einrichtungen, die sie aus der Türkei kennen. Diese würden sie nicht nur selbst gern nutzen, sondern auch den anderen Bewohnern „mit Stolz" präsentieren, wie z. B. ein „Hamam" (türkisches Bad), einen Basar, einen ständigen Markt usw. Als ein großes Defizit empfinden die Türken auch, daß es im Bezirk wenig Räumlichkeiten für Hochzeiten, Beschneidungsfeste und allgemeine Veranstaltungen vorhanden sind.

In Gesprächen war immer wieder zu hören, daß die Türken gern das negative Image von Kreuzberg als „Türken-Bezirk" zum positiven Bezirk türkischer Prägung ändern würden. Der Wunsch, geboren aus der Verunsicherung hinsichtlich der zukünftigen Entwicklung des Gebietes und der Angst um den Verlust der eigenen Identität, für jedermann sichtbare Akzente zu setzen für einen Bezirk mit einer besonderen Geschichte, mit dem sie auch die Geschichte der Türken in Berlin verbinden, ist sehr groß.

Leben
frei und einzeln wie ein Baum
aber brüderlich wie ein Wald
das ist unsere Sehnsucht

Nazim Hikmet

Zum Autor:
Ümit Bayam ist Stadtplaner und lebt in Berlin-Kreuzberg

Wohnen und Leben e.V.

Wrangelstraße 40
10997 Berlin

Der sozio-kulturelle Stadtteilladen „Wohnen und Leben" gehört bundesweit zu den ersten Projekten im Bereich der Migrationssozialarbeit. Er ist aus dem vom ehemaligen Bausenator ausgeschriebenen Wettbewerb „Strategien für Kreuzberg" im Jahre 1977 hervorgegangen. Kreuzberg war von dem Verfall und der Zerstörung des Wohnraumes besonders betroffen. Dieser Wettbewerb sollte helfen, eine behutsame Stadterneuerung zu betreiben und die Bevölkerung an der Planung und Durchführung der Maßnahmen zu beteiligen. Wohnen und Leben fiel die Aufgabe zu, die ausländische Wohnbevölkerung Kreuzbergs (28%) dabei einzubeziehen bzw. sie über die durchzuführenden Maßnahmen aufzuklären.

Seither zeigten sich positive wie negative Veränderungen in der Situation der ausländischen Mitbürger. Aus Gastarbeitern wurden nunmehr Einheimische mit einem ausländischen Paß. Die Migranten verstanden sich nicht mehr als Durchgangsbevölkerung und drängten auf die Lösung ihrer Probleme, die häufig verbunden waren mit der Schulbildung und beruflichen Ausbildung der zweiten Generation. Auch die familiären Anliegen, in der Regel Generationskonflikte, häuften sich. Nicht selten mußten Kinder und Jugendliche ihr Elternhaus verlassen, um Schutz bei den Jugendeinrichtungen zu suchen. Eheliche Auseinandersetzungen, in denen oft auch Gewalt gegen Ehefrauen zur Anwendung kam, wurden häufiger.

Die Arbeitslosigkeit ist heute das größte Problem unter den Migranten. Sie hat in Kreuzberg die traurige Marke von 30% erreicht. Dies hat zur Folge, daß immer mehr Menschen in die Armut rutschen. Die staatlichen Leistungen bilden für viele junge Familien die einzige Stütze. Auch Jugendliche, die einen Schulabschluß erreichen, landen in der Regel auf der Straße, weil sie keinen Ausbildungs- bzw. Arbeitsplatz finden.

Wohnen und Leben bietet den Betroffenen Beratungshilfe in den Bereichen Arbeitslosigkeit und Folgeprobleme, Aufenthalt, Einbürgerung, Sozialhilfe, Überschuldung, Ausbildung, familiäre Konflikte, Trennung/Scheidung, Sprach- und Nähkurse an. Ferner versucht Wohnen und Leben, eine Brücke zwischen den Regeldiensten und den Hilfesuchenden zu bauen. In Anbetracht der Tatsache, daß die Spannungen zunehmen, müßte die Migrantensozialarbeit verstärkt werden. Fakt ist aber, daß viele Projekte, wie auch Wohnen und Leben, unter den Sparmaßnahmen der öffentlichen Hand leiden, ihre Zukunft bleibt ungesichert.

Dennoch ist die Integration und Partizipation der Migranten Ziel unserer Arbeit, wobei Integration im Sinne eines gleichberechtigten und friedlichen Zusammenlebens aller Gesellschaftsmitglieder verstanden wird. Die Migranten sollen ihren Beitrag an der Funktionsfähigkeit der Gesellschaft leisten, aber den ihnen zustehenden Teil genauso auch fordern können.

Integration statt Gewalt
Die freizeitpädagogische Arbeit mit Kindern und Jugendlichen in einem interkulturellen Stadtteil

Stefan Greh Das Kinder-Jugend-Kultur-Zentrum (KiJuKuZ) im Stadtteilzentrum Alte Feuerwache e.V. leistet als größter freier Träger im Bezirk Kreuzberg freizeitpädagogische Kinder- und Jugendarbeit sowie außerschulische Bildung nach § 11 des KinderJugendHilfeGesetz (KJHG) für Menschen im Alter zwischen 6 bis Mitte 20.
Schwerpunkte unserer Arbeit sind Sport in der Halle und im Freien, Musik im Studio oder Übungsraum, Theaterpädagogik sowie ein von Jugendlichen betriebenes Café. Daneben verfügen wir über Werkstätten (Holz, Keramik, Metall, Offsetdruck, airbrush, graffiti, Nähen, PC, Video), bieten Reisen, Veranstaltungen, Beratung und noch vieles mehr an. Aufgrund der Bevölkerungsstruktur des Bezirks ist der Anteil der NutzerInnen unserer Einrichtung aus Familien von Migranten relativ hoch. Bei den Kindern liegt er bei ca. 70 % .
Unsere Arbeit im Stadtteil haben wir 1995 begonnen. Anfänglich begegneten die Kinder uns mit einer sehr ambivalenten Haltung. Zum einen suchten sie den Kontakt und waren neugierig, gleichzeitig waren sie äußerst vorsichtig mit Gefühlen von Vertrauen. Diese Ambivalenz und Unsicherheit äußerte sich vor allem in Formen von negativer Aggression, Gewalt und Beschimpfungen.
Viele dieser Kinder haben große Sprachprobleme in Schrift und Wort. Somit versagen sie schon früh in unserem Schulsystem und haben später bei der Bewerbung um die wenigen Ausbildungsplätze kaum eine Chance.
Fakten: am 30.06.1997 sind von den gemeldeten EinwohnerInnen Kreuzbergs im Alter von 15 bis 25 Jahre 49,17% nicht-deutscher Herkunft laut Paß. 30% aller Kreuzberger SchulabgängerInnen haben nach 10 Schuljahren keinen Abschluß. Die Jugendarbeitslosigkeitsquote liegt in diesem Bezirk nach offiziellen Schätzungen bei 35-40%.

Ein pädagogischer Schwerpunkt unserer Arbeit ist daher die Integration genau dieser Kinder und Jugendlichen in unser Gemeinwesen sowie ein Erlernen bestimmter sozialer Verhaltensweisen und demokratischer Werte. Dies zu erreichen, ist für uns mit unseren begrenzten Möglichkeiten ungemein schwer. Die Kinder sind in unsere Gesellschaft nicht integriert. Sie sind ausgegrenzt. Das spüren sie im Schulsystem, durch die Arbeitslosigkeit der Eltern, durch das fehlende Wahlrecht und den sozialen Kontext mit den deutschen NachbarInnen.
Die Kinder leben zwischen zwei Kulturen aber auch zwischen zwei Welten: der reich-glitzernden Konsumwelt und ihrer eigenen familiären wirtschaftlichen Notlage. Sie sprechen in der 2. und 3. Generation die deutsche Sprache nicht als Muttersprache, da sie als Persönlichkeiten nicht als Deutsche akzeptiert werden. So ziehen sich gerade bei den Jugendlichen viele zurück auf die schlichten Antworten und schnellen Lösungen der komplizierten gesellschaftlichen Fragestellungen: sie sind empfänglich für politische und gesellschaftliche Radikalität und Gewalt. Was die Jugendlichen brauchen, sind individuelle Perspektiven und Chancen auf realitätsnahem Niveau im Hier und Jetzt, denn es hat sich knallhart ausgeträumt.

Nach über 2 1/2 Jahren Arbeit bauen sich erste Kontakte von uns zu den Eltern der Kinder auf. Ein wichtiger, wen auch kleiner Schritt. Was diese Familien und ihre Kinder benötigen sind identifikationsstiftende Beteiligungen bei der Gestaltung des Gemeinwesens und ihres Stadtteiles. Es bedarf offener Kontakte zu den Menschen im Kiez und ein tolerantes Akzeptieren des Unterschiedlichseins. Beide Seiten müsse sich öffnen, um ein Gefühl entstehen zu lassen von „zu Hause sein", ein Ruhegefühl des „hier bin ich ich und darf es sein". Eine Ursache für die Gewalt der Kinder und den brutalen Kampf um sogenannten Respekt unter den Jugendlichen ist die Ausgrenzung aus unserer Gesellschaft auf diversen Ebenen und die daraus resultierende Angst und Bedrohtheit ∎

Zum Autor:
Stefan Greh ist pädagogischer Leiter des KiJuKuZ Alte Feuerwache in Berlin Kreuzberg

Stadtteilentwicklung in Berlin-Wedding mit und für Immigranten

Die Lokale Partnerschaft Soldiner Straße als integrativer Ansatz

Jürg Schwarz Die Lebenslagen von Immigranten in deutschen Städten sind mittlerweile vielfach beschrieben worden. Analysen stellen ihre Situation auf den Wohnungs- und Arbeitsmärkten als mehrheitlich „unterschichtet" dar. Ergänzt und teilweise relativiert werden sie durch Untersuchungen der von den Zuwanderern geprägten Wohnquartiere. Seit Heckmann[1] 1981 der bis dahin überwiegend negativen Wahrnehmung dieser Stadtteile den Begriff der Einwandererkolonie gegenüberstellte und ihre Entstehung anerkennend als „Prozeß und Leistung" bewertete, haben sie einen Akzeptanzwandel erfahren. Er beruht zum einen auf in den 80er Jahren veränderten gesellschaftlichen Leitbildern: das Miteinander von Deutschen und Nicht-Deutschen wurde selbstverständlicher, auch gewann die Idee einer multikulturellen Gesellschaft an Boden. Zum anderen retteten die veränderten Ziele der Stadtsanierung - von der flächenhaften Abriß-Neubaupolitik hin zur kleinteiligen, mehr oder minder behutsamen Erneuerung der preisgünstigen Altbauquartiere - auch die sozialen und ökonomischen Systeme der Einwandererkolonien.

Sind diese Wandlungsprozesse bereits Geschichte und oft beschrieben, so geht es heute darum, krisenhaften Entwicklungen in diesen Stadtteilen entgegenzuwirken, sie lebenswert und zukunftsfähig zu gestalten. Für die „normalen" Gründerzeitquartiere, v.a. im Ostteil Berlins und in den Neuen Bundesländern, werden die Instrumente der „behutsamen Stadterneuerung" relativ erfolgreich eingesetzt.

Hingegen fehlt es an Strategien und an Geld für die Stadtteile im Westen Deutschlands und Berlins, die von einer spezifischen, komplexen Problemstruktur betroffen sind. Die traditionellen Politiken und Programme, die nach Sektoren trennen (Wirtschaft, Arbeit, Soziales, Wohnen, Kultur etc.) und nach Zielgruppen (Jugendliche, Frauen, Arbeitslose, Senioren, „Ausländer"), bringen keine befriedigenden Erfolge mehr. Insbesondere gibt es erhebliche Distanzen und Unsicherheiten zu nichtdeutschen Bewohnergruppen dieser Stadtteile, woraus auch Entscheidungen mit negativen Folgen resultieren. Hier setzen die Lokalen Partnerschaften an, die Städte und Gemeinden mit anderen kommunalen Akteuren eingehen. Im Berliner Bezirk Wedding entsteht diese Partnerschaft auf Bezirksebene sowie in zwei Teilgebieten, im Sprengelkiez und im Gebiet um die Soldiner Straße.

Während im Sprengelkiez bereits viele Strukturen der Nachbarschafts- und sozialen Selbsthilfe existieren, steht im Bereich Soldiner Straße die größte Aufgabe noch bevor: Die geballten Probleme gemeinsam mit den Bewohnern nichtdeutscher Herkunft zu untersuchen und Lösungsansätze zu initiieren. Es geht darum, diese Menschen in die Erneuerung des Stadtteils einzubeziehen. Viele sind nicht freiwillig dorthin gekommen, aber er ist ihr Lebensraum geworden, und sie können beanspruchen, an der Entwicklung mit beteiligt zu sein.

Struktur eines integrierten Handlungskonzepts in einem Stadtgebiet mit hoher ökonomischer und sozialer Problembelastung am Beispiel „Soldiner Kiez"

Situation im Gebiet

Die offensichtlichen Probleme sind im Brennpunkt des Stadtteils, dem Bereich Soldiner-/Koloniestraße durch Studien in den Jahren 1992 bis 1994 identifiziert worden. Sie führten zur Ausweisung eines Teilbereichs als Sanierungsgebiet. Städtebauliche und funktionelle Mißstände überlagern sich dort mit sozialen. Der Bereich ist einer der letzten „weißen Flecke" in der Sanierungskulisse des Wedding, eine lange Zeit vernachlässigte Ecke. Eine Entkernung der geschlossenen, hoch verdichteten Baustrukturen hat nie stattgefunden. Die engen Höfe sind weitgehend versiegelt und für den Aufenthalt unattraktiv. Dachgeschoßausbau hat die Belüftungs- und Besonnungsverhältnisse verschlechtert und die Bewohnerdichte weiter erhöht.

Sanierungsgebiet Soldiner Straße

Die Wohnungen (zu 90% 2 bis 3-Raum-Wohnungen) sind stark überbelegt (26% der Haushalte umfassen 3 und mehr gemeldete Personen). Untervermietung, um die hohen Mieten zu kompensieren, nimmt zu. Ein hoher Anteil an polizeilich nicht gemeldeten Bewohnern ist zu vermuten. Viele Hausverwalter ermöglichen gewerbliche Zimmervermietung an Bauarbeiter, aber auch für Prostitution. Letztere und der oft vermutete, punktuell stattfindende Drogenhandel führen zu einem negativen Gebietsimage und dazu, daß Besserverdienende abwandern. Auch türkische Familien, die ein sozial stabilisierendes Element im Quartier bilden, ziehen fort.

Der Kiez hat sich zunehmend zur „Durchgangsschleuse" für Zuwanderer entwickelt. Während der Anteil türkischer Bürger Ende 1992 auf 25% an der Gebietsbevölkerung gesunken war, bildeten Flüchtlinge u.a. aus dem arabischen Raum und vom Balkan einen Anteil von ca. 20% an den gemeldeten Bewohnern. Aus Osteuropa stammen 5-10%. Eine hohe Fluktuation ist meßbar.

Sehr hoch ist der Anteil der von staatlichen Transferleistungen Abhängigen und der Erwerbslosen. Die Arbeitslosenquote betrug Ende 1992 im Gebiet fast 20%, während ganz Wedding mit 13,5% an dritter Stelle aller Berliner Bezirke lag. Die Quote liegt mittlerweile vermutlich bei rund 25%. Der Bedarf an Ausbildungsplätzen konnte durch die Studien nicht erhoben werden, ist aber für Jugendliche nichtdeutscher Herkunft enorm hoch.

Die Beteiligung von Bewohnern öffnet über diese statistischen Erhebungen hinaus weitere Problemsichten. Als Ansätze eignen sich besonders offene Strukturen wie Sommerfeste, die die Betroffenenvertretung veranstaltet; gedacht ist im Rahmen der Lokalen Partnerschaft auch an einen Stadtteilladen, der vielfältigen Beratungsangeboten und regelmäßigen „Kiezgesprächen" Raum geben kann. Daß unter den Bewohnern ein beträchtlicher Anteil von Ausgegrenzten ist, die z.T. in rechtlichen Grauzonen wohnen und arbeiten, und die kein Interesse an Partizipation haben, muß akzeptiert werden. Unter den gegebenen und lokal nicht zu ändernden Bedingungen des Aufenthalts-, Asyl- und Arbeitsrechts kann man nur versuchen, ihre Bedürfnisse behutsam zu erfahren und in Handlungsansätze einzubeziehen.

Lösungsansätze

Um neue Initiativen zu starten, gilt es an die Potentiale und Ressourcen anzuknüpfen, die die Menschen im Gebiet haben. Sie liegen in den familiären und landsmannschaftlichen Netzwerken, sowie im Willen vieler Immigranten, hier zu bleiben und Erfolg zu haben. Sichtbar wird dies heute in den türkischen und arabischen Unternehmen des Einzelhandels und der Gastronomie. Gezielte Beratungs- und Qualifizierungsangebote sind aber nötig, damit die Existenzgründungen in der ethnischen Ökonomie sich auch auf den Dienstleistungssektor ausdehnen. Ungenutzte Potentiale sind im Kapitalvermögen von türkischen Einwanderern zu vermuten, die ihr Geld bei türkischen Banken in Berlin, zunehmend in Bausparverträgen und in Immobilien anlegen. Auch die (noch) vorhandene Infrastruktur freier Projektträger und des Bezirks gilt es in der Lokalen Partnerschaft zu bündeln und für gemeinsame Initiativen mit ausreichenden Mitteln zu versehen. Die angelaufene Arbeit der Lokalen Partnerschaft Soldiner Straße wird durch das Forschungsprojekt „Immigration und Stadtteilentwicklung" begleitet und dokumentiert. Gleichzeitig gibt das Projekt der Lokalen Partnerschaft Impulse für die inhaltliche Arbeit. Die Ergebnisse von im In- und Ausland realisierten Projekten werden ausgewertet und an die Lenkungsgruppe herangetragen. So ist der Entwurf eines Fördermodells „Ethnischer Wohnungs- und Gewerbebau" geplant. Dafür wird auch zu prüfen sein, ob der Anlagehorizont der türkischen Banken auf solche Projekte erweitert werden kann. Im Diskussionsprozeß wird sich erweisen, was davon konsensfähig und was umsetzungsfähig ist.

Die Lokalen Partnerschaften im Wedding stehen noch am Anfang. Doch schon jetzt ist absehbar, daß die Partner ohne Hilfen von außen es nicht schaffen können, die gefährdeten Stadtteile zu stabilisieren. Ein gebietsbezogenes, mit ausreichenden Mitteln untersetztes Förderprogramm wird „Hilfe zur Selbsthilfe" leisten müssen, damit die ökonomischen und sozialen Strukturen verbessert werden können. Es wird aufbauen können auf den Programmerfahrungen in Nordrhein-Westfalen und in Hamburg sowie der Europäischen Union mit URBAN.

Mir scheint aber auch eine intensive Auseinandersetzung mit dem erforderlich, was eine multikulturelle Gemeinschaft ausmacht, im Unterschied zu einer polyethnisch segmentierten Gesellschaft. An der Schwelle zum 21. Jahrhundert sollte es nicht allein Weltkonferenzen wie Rio und Habitat II überlassen bleiben, nach Leitbildern für tragfähige Lebensweisen zu suchen ■

[1] *Heckmann, Die Bundesrepublik: Ein Einwanderungsland? Zur Soziologie der Gastarbeiter als Einwanderungsminorität ; Stuttgart 1981*

Zum Autor:
Jürg Schwarz, Stadtplaner, bearbeitet das Forschungsprojekt „Immigration und Stadtteilentwicklung" (Programm Berlin-Forschung Freie Universität Berlin) und ist Teilnehmer an der Lokalen Partnerschaft Wedding im Bereich Soldiner Straße.

Kommunales Forum Wedding e.V. und Lokale Partnerschaft Wedding

Ausgangssituation vor Ort:
- knapp 170.000 EinwohnerInnen, davon gut 1/4 Nicht-Deutsche
- dominiert durch Altbauquartiere sowie Sozialen Wohnungsbau
- rasanter Beschäftigungsabbau insbesondere im verarbeitenden Gewerbe
- Arbeitslosenrate Mitte 1997 bei ca 21% plus hohe Zahl von Sozialhilfe-EmpfängerInnen

Zielsetzungen des Kommunalen Forum Wedding e.V. (Gründung 1988):
- Schaffen eines offenen Forums zur Diskussion von Fragen der Gebietsentwicklung
- Förderung einer ressort- und sektorübergreifenden Zusammenarbeit und der Selbsthilfepotentiale in den Stadtteilen
- Erprobung neuer, gemeinwesenorientierter Planungsverfahren (Planning for Real)
- Ermittlung neuer Beschäftigungsfelder; Motto: „Arbeit für mehr Lebensqualität im Stadtteil!" und Initiierung entsprechender Unternehmungen

Aktuelle Schwerpunkte der Arbeit (Mitte 1997):
- Bildung der Lokalen Partnerschaft Wedding
- Entwicklung integrierter Handlungskonzepte für benachteiligte Quartiere
- Aufbau eines gemeinwesenorientierten Stadtteilbetriebes

Lokale Partnerschaft Wedding - Ziele:
- Entwicklung gemeinsamer Aktivitäten zur Verbesserung der Lebensbedingungen der BewohnerInnen insbesondere in Gebieten mit hoher ökonomischer und sozialer Problembelastung
- Förderung von Modellen dauerhafter Beschäftigung für sozial ausgegrenzte Menschen
- Förderung der Beteiligung, Eigeninitiaitve und Selbsthilfe der BewohnerInnen
- Bereitstellung von Ressourcen für entsprechende Aktivitäten und Akquirierung zusätzlicher Mittel

Der Aufbau der Lokalen Partnerschaft Wedding erfolgt derzeit durch das Kommunale Forum Wedding e.V. in Kooperation mit dem Bezirksamt Wedding von Berlin.

Kommunales Forum Wedding e.V.
Wiesenstraße 29
13357 Berlin

**Lokale Partnerschaft Wedding
Organisationsstruktur (Stand: Juni 1997)**

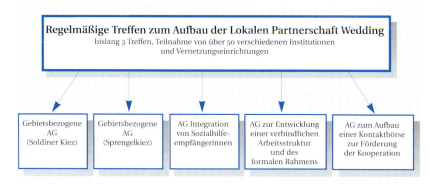

Sozialer Brennpunkt Beusselkiez?
Streiflichter auf ein problematisches Gebiet

Der Beusselkiez ist ein ehemaliges, in der Gründerzeit erbautes Arbeiterquartier. Zwar liegt er zentral innerhalb des Berliner Stadtgebietes, aber im Hinblick auf seine nähere Umgebung in Moabit relativ abgeschnitten: Im Westen begrenzt durch das größte innerstädtische Industriegebiet, im Osten durch die barrierebildende, stark befahrene Beusselstraße, im Norden durch die S-Bahn und im Süden durch die Spree.

Barbara Haag ▌ Die städtebaulichen Funktionsschwächen des Beusselkiez sind erheblich: Soziale Infrastruktureinrichtungen und wohnungsnahe öffentliche Grünflächen fehlen; die Anbindung an den öffentlichen Nahverkehr ist schlecht; die Belastungen durch den motorisierten Verkehr sind stark; die Quartiersstraßen sind nur beschränkt als öffentliche Aufenthaltsorte nutzbar. Ein besonderes Problem stellen große Freiflächen dar, die noch von Kriegszerstörungen stammen und seit Jahren als Firmenparkplätze der angrenzenden Unternehmen genutzt werden. Die Ausstattungen der Wohnungen liegen teilweise unter dem zeitgemäßen Standard. Problematisch ist die z.T. gravierende Überbelegung.

In den letzten Jahren zogen verstärkt sozial benachteiligte und diskriminierte Personengruppen hinzu. Die Einkommenssituation der ca. 6.000 Bewohner variiert stark, es besteht ein hoher Anteil einkommensschwacher Haushalte. Der Anteil der ausländischen Bewohner ist im Zeitraum von 1992-95 von 31,9 auf 36,9% gestiegen. Die größten ethnischen Gruppen im Beusselkiez sind neben den deutschen die türkischen und die arabischen Bewohner, es folgen Bewohner aus Polen und aus Ex-Jugoslawien[1].

Durch den Beginn der Vorbereitenden Untersuchungen 1992 und durch die Festsetzung als Sanierungsgebiet 1994 entstanden Erwartungen auf Verbesserungen für das Gebiet, die sich aber als zu hoch gesteckt erwiesen, da die notwendigen Veränderungen weder so schnell zu realisieren und v.a. nicht zu finanzieren waren.

In den letzten Jahren ist verstärkt eine „Ghettobildung" eingetreten: das durchschnittliche Bildungs- und Einkommensniveau ist gesunken, sozial besser gestellte deutsche Bewohner mit höherer Ausbildung und Einkommen ziehen weg. Auch türkische und arabische Bewohner mit höherem Bildungsniveau und solche, die schon länger in Deutschland leben, empfinden gravierende Mängel.

Die Ursachen für die Probleme liegen primär in der Sozialstruktur der Bewohner, sekundär im hohen Ausländeranteil und in der Verschiedenheit der ethnischen Gruppen, deren Nebeneinanderleben „schiedlich, aber friedlich" ist. Noch friedlich, so muß betont werden, denn die vorhandenen sozialen Spannungen können sich sehr schnell verstärken und zu offenen Konflikten führen.

Problematisch wirkt sich aus, daß die überwiegende Zahl der sozial unterprivilegierten Bewohner den größten Teil ihres Alltags, der Wochenenden und der Ferienzeit im Beusselkiez und Umgebung verbringen. Sie leben weitgehend auf den Kiez konzentriert und haben kaum Möglichkeiten, andere soziale Verhaltensweisen kennenzulernen, was vor allem für die Kinder und Jugendlichen nachteilig ist.

Die hohe Aufenthaltsdauer (in Verbindung mit Arbeitslosigkeit) im Kiez und die Überbelegung der Wohnungen führt auch zu einer Steigerung der Aggressivität. Von deutschen Bewohnern sind massive Beschwerden über den von den „Ausländern" verursachten Lärm auf den Straßen, in den Kneipen, in Wohnungen und Hinterhöfen zu hören. Auch ausländische Bewohner mit höherem Bildungsniveau klagen über zu viel Lärm.

Bei steigender Arbeitslosigkeit und fehlenden Treffpunkten im Freien wird dies noch zunehmen. Auf den wenigen zur Verfügung stehenden Flächen entstehen Konkurrenzsituationen. So wird z.B. von einigen deutschen Frauen die „Besetzung der Spielplätze durch ausländische Frauen" als Ärgernis empfunden.
Treffpunkte, Möglichkeiten zu Kommunikation im Freien sowie soziale und psychologische Beratungsangebote sind nicht in ausreichender Zahl und Größe vorhanden. Mit Räumlichkeiten am besten versorgt sind die türkischen Männer. Sie treffen sich in Cafés und Kneipen, wobei allerdings der Alkoholkonsum ein Problem ist.
Die Zahl der deutschen Geschäfte hat in letzter Zeit abgenommen, sie mußten aus finanziellen Gründen schließen. Von türkischen Bewohnern in den selben Räumen eröffnete Geschäfte und Lokale können sich halten, worauf viele deutsche Bewohner mit „ausländerfeindlichen" Bemerkungen reagieren.
Zwischen männlichen Jugendlichen der verschiedenen ethnischen Gruppen gibt es größere Konflikte. Im Vergleich zu früheren Jahren hat die Bandenbildung abgenommen, jetzt bilden sich bei Konfliktsituationen spontan Gruppen. Die Gewaltbereitschaft vieler Jugendlicher ist hoch, sie sind mit Messern u.a. bewaffnet.
Der Besitz eines Kampfhundes hat außer bei den deutschen auch bei türkischen und arabischen Bewohnern an Ansehen gewonnen. Etliche Männer geben an, daß sie den Hund zum Schutz ihrer Frauen anschaffen. Abends und am Wochenende werden die Hunde auf den Spielplätzen und in Kneipen trainiert, was zu Zerstörungen der Spielgeräte und bei den Bewohnern zu Ängsten führt.

Viele Kinder (ob mit deutschen, türkischen oder arabischen Eltern) werden von diesen wenig betreut und bleiben sich selbst überlassen. Hinzu kommt, daß aufgrund der gestiegenen Gebühren viele Eltern ihre Kinder nicht mehr für die Kita angemeldet haben. So konnte eine Einrichtung, die rechnerisch nötig war, aufgrund der mangelnden Nachfrage nicht realisiert werden. Die Kinder treiben sich nun auf der Straße herum. Da auch die Bücherei Gebühren für die Bücherausleihe verlangen muß, fällt noch eines der wenigen (und wichtigen) Freizeitangebote im Beusselkiez weg.
Doch auch die Kinder, die die Kita besuchen, treffen dort schlechte Bedingungen an. Aufgrund des Wegzugs von bildungsmäßig besser gestellten verbleiben dort fast nur sozial und bildungsmäßig schwache Kinder mit großen Konzentrationsstörungen, Problemen im sozialen Umgang und einem geringen deutschen Wortschatz.
Auch im Beusselkiez zeigt sich, daß der Anspruch, Deutsche und Ausländer in engeren Kontakt zu bringen, sich überwiegend nicht realisieren läßt. Als Beispiel sei die Trödel-Tee-Stube angeführt. Jahrelange Versuche, türkische und arabische Frauen während ihres Aufenthaltes dort miteinander in Kontakt zu bringen, gelangen nicht. Die Frauen wollen sich in ihrer Herkunftssprache mit Frauen aus ihrem Kulturkreis über ihre spezifischen Erfahrungen austauschen.

An manchen Tagen liege die Aggressivität richtig in der Luft und erzeuge Angst, so die Aussagen von Bewohnern. Als Gründe dafür wurden genannt: die verschlechterte soziale Lage, die bei vielen zu Verbitterung und Gereiztheit führt; Drogenproblematik, v.a. der Handel mit Drogen; die gestiegene Aggressivität bei Kindern und Jugendlichen; das von Ausländern dominierte Straßenbild, in dem v.a. Jugendliche auf viele bedrohlich wirken.

Empfehlungen
Positiv für den ganzen Kiez wirken sich Kinderbetreuung und Jugendarbeit aus, so z.B. die Aktivitäten eines ABM-Spielplatzteams, das Jugendhaus Rostocker Straße und gutgestaltete Spielplätze inmitten des Wohngebietes. An Hausaufgabenhilfe besteht ein großer Bedarf, ebenso an Jugendtreffpunkten und Streetworkern.

Einen großen Zugewinn an baulicher Geschlossenheit und sozialer Sicherheit gäbe es, wenn „die dunklen Ecken" umgestaltet und aus ihrer teilweisen Anonymität herausgenommen werden. Das sind z.B. die Firmenparkplätze, der Spielplatz Berlichingenstraße oder der Stadtplatz Rostocker Straße. Zur Verbesserung der Sicherheitsprobleme wäre auch eine bessere Straßen- und Platzbeleuchtung dringend notwendig. Kleine Freiflächen könnten für die Aufstellung von Bänken genutzt werden. Dazu müßte zunächst - als Provisorium - nicht viel umgestaltet oder entsiegelt werden. Weitere Treffmöglichkeiten im Innen- und Außenbereich wären dringend erforderlich. Dem Sachverhalt, daß die jeweiligen ethnischen Gruppen größtenteils unter sich bleiben wollen, sollte Rechnung getragen werden, andererseits aber auch eine zu starke Segregation verhindert werden. Optimal wären Räume, die gemeinsam genutzt werden können, die aber auch mit minimalem Aufwand umgestaltet und so an die Bedürfnisse einzelner Gruppen angepaßt werden können. Eine Aufwertung in vielfältiger Hinsicht würde der Beusselkiez durch einen besseren ÖPNV-Anschluß (S-Bahn und Strassenbahn) erhalten. Die trennenden Barrieren der Beusselstraße und der Huttenstraße sollten abgebaut werden, z.B. durch mehr Überquerungsmöglichkeiten. Östlich der Beusselstraße beginnt ein sozial besser strukturiertes Quartier, eine Vermischung oder Annäherung wäre für den Beusselkiez vorteilhaft. Arbeitsförderbetriebe oder andere Maßnahmen, die Arbeitsplätze für die Bewohner schaffen, wären sehr wichtig. Auf diese Weise könnten eventuell auch einige geplante bauliche Veränderungen im Beusselkiez realisiert werden.

Daß die Erwachsenen in ihren jeweiligen ethnischen Gruppen leben und es fast keine Kontakte zwischen diesen gibt, zeigt sich auch im Straßenbild. Dort bilden sich besonders an wärmeren Tagen Gruppen von türkischen und Gruppen von arabischen Männern, oft nur wenige Meter voneinander entfernt. Auch bei den Kneipen läßt sich ähnliches feststellen. In den von Türken betriebenen Geschäften kaufen überwiegend die türkischen und die arabischen Bewohner ein, in den von Deutschen betriebenen Geschäften v.a. deutsche. Eine Ausnahme bilden die von außerhalb des Kiezes kommenden Arbeiter des angrenzenden Industriegebietes. Sie verbringen ihre Arbeitspausen in den verschiedenen Kneipen und Imbissen. Die Orte mit der gemischtesten Kundschaft sind die Friseurläden.

Viele der türkischen und arabischen Bewohner fühlen sich im Beusselkiez wohl. Hierbei spielt die ihren Bedürfnissen entsprechende Einkaufsinfrastruktur eine Rolle, außerdem die große Zahl nicht-deutscher Bewohner, aufgrund derer sie sich vor ausländerfeindlichen Übergriffen sicher fühlen sowie das soziale Netz, das sie sich hier aufgebaut haben. Ein türkisches Sprichwort, das oft als Grund für den Zuzug in den Beusselkiez angeführt wird, lautet: „Ein Türke sucht keine Wohnung, sondern Nachbarn."

Auch das geschlechtsspezifische Rollenverständnis hat sich bei den türkischen Bewohnern in letzter Zeit wieder verfestigt. Arbeitslos gewordene Frauen haben einen veränderten Stellenwert in der Familie im Sinne der traditionellen Hausfrauen- und Mutterrolle. Die Anbindung der Mädchen an Familie und Wohnung hat sich ebenfalls verstärkt.

[1] *Für die Bezeichnung „deutsche", „türkische", „arabische" Bewohner usw. ist im Text das Kriterium der ethnischen Zugehörigkeit ausschlaggebend und nicht die Staatsbürgerschaft, da die ethnische Zugehörigkeit in erster Linie die Selbstdefinition der Bewohner und ihre Identifikation mit Gruppen bestimmt, ebenso auch ihr Sozialverhalten und ihre Sozialbindung und die dadurch bedingten sozialen Bedürfnisse und Interessen.*

Zur Autorin:
Dr. rer. soc Barbara Haag ist freiberuflich als Soziologin tätig. Der Bericht ist Auszug aus einer Sozialreportage, die 1996 im Auftrag des Sanierungsbeauftragten S.T.E.R.N. GmbH durchgeführt wurde.

Entwicklung einer schrittweisen Verbesserung der sozialen Situation im Beusselkiez

Helmut Rösener ▌ Die Sozialreportage (Haag 1996) diente neben zwei weiteren Studien der Präzisierung der Sanierungsziele für den Beusselkiez. Als vom Land Berlin eingesetzter Sanierungsbeauftragter hat die S.T.E.R.N. GmbH frühzeitig darauf hingewiesen, daß im Beusselkiez die klassischen Mißstände der baulichen Substanz durch massive funktionale und soziale Probleme überlagert werden. Dies bezieht sich u.a. auf die defizitäre Ausstattung mit öffentlichen Einrichtungen wie Schulen, Kitas usw.
Während früher der Beusselkiez das Wohnquartier für die in den angrenzenden Industriegebieten arbeitende Bevölkerung war, hat seit dem massiven Arbeitsplatzabbau (allein zwischen 1990 und 1996 ein Verlust von 3.500 Arbeitsplätzen) ein erheblicher Wanderungsprozeß eingesetzt.
Dieser Prozeß ist auch in den Sozialindices nachvollziehbar. Ende 1992 lag der Ausländeranteil bei 35%, wobei bemerkenswert ist, daß der Anteil der türkischen Mitbewohner daran „nur" bei 47% lag. Dies legt nahe, daß der Beusselkiez einen Anziehungspunkt für neu nach Berlin ziehende ethnische Gruppen (z.B. aus dem arabischen Raum) darstellt.

Gesellschaft der behutsamen Stadterneuerung mbH
– Treuhänderischer Sanierungsträger –

Da mittlerweile in der Altersgruppe der 0 bis 25jährigen Nichtdeutsche die Mehrheit stellen, muß eine sozial ausgerichtete Planung auf eine Verbesserung der Wohn-, Lebens- und Arbeitsverhältnisse aller Bevölkerungsgruppen zielen. Um das hochgesetzte Ziel der Integration zu erreichen, muß einer potentiellen Ghettobildung aktiv entgegengewirkt werden.
Insofern ist die neu geschaffene Einrichtung eines Kinder- und Jugendhauses ein Schritt in die richtige Richtung. Dem müssen jedoch weitere folgen. Hierzu zählt auch die notwendige Qualitätsverbesserung der öffentlichen Freiflächen und Straßenräume, deren Umgestaltung unter aktiver Einbeziehung der Bewohner durchgeführt werden sollte, um eine höhere Akzeptanz und Identifikation vor Ort zu gewährleisten.

Neben diesen Maßnahmen kommt den großen Parkplatzarealen eine Schlüsselfunktion zu. Die Aufgabe des Sanierungsbeauftragten muß sein, hierzu Lösungswege aufzuzeigen. Einer dieser Wege wird sein, daß die Festlegung eines neuen attraktiven Nutzungskonzepts nur im Rahmen von öffentlichen Foren erfolgen sollte. Daran sollten Grundstückseigentümer, Gewerbetreibende, Politiker aller maßgeblichen Parteien, Vertreter der Verwaltung, die Bewohner vor Ort, Vertreter der ausländischen Vereine sowie die Ausländerbeauftragte des Senats von Berlin beteiligt sein. Denn nur in einem derartigen interdisziplinären Prozeß kann ein von allen getragener Konsens gefunden werden, der der hohen öffentlichen Mitverantwortung gerecht wird ■

Zum Autor:
Helmut Rösener, Stadt- und Regionalplaner, ist Koordinator für den Bereich Tiergarten bei S.T.E.R.N. GmbH.

Ein Haus in Europa
Modell einer Nachbarschaftskonferenz in Neukölln

Rita Klages Das Projekt „Ein Haus in Europa" wurde 1994 vom Heimatmuseum Neukölln, einem Museum für Stadtkultur und Regionalgeschichte, und dem Nachbarschaftsmuseum e.V. in Berlin initiiert, um „Europa" unter den veränderten geopolitischen Voraussetzungen neu zu thematisieren. In Zusammenarbeit mit dem Institut für Europäische Ethnologie der Humboldt-Universität zu Berlin wurde ein Forschungskonzept entwickelt, das im Mikrokosmos eines Neuköllner Mietshauses die ersten Spuren eines tiefgreifenden Strukturwandels untersucht, der mit dem Zerfall der Blocksysteme in Europa begonnen hat. Die Wahl fiel auf das Haus Schillerpromenade 27, das in der Zusammensetzung seiner Bewohner - drei Generationen, unterschiedliche Milieus, verschiedene Nationalitäten - Hinweise für eine exaktere Formulierung von Fragen versprach, die sich heute an ein Museum für Regionalgeschichte und Stadtkultur richten.

Tafelrunde: Äthiopische Kaffeezeremonie im Hof des Heimatmuseums Neukölln

Neben einer Ausstellung, die im Heimatmuseum Neukölln zu sehen war, wurde begleitend vom Nachbarschaftsmuseum e.V. ein sozio-kulturelles Begleitprogramm durchgeführt. „Berliner Tafelrunden" waren Begrüßungs- und Gastlichkeitsriten verschiedener Kulturen gewidmet, um deren Vielfalt im Stadtteil sinnlich und kommunikativ erfahrbar zu machen. Sie dienten vor allem dem gegenseitigen Kennenlernen, insbesondere der Hausbewohner. Auf „Nachbarschaftskonferenzen" wurden Forderungen der Stadtteilbewohner mit Fachleuten und Politikern beraten und verhandelt, in „Erzählcafés" konnten persönliche Erfahrungen berichtet, gehört, diskutiert und verglichen werden.

Unser Anliegen galt vor allem den Kindern und den Älteren - neben Fachbesuchern den hauptsächlichen Besuchergruppen des Museums - unter besonderer Berücksichtigung ihrer sozialen Situation und ihres kulturellen Hintergrundes. Der Ausländeranteil liegt in der Neuköllner Altstadt zwischen 25 und 30%. Durch verstärkte Zusammenarbeit zwischen Jung und Alt sollten gemeinsame Interessen und Erfahrungen angeregt, der Blick für die eigenen Lebensumstände geschärft und neue individuelle und kollektive Handlungsfelder im Lebensumfeld erschlossen werden. Ausgangsfrage war, wie der Einzelne sich, angesichts großer gesellschaftlicher Umwälzungsprozesse im großstädtischen Leben, in seinem Wohnumfeld besser behaupten kann.

Hier werde ich mich auf eine von vier Nachbarschaftskonferenzen beschränken. Diese thematisierten den gesellschaftlichen Strukturwandel und seine Auswirkungen auf die Lebenssituation der Menschen, ihre Konflikte und Perspektiven. Nachbarschaftskonferenzen bezogen Bürger, „Gebietsexperten" und Fachleute ein. Sie nahmen die konkrete Neuköllner Situation zum Ausgangspunkt, bemühten sich aber um größtmögliche Verallgemeinbarkeit. Das Museum verstand sie als öffentliche Foren, als Anlaufstelle und Koordinationspunkt im Kiez. Sie sollten Anregungen zur Wahrnehmung und

Das Historische Museum Amsterdam, in Kooperation mit dem Fachbereich Stadtsoziologie der Universität Amsterdam und der Wohnungsbauvereinigung Het Oosten sowie das Ethnographische Museum in Budapest konnten für eine Zusammenarbeit gewonnen werden. Sie hatten jeweils ein Mietshaus zum Gegenstand ihrer Forschungs- und Ausstellungstätigkeit gewählt. In allen Projekten wurden Bewohner aktiv in die Untersuchungen einbezogen. Ihre unterschiedlichen historischen und lebensweltlichen Erfahrungen bildeten, von Stadt zu Stadt in anderer Weise, die Grundlage für dialog- und handlungsorientierte Museumsaktivitäten.

Mitgestaltung des Lebensumfeldes geben. Menschen verschiedener Generationen und Kulturen sollten vor dem Hintergrund ihrer Erfahrungen miteinander ins Gespräch kommen und gemeinsame Wünsche, Forderungen und Ziele formulieren und ihre Umsetzbarkeit beraten.

„Freizeit(t)räume im Alter. Vom Umgang mit der Freizeit."
Die Lebensentwürfe von Menschen verschiedener Kulturen und der Übergang zum Alter sollten in dieser Nachbarschaftskonferenz diskutiert und Projekte vorgestellt werden, die in Initiative Älterer entstanden. Möglichkeiten der Freizeitgestaltung im Alter sollten mit der Veranstaltung aufgezeigt, neue Ideen und Anregungen vermittelt und ein Netzwerk im Kiez Schillerpromenade initiiert werden. Veranstaltungsort war EM-DER e.V., eine türkische Migrantenorganisation, mit der wir u.a. schon als „Berliner Tafelrunde" eine Orientalische Nacht veranstaltet hatten. Die Teilnehmer waren zwischen Mitte 30 und Mitte 70, im Kiez Schillerpromenade engagiert oder auch als „Spezialisten" aus benachbarten Bezirken eingeladen. Vorgespräche mit den deutschen Bewohnern der Schillerpromenade 27 und Langzeitmietern der Nachbarschaft gaben den Anstoß zu dieser Veranstaltung: Sie verdeutlichten einen Mangel an Kommunikation zwischen den Nachbarn unterschiedlicher Kulturen und eine tendenziell abwehrende Haltung, insbesondere gegenüber türkischen Migranten. Bemängelt wurden vor allem die fehlenden Sprachkenntnisse, der Rückzug in die eigenen Kreise sowie die Zunahme von „Kopftüchern" bei Mädchen, die „doch hier aufgewachsen sind". Auch vom „Vormarsch des Islam" war die Rede. Im Austausch über gemeinsame Probleme und Gestaltungsmöglichkeiten in unterschiedlichen Alters-Übergangsphasen sollte Wissen über die jeweiligen Lebensbedingungen und -entwürfe der Anwesenden vermittelt werden, um eine differenziertere wechselseitige Wahrnehmung zu ermöglichen. Ein an die Nachbarschaftskonferenz anschließender „Markt der Möglichkeiten", wo Aktivitäten und Termine bekanntgemacht werden konnten, sollte ersten Kooperationen den Weg bereiten.

Nachbarschaftskonferenz „Freizeit(t)räume im Alter", veranstaltet mit der türkischen Migrantenorganisation „EM-DER"

Auswirkungen der Wirtschaftskrise zeigten sich in der veränderten Lebenssituation vieler Menschen, die unvermittelt infolge Arbeitslosigkeit oder Vorruhestand über Freizeit, dafür allerdings entsprechend wenig Kapital verfügen. Hier geht es um das Bewältigen von Krisen, aber auch das Entwickeln neuer Lebensperspektiven. Vereinsmitglieder von EM-DER berichteten über die soziale und gesundheitliche Situation vieler Türken, die sie dazu führte, sich zu organisieren. Sie ist für viele türkische Arbeitnehmer ab 50 - die meisten von ihnen waren in der Schwerindustrie beschäftigt - gekennzeichnet durch Arbeitslosigkeit, niedrige Bezüge und Krankheit infolge harter körperlicher Arbeitsbelastungen. Sie pendeln - auch aus finanziellen Gründen - zwischen Deutschland und der Türkei hin und her. Die Gesundheit und hier lebende Familienangehörige bewegen sie letztlich in Deutschland zu bleiben.

Sie waren nicht darauf vorbereitet, mit 50 schon zum „alten Eisen" zu gehören. Das Leben zwischen zwei Kulturen bedroht den Zusammenhalt der Familie, die Kinder passen sich den deutschen Lebensverhältnissen an. Wenn sie sich nach außen wenden, suchen sie Beratung im Umgang mit Behörden, aber auch Geselligkeit und Austausch. Gemeinsam war den Älteren, daß sie neue kollektive Lebenszusammenhänge suchten, alte Familienmuster durchbrechen wollten und persönliche Lebenskrisen zu bewältigen hatten. Es wurde allgemein bestätigt, daß die Familie nicht mehr im Mittelpunkt der Lebensperspektive steht.

Als erste Schritte für Aktivitäten zwischen deutschen und türkischen Neuköllnern wurde vorgeschlagen, die unterschiedlichen Lebensumstände und Gewohnheiten zu berücksichtigen und z.B. Picknicks statt Restaurantbesuche zu planen, mit kreativen Ausdrucksmitteln, Musik, Theaterspiel etc. die Sprachprobleme zu überbrücken und gemeinsame Erfahrungen zu ermöglichen. Baut Netzwerke, geht Kooperationen ein, nehmt öffentliche Angebote in Anspruch, lautete die Devise.

Zwei Wochen nach der Konferenz startete eine erste deutsch-türkische Wandergruppe, eine Reise von Deutschen und Türken in die Türkei, die bei der Veranstaltung vorgestellt wurde, realisierte sich im April 1997, ein deutsch-türkisches Theaterprojekt begann im Mai 1997.

Was haben unsere Erfahrungen mit dem sozio-kulturellen Programm, insbesondere den Nachbarschaftskonferenzen, gezeigt?

Geht das Museum vor Ort, wie am Beispiel der Nachbarschaftskonferenzen, bedeutet das eine übergreifende Zielgruppenarbeit, die sich an den Lebenswelten der Menschen, ihren Problemstrukturen und Potentialen orientiert. Dazu gehören Kontaktarbeit mit Institutionen, Initiativen, Multiplikatoren und Einzelnen und das Interesse, sich aufeinander zu beziehen. Dies erfordert Offenheit im Zugehen aufeinander, die Bereitschaft, sich Sachkompetenz anzueignen, gemeinsame Erkenntnisinteressen weiterzuentwickeln und den Willen zur Kooperation. Durch Projektangebote und das Arbeiten mit kreativen und kommunikativen Mitteln können individuelle und kollektive Handlungsfelder herausgefunden werden. Im Mittelpunkt der gemeinsamen Interessen standen die Lebensperspektiven von Menschen und Fragen an die Gestaltbarkeit der Stadt. Menschen, Initiativen und Institutionen waren unsere Themengeber, aber sie wurden erst durch das Museum zusammengeführt.

Neue Altersgruppen - insbesondere Menschen Anfang fünfzig - kamen durch unsere Projekte in das Museum. Entscheidender Anstoß, sich an ihnen aktiv zu beteiligen, war, daß ihre Lebenssituation, eingebunden in das gesellschaftliche Umfeld, thematisiert wurde, weil sie sich selber in einer Umbruchsituation befanden und ihren Kiez mit seinen Angeboten besser kennenlernen wollten. Gespräche mit den Projektteilnehmern bestätigten die Annahme, daß eine Mischung von kreativen, sinnlichen und thematischen Angeboten für sie sehr attraktiv war. Sie hatten die Möglichkeit, die eigene Lebenserfahrung

1. Nachbarschaftskonferenz
„Stadtraum ist Lebensraum für Kinder"

qualifiziert und kommunikativ mit einfließen zu lassen und von anderen zu lernen.

Die Projekterfahrungen haben zusätzlich gezeigt, daß es auf Seiten der beteiligten Deutschen und Türken das Bedürfnis gibt, sich auszutauschen über die Lebenssituation und eine gemeinsame Interessenslage herauszufinden. Die Sprache darf dabei nicht immer im Mittelpunkt stehen. Kreativität im Umgang miteinander und Offenheit ist angesagt; es gilt, sich miteinander in Gemeinsamkeiten und Unterschieden zu ergänzen.

Für die Museumspädagogik bzw. ein Museum stellt sich hier ganz allgemein die Aufgabe, einen Rahmen zu schaffen für interkulturelle vergleichende Dialoge unter Einbeziehung von Erfahrungswissen und sozialer Kompetenz der Gesprächspartner.

Dies ist jedoch nur zu schaffen durch Kooperationen mit anderen Institutionen aus dem Bereich von Bildung und Kultur. Sie „treten damit ein in einen 'Prozeß der öffentlichen Selbstverständigung'; sie übernehmen Dolmetscherrollen, sorgen für Kommunikationstransfers zwischen unterschiedlichen Milieus, Institutionen, Kulturen und Interessen und bilden somit Knotenpunkte im Geflecht kommunikativer Vernetzung" (F. Hagedorn in: Hagedorn u.a. „Anders arbeiten in Bildung und Kultur", Weinheim 1994, S. 138) ■

Literatur:
Schillerpromenade 27, Ein Haus in Europa. Zum Wandel der Großstadtkultur am Beispiel eines Berliner Miethauses, Opladen 1996, Hrsg. Bezirksamt Neukölln von Berlin
Newsletter 1-4/96: Zu beziehen über das Heimatmuseum Neukölln, Ganghofer Straße 3-5, 12040 Berlin

Zur Autorin:
Rita Klages arbeitet seit 1985 als Museumspädagogin im Heimatmuseum Neukölln im Kooperationsverbund mit dem Nachbarschaftsmuseum e.V.

„Stadtraum ist Lebensraum für Kinder"

Stadtteil-Netze für verbesserte Lebensbedingungen im Kiez

Das BSG Vor-Ort-Büro Schillerpromenade

Ilse Wolter, Horst Evertz Seit 1989 besteht das Vor-Ort-Büro in der Schillerpromenade. Das Stadterneuerungsgebiet beherbergt auf fast 300 Wohngrundstücken über 16.000 Menschen, darunter ca. ein Drittel ausländische Bewohner. Das Büro wurde zunächst mit den klassischen Planungsaufgaben, mit Eigentümerberatung zur Inanspruchnahme öffentlicher Fördermittel, dem Erstellen von Gutachten und Bausubstanzuntersuchungen sowie der notwendigen Öffentlichkeitsarbeit betraut. Als Folge der stark veränderten Rahmenbedingungen nach 1989 kamen in den letzten Jahren die Vorbereitenden Untersuchungen gemäß § 141 BauGB und die Umsetzung der Erhaltungssatzung mit Ensemble- und Milieuschutz hinzu. Zielgruppen dieser Arbeit sind sowohl Bewohner/Mieter, Gewerbetreibende, Haus- und Wohnungseigentümer als auch im Stadtteil verankerte Projekte und Initiativen unabhängig von ihrer Herkunft. Ausländische Haus- oder Wohnungseigentümer stellen als Zielgruppe der akquirierenden Eigentümerberatung oder der Genehmigungsverfahren im Erhaltungsgebiet eher eine Ausnahme dar. Lediglich im Bereich der Eigentumswohnungen ist eine wahrnehmbare, wenn auch noch geringe Zunahme von ausländischen Besitzern festzustellen, die diese oft in der Absicht der Selbstnutzung und zur sozialen Absicherung erwerben. Anders verhält es sich mit den Bewohnern/Mietern, bei denen mittlerweile ein Anteil von einem Drittel ausländischer Bevölkerung anzutreffen ist. Hier geht es darum, wichtige Informationen zum Wohngebiet zumindest zweisprachig (deutsch-türkisch für den größten Anteil der Ausländer) zu vermitteln. Wenn auch die Arbeit des Vor-Ort-Büros nicht ausdrücklich auf Migranten ausgerichtet ist, so kommt dieser Aspekt angesichts des hohen Anteils ausländischer Bewohner im Gebiet in allen Tätigkeitsfeldern und auch Aktionen zum Tragen.

Lokale Aktivitäten der BSG

Neben den „vertraglichen" Aufgaben wurden von uns immer auch Veranstaltungen und Aktionen initiiert, die aktuelle Probleme im Stadtteil aufgriffen bzw. ganz allgemein das Zusammengehörigkeitsgefühl der Bewohner stärken und Aufmerksamkeit auf den Stadtteil lenken sollten. Beispielsweise wurde die 100-Jahrfeier des Wohngebietes Schillerpromenade zum Anlaß genommen, ein multikulturelles Straßenfest mit mehreren Aktionen zu verbinden, darunter eine Geschichtsausstellung der Bewohner auf Litfaßsäulen.

Die Initiierung der „Pflanzaktion Schillerpromenade" ging zurück auf eine türkische Gruppe von Bewohnern eines Hauses an der Schillerpromenade, die einen Teil der ziemlich verschmutzten und vernachlässigten Grünfläche regelmäßig fegte. Um die trostlos aussehenden Waschbeton-Schalen und Beete zu verschönern, entstand die Idee einer Pflanzaktion zur 100-Jahrfeier der Schillerpromenade. Die Pflanzen erhielten wir von der Bezirksgärtnerei, Gartengeräte vom Naturschutz- und Grünflächenamt. Die Aktion selbst wurde unter Beteiligung von türkischen und arabischen Kindern, einer Kinderladengruppe und mehreren Erwachsenen durchgeführt.

Spielplatzeinweihung 1995

Vernetzung als Ergebnis der vorangegangenen Stadtteil-Aktivitäten

Als Ergebnis der hier beispielhaft beschriebenen lokalen Aktivitäten hat sich bei vielen Beteiligten eine intensive Gebietskenntnis und auch ein starkes Verantwortungsgefühl entwickelt. Dies hilft, aktiv das Wohnumfeld positiv zu gestalten aber auch Fehlentwicklungen im Gebiet frühzeitig festzustellen und mit Gegenstrategien zu reagieren. Ressortgrenzen und Zuständigkeiten verlieren dadurch bei allen Beteiligten zunehmend an Bedeutung, problemorientiertes Handeln steht im Vordergrund. Ziel ist es, die vorhandenen und geplanten Aktivitäten und Organisationen stärker miteinander zu vernetzen, um ihre Arbeit zu effektiveren und neue Impulse zu geben.

In diesem Sinne ist vor 2 Jahren die Kiez-AG, eine Arbeitsgruppe der Institutionen der Kinder- und Jugendarbeit im Sozialraum Schillerpromenade entstanden. Sie beschäftigt sich mit aktuellen Problemen, von denen als dringendstes Problem das der Kinder- und Jugendkriminalität zu nennen ist. Als Folge sich verschlechternder Lebensbedingungen (siehe auch Jugendhilfebericht 1996 des Bezirksamtes Neukölln) und fehlender Angebote für Kinder und Jugendliche hat sich die Situation in den letzten Jahren extrem zugespitzt.

Hier sind vor allem ausländische Kinder und Jugendliche betroffen, denn der Anteil der bis 24-jährigen liegt in der Neuköllner Altstadt zwischen 40% und 50%. Über Gegenstrategien und Lösungsansätze wird im Stadtteil mit allen Beteiligten öffentlich diskutiert.

Für mehr Verkehrssicherheit insbesondere der Kinder arbeitet das Vorschulparlament, ehemals BI-Werbellinstraße. Daneben ist die BSG in die Arbeitsgruppe der Lokalen Agenda 21 integriert und wirkt am Gesprächskreis Hermannstraße mit, einem regelmäßigen Diskussionsforum zu wechselnden Themen mit interdisziplinärer Besetzung. Die BSG bietet den aktiven Gruppen, Initiativen und Bewohnern zur Unterstützung Räumlichkeiten, z.T. Bürodienstleistungen und ihr Fachwissen an.

Die enge Verflechtung von Institutionen, Projekten und Einzelpersonen hat im Gebiet Schillerpromenade zu einer kontinuierlichen Zusammenarbeit bei sich abzeichnenden Problemen geführt. Wenn man aus der Fülle der Problemlösungsansätze und Aktionen einen roten Faden erkennen will, so kann man sagen: Stadtteilarbeit braucht einen Ort im Kiez, an dem Vernetzung stattfinden kann; denn öffentliches Handeln kann Rahmenbedingungen schaffen, aber notwendig ist eine kontinuierliche Förderung von Eigeninitiative und Zivilcourage ■

*Die vielen öffentlichkeitswirksamen Aktionen der 100-Jahrfeier hatten die positive Folge, daß dem Bezirk von Seiten einer Senatsverwaltung 350.000 DM für die Neugestaltung dreier verwahrloster Spielplätze auf der Schillerpromenade zur Verfügung gestellt wurden. Die Einweihung der mit attraktiven Spielgeräten (Streetballanlage, Trampolin, Matschecke u.v.m.) ausgerüsteten Spielplätze, die unter Beteiligung von Eltern und Erziehern geplant wurden, fand im April 1995 zusammen mit 250 Kindern aus der Umgebung statt.
Die Plätze werden bis heute hervorragend angenommen.*

Zu den AutorInnen:
Dipl.-Geogr. Ilse Wolter und Dipl.-Ing. Horst Evertz sind Mitarbeiter der BSG Brandenburgische Stadterneuerungsgesellschaft mbH. Die BSG betreibt das Vor-Ort-Büro, ist Sanierungsbeauftragte für das Sanierungsgebiet Wederstraße (Neukölln) und Sanierungsträger in zahlreichen Gemeinden Brandenburgs.

Gedanken zu einem Spaziergang durchs Reuterquartier in Neukölln

Das Reuterquartier liegt an der nordöstlichen Grenze Neuköllns. Es gehört mit seiner überwiegend zwischen 1900 und 1912 entstandenen Blockbebauung zu den dichtbesiedelten Bereichen Berlins - noch dazu mit steigender Tendenz, wobei der Bevölkerungszuwachs überwiegend durch nichtdeutsche Personen getragen wird. Das Quartier weist aufgrund seiner Entstehungszeit zum Teil eine starke Durchmischung von Wohnen und Gewerbe auf.

Dörte Hedemann, Jürgen Schröder, Christine Skowronska-Koch ▌ Bereits beim Spaziergang durch die Straßen des Reuterquartiers fallen funktionale Defizite auf, die durch systematische Untersuchungen bestätigt werden:

- Die soziale Infrastruktur ist durch erhebliche Ausstattungsmängel geprägt. Z.B. hat das Reuterquartier im Kinder- und Jugendbereich mit 22,4% den geringsten Versorgungsgrad in Neukölln.
- Auch wohnungsnahe Grün- und Freiflächen sind kaum zu finden (Deckungsgrad von 8,3%), Kinderspielplätze und Sportfreiflächen bei einem Defizit von 82% nicht viel häufiger.

Obwohl diese funktionalen Defizite nicht neu sind, wurde das Gebiet, möglicherweise aufgrund der Randlage und der vergleichsweise intakten Bausubstanz, lange vernachlässigt. Erst 1995 wurden Teile des Reuterquartiers aufgrund der infrastrukturellen Mängel als Sanierungsgebiet „Kottbusser Damm Ost" ausgewiesen, einer der letzten Sanierungsbereiche in Berlin.

Die Bevölkerung des Reuterquartiers ist heterogen zusammengesetzt. So beträgt der Anteil von Bewohnern ohne deutsche Staatsbürgerschaft 27,8%, in der Altersgruppe der 12- bis 21jährigen sogar 45%. Die Altersstruktur der Bewohner zeigt einen hohen Anteil von Menschen, die jünger als 30 Jahre sind. In Zukunft ist daher voraussichtlich mit einer erhöhten Geburtenrate zu rechnen. Dies könnte die bereits erhöhte Belegung der Wohnungen in diesem ohnehin verdichteten Altstadtgebiet noch steigern. Betroffen sind hier besonders Migrantenfamilien. Schon jetzt weichen die Bewohner tendenziell auf die Außenräume (Parks, Plätze und Kinderspielflächen) aus. Diese verlieren damit nicht nur ihren Erholungswert: Hier wie auf den Straßen erhöht sich durch die Übernutzung das Konfliktpotential. Die Betroffenheitsquote hinsichtlich Arbeitslosigkeit betrug 1995 im Gebiet 10% und lag damit 2/3 über dem Berliner Durchschnitt. Der Bestand an Gewerbe nimmt insgesamt ab, gleichzeitig läßt sich, ohne dies z.Z. statistisch genau belegen zu können, eine Steigerung des Anteils von Gewerbebetrieben mit nichtdeutschen Eigentümern feststellen.

Die genannten infrastrukturellen Defizite, die große Bevölkerungsdichte, die hohe Betroffenheitsquote hinsichtlich Arbeitslosigkeit und das Gewerbesterben zeigen deutlich, daß das Reuterquartier zu den benachteiligten Stadtteilen gehört. Gemeinwesenorientierte Ansätze müssen diese Faktoren und den hohen Anteil an Migranten in ihren Konzepten berücksichtigen.

So wurde die „Kiez AG Reuterplatz" gegründet, um gemeinsam auf die vielfältigen Probleme im Reuterquartier reagieren zu können. Neben den Jugendhilfeeinrichtungen bemühen sich die Betroffenenvertretung für das Sanierungsgebiet „Kottbusser Damm Ost" und der Bürgerverein „Kiezgestaltung e.V." um die Einbeziehung der Migranten im Gebiet. Die Betroffenenvertretung hat z.B. vor der Wahl der Bürgervertreter durchgesetzt, daß auch Einladungen in türkischer Sprache verteilt wurden. Ähnlich verbreitet der Bürgerverein neben deutschspra-

Die Kiez AG Reuterplatz als Zusammenschluß der Träger der Jugendhilfe wurde im letzten Jahr gegründet, um Austausch, Unterstützung und gegenseitige Nutzung von Ressourcen zwischen den Einrichtungen, die alle auch wesentlich mit Migranten arbeiten, zu ermöglichen. Neben den Kitas/Kinderläden, Schulen, bezirklichen Kinder- und Jugendfreizeiteinrichtungen sind dies auch freie Träger wie Kling-Klang e.V, Schülerclub Arche, »elele«-Nachbarschaftsverein e.V. und „Outreach, Team Neukölln".

Kiez AG's arbeiten auch in anderen Neuköllner Stadtteilen. Auf einer vom Jugendamt des Bezirks veranstalteten Jugendhilfekonferenz im Mai 1997 forderten alle Kiez AG's der Neuköllner Altstadt ein Rederecht im Jugendhilfeausschuß, um die Erfahrungen aus der Praxis, die festgestellten Defizite und ebenso Lösungsansätze „in die Politik zu bringen". Dieses Ansinnen wurde von den Politikern abgelehnt.

chigen auch türkischsprachige Flugblätter, um die Bevölkerung in Planungsprozesse auf Stadtteilebene einzubeziehen. Beide Initiativen müssen allerdings feststellen, daß die Resonanz unter den Migranten auf solche Beteiligungsangebote sehr gering ist. Das mag nicht unbedingt verwundern, da der Bezirk Neukölln zu den wenigen in Berlin gehört, in denen es weder eine/n Ausländerbeauftragte/n noch einen Ausländerbeirat gibt, obwohl dies schon mehrmals z.B. vom Interkulturellen Arbeitskreis der Kreissynode und von Parteien gefordert wurde.

Über mangelnde Resonanz in der Bevölkerung können die - leider wenigen - sozialen und Jugendeinrichtungen, die im Reuterquartier tätig sind und mit interkulturellen Konzepten wichtige Arbeit leisten, nicht klagen. Dennoch müssen sie selbst seit einigen Jahren um ihre Existenz kämpfen, da sie von massiven Kürzungen oder sogar Streichungen öffentlicher Fördermittel bedroht sind. Bereiche wie Jugend, Soziales, Bildung und interkulturelle Projekte scheinen im Moment keine Investitionen wert zu sein.

Dabei ist die präventive Arbeit mit der Bevölkerung in einem benachteiligten Stadtteil wie dem Reuterquartier sehr wichtig für die soziale Stabilität des Gebietes. Insbesondere wenn man die gesellschaftliche Tendenz zu einer Destabilisierung traditioneller sozialer Netze betrachtet und auf das Reuterquartier mit seiner Konzentration von Sozialhilfeempfängern, Arbeitslosen und Migranten herunterbricht, wird deutlich, daß hier eventuell große Bevölkerungsteile ins Abseits geraten.

Der „Türkenmarkt" genannte Wochenmarkt am Maybachufer

Um einer solchen Entwicklung entgegenzuwirken, sind strukturelle Ansätze notwendig, die über die bereits geleistete Arbeit im Kinder- und Jugendbereich noch hinausgehen. Das Reuterquartier bedarf „integrierter Ansätze zur Erneuerung benachteiligter Stadtteile". Dazu muß das Aufgabenverständnis kommunaler Politik und Verwaltung sich von fürsorgerischer und therapeutischer Betreuung - soweit diese bislang überhaupt geleistet worden ist - teilweise verabschieden und die Schaffung selbsttragender und nachhaltig wirksamer Strukturen zum Ziel haben.

Eine Mobilisierung der Erneuerungskräfte ist unter den derzeitigen unflexiblen zentralistischen Verwaltungsstrukturen und mit dem alten kommunalen Politikverständnis nicht zu erreichen. Die komplexen Entstehungszusammenhänge sozialer Ausgrenzung können erfolgversprechend nur mit flexiblen mehrdimensionalen Strategien angegangen werden, die gleichzeitig soziale, wirtschaftliche, kulturelle und ökologische Entwicklungsziele verfolgen ■

Zu den AutorInnen:

Dörte Hedemann ist Sprecherin der Betroffenenvertretung Kottbusser Damm Ost.

Jürgen Schröder koordiniert die Kiez AG Reuterplatz und ist Vorstandsmitglied im Bürgerverein Kiezgestaltung e.V.

Christine Skowronska-Koch ist Sozialarbeiterin im „elele Nachbarschaftsladen".

Öko-Zentrum für Jugend und Beruf

**Kottbusser Damm 97 a
10967 Berlin-Neukölln**

Auf dem Grundstück ist ein 1910 errichtetes ehemaliges Fabrikgebäude mit einer Nutzungsfläche von ca 1.500 qm als Infrastrukturstandort für die Jugend ausgewiesen und erhält Unterstützung von der Betroffenenvertretung. Es wird angestrebt, ein durchlässiges System von geförderten Maßnahmen, teil- und vollwirtschaftlichen Einrichtungen sowie Freizeitangeboten zu schaffen. Ziel ist die Integration von Jugendlichen in eine ökologisch orientierte Lebens- und Arbeitswelt.

Ökologisches Arbeiten und Leben, die Bewältigung sozialer Aufgaben wie z.B. die im Stadtteil deutlich erkennbare Armut hängen eng mit der Bekämpfung von Erwerbslosigkeit als auch mit dem Aufbau bzw. der Erhaltung einer lokalen Wirtschaftsstruktur zusammen. Mit Beschäftigungs- und Qualifizierungsmaßnahmen wie zur Zeit dem Projekt „GREENLINE - ökologisches Bauen und Gärtnern" wird ein Schritt in diese Richtung getan. Eine Ausweitung auf die Berufsvorbereitung/ Qualifizierung und Beschäftigung im Maler-, Elektro-, Heizung-Lüftung-Sanitär-Bereich sowie die Montage von PCs ist geplant.

Der ökologische Auf- und Umbau des Gebäudes und der Werkstätten soll Ausbildungs- und Demonstrationsobjekt an der Nahtstelle zwischen 1. und 2. Arbeitsmarkt sein. Das Büro GBU Weinstein-Gewerbeberatung im Umweltschutz wird seine eigenen Büroräume auch als Schulungs- und Demonstrationsstätte für ein ökologisch aufgebautes und organisiertes Büro bis hin zum planmäßigen EDV-Einsatz nutzen. Der „Dissens" e.V. arbeitet zusammen mit der „Camino-Werkstatt für Fortbildung, Praxisbegleitung und Forschung im sozialen Bereich" auf der Ebene der geschlechtlichen Gleichstellung.

Im Gebäude soll ein Jugendcafé gemeinsam mit ajb (allgemeine Jugendberatung e.V.) und outreach betrieben werden, ebenso wird der elele Nachbarschaftsverein und eine Jugendinfothek ihre Arbeit hier aufnehmen. Das Projekt outreach des Verbandes für sozial-kulturelle Arbeit e.V. wendet sich im wesentlichen an ausländische männliche Jugendliche und junge Erwachsene. Ausgehend von einem Ansatz der Straßensozialarbeit, bei dem Gruppen angesprochen werden, die in keinem der Jugendfreizeitheime ihren Platz gefunden haben, versucht das Projekt einen Beitrag zum Abbau der Straßengewalt zu leisten. Dabei gehen die Angebote von Freizeitgestaltung über Hilfe bei der Arbeitssuche bis zur Einzelfallberatung. Neben einem Billard-Cafe soll im Haus ein Fitnessraum, ein Musikkeller und eine Küche als Freizeitangebot bereitstehen.

»Elele«
Nachbarschaftsverein e.V.

Liberdastraße 10
12047 Berlin

Der »elele« - Nachbarschaftsladen arbeitet seit 1984 im Norden Neuköllns. Gegründet hat er sich aus einer deutsch-türkischen Wohngemeinschaft heraus, die mit den Problemen der ausländischen Nachbarn konfrontiert war und andere als private Lösungsansätze dafür suchte. Schnell nahm das Projekt einen Umfang an, der mit ehrenamtlicher Arbeit nicht bewältigt werden konnte Der Arbeitsansatz des »elele« - Nachbarschaftsladens läßt sich mit den Worten gemeinwesenorientiert und interkulturell umschreiben.

Von Anfang an war es ein Ziel, gemeinsam mit den Betroffenen - was sich schon im Namen widerspiegelt: „elele" kommt aus dem Türkischen und bedeutet „Hand in Hand" - die einschränkenden Lebensbedingungen positiv zu verändern. Über die konkreten Angebote in der Einrichtung hinaus, die sich nicht wesentlich von denen ähnlicher Projekte unterscheiden und weiter unten genannt werden, war beispielsweise die Unterstützung von Initiativen zur Verkehrsberuhigung und zur Einrichtung bzw. Umgestaltung eines Spielplatzes auf dem Reuterplatz Bestandteil der Arbeit. Von Beginn an wurde auch eine Vernetzung mit anderen Einrichtungen und Arbeitsgruppen angestrebt. Herausheben möchten wir hier den Interkulturellen Arbeitskreis der Kreissynode Neukölln und die Kiez AG Reuterplatz, weil sie über den fachlichen Austausch hinaus gemeinsame Projekte und Kooperationen beinhalten mit dem Ziel der politischen Einflußnahme.

Zur Zielgruppe des »elele« - Nachbarschaftsladens gehören vor allem Migranten im Quartier. Entsprechend dem statistischen Anteil unter den Migranten wird der Laden in erster Linie von Bewohnern türkischer Herkunft besucht. Die Angebote erstrecken sich von Kursen und Gruppen für Frauen über Bildungs- und Freizeitangebote für Kinder und Jugendliche bis zu Beratungen. Zum Spektrum gehören die allgemeine Sozialberatung, Schullaufbahnberatung und Beratung für Schwangere in finanziellen Notlagen.

Bei unserer Arbeit läßt sich beobachten, daß viele Familien von den Auswirkungen der Arbeitslosigkeit, unter anderem wäre hier das Stichwort der kumulierten Armut zu nennen, betroffen sind. Bei Jugendlichen ist durch den Mangel an Ausbildungs- und Arbeitsplätzen eine zunehmende Perspektivlosigkeit zu konstatieren.

Berlin - Brücke der Kulturen
Lokale Strategien einer projektorientierten Sozialpolitik in Ostberlin

Klaus M Schmals | Seit einigen Jahren vollzieht sich im territorial geeinigten, aber kulturell, sozial und politisch vielfältig gespaltenen Berlin auch ein Wandel der Ausländerstruktur. Die traditionellen Einwanderungsgruppen der 60er und 70er Jahre, die in Kreuzberg, Neukölln oder im Wedding zum Teil in der 2. und 3. Generation leben und bezüglich ihrer sozialräumlichen und soziokulturellen Integration, Eingliederung oder Assimilation in eine für sie fremde Kultur vielfältige Wege gehen, werden gegenwärtig durch die Einwanderung größerer Bevölkerungsgruppen insbesonders aus Ost-, Mittel- und Südosteuropa überlagert.

Berlin -
Brücke der Kulturen e.V.

PROJEKTNETZWERK
S.U.S.I.
OWEN e.V
L.I.S.T./Zukunftsbau e.V.
Perspektiven im Alter (PiA)
Center der russischen
KulturWelt-MIR e.V.

Vernetzt mit unterschiedlichen Förderinstitutionen und eingebunden in offizielle Förderkonzepte für Beschäftigungsmaßnahmen und Stadterneuerungsmodelle entstehen in Ostberlin z.Zt. unter der Trägerschaft von fünf bezirklichen Initiativen bzw. gemeinnützigen Vereinen, maßgeschneiderte Projekte auf der lokalen Ebene.
Bei den unten dargestellten Vorhaben handelt es sich jeweils auch um Selbsthilfeprojekte. D.h., ein Anteil - in der Regel 15% - der anwesenorientierten Modernisierungsmittel ist von den späteren Bewohnern der Häuser durch Eigenarbeit zu erbringen.
Koordiniert wird das Netzwerk der Initiativen durch das *Modellprojekt „Berlin-Brücke der Kulturen e.V."* mit dem wir ausländische Mitbürger über den Wohnungsmarkt, über die Wohnungspolitik, vorhandene Beratungseinrichtungen, Anforderungsstandards auf dem Arbeitsmarkt, Strukturen der (Sozial-)Verwaltung und des Ausländerrechts informieren und beraten.

Inhalte und Strategien der Projekte
Entsprechend der relativen Unterversorgung auf dem Wohnungsmarkt, die im Ostteil der Stadt stärker ausgepägt ist als im Westteil, richten wir - neben dem Beschäftigungs- und Kulturaspekt - ein Hauptanliegen unseres Projekts auf den Bereich der Wohnungspolitik. Dabei ist zu berücksichtigen, daß sich einwandernde Ausländer nicht immer unmittelbar beim Wohnungsamt melden. Viele versickern in Kreisen der Verwandtschaft, finden vorerst Unterschlupf bei Freunden oder ziehen auf Zeit zu sog. „Migrationspionieren". Unser Interesse konzentriert sich sowohl auf Ausländer, die langfristig und auf solche Personengruppen die nur kurzfristig in Berlin bleiben wollen. Dabei gilt unsere Aufmerksamkeit sowohl dem unmittelbaren Auffang- und Orientierungsaspekt als auch den endgültigen und langfristigen Integrationsmustern. Der erste Bereich reicht u.a. von der Betreuung durch Verwandte und Freunde, über die Aufnahme in Notunterkünften bis hin zur staatlichen und privaten Heimunterbringung. Der zweite Bereich vom öffentlich geförderten Wohnungsbau bis hin zur Eigentumsbildung findet sich verstärkt mit Qualifizierungs-, Weiterbildungs- und Beschäftigungsaspekten und Infrastrukturmaßnahmen vernetzt.

Die späteren Bewohner unserer Hausprojekte - ausgestattet mit Wohnberechtigungsscheinen - wählen wir zusammen mit VertreterInnen der bezirklichen Sozialämter aus (dem Datenschutz wird dabei Rechnung getragen). Dies mit dem Ziel, auch Gemeinschaften zwischen alten und neuen Mietparteien entstehen zu lassen. Das Sanierungskonzept wird zwischen dem Projektträger, den zukünftigen Mietern und dem Sanierungsträger ausgehandelt.

Die einzelnen Projekte sollen nicht zu groß sein. Dabei suchen wir insbesondere Wohnhäuser, in denen noch deutsche Bewohner leben. Es ist unser Ziel, die Integration von Einwanderern nicht gegen, sondern zusammen mit deutschen Haushalten zu erreichen. Um keine Konzentration von Einwanderern in einzelnen Häusern enstehen zu lassen, suchen wir in der Nachbarschaft freie Einzelwohnungen, um das Hausprojekt mit dem Kiez zu vernetzen. Mit Vertretern der Senats- und Bezirksverwaltungen Soziales besprachen wir Möglichkeiten einer „(Re-)Kapitalisierung von Sozialhilfemitteln" für die Unterbringung von Ausländern, Aussiedlern etc. Unser Ziel ist es, öffentlich verfügbare Mittel so einzusetzen, daß damit langfristige Belegrechte der Bezirke/des Landes entstehen und sich das von uns angesprochene Klientel am Sanierungsprozeß der Bausubstanz konzeptionell beteiligen kann. Da wir in Berliner Stadtbezirken entsprechende Präzedenzfälle ausfindig machten, baten wir Fachleute um deren Überprüfung im Hinblick auf ihre Übertragbarkeit. Diese fiel in haushaltsrechtlicher Hinsicht positiv aus, somit stehen einer Übertragbarkeit gegenwärtig keine Hindernisse im Wege. Zwischen Vertretern der Senatsverwaltung Soziales, des Bezirks und Wohnungsbaugesellschaften wurden inzwischen (Überlassungs)Verträge ausgearbeitet. Hierdurch wurden Bedingungen festgelegt, unter denen auf der bezirklichen Ebene unter Einsatz von Sozialhilfemitteln Wohnraum saniert und vorgehalten werden kann.

Projekt „Eremitage-Kunstschule" Kunsterziehung zwischen Berlin und Moskau

Hausprojekt Lettestraße

Das Netzwerk der Projekte

▶ „Ausbildung, Arbeit und Wohnen für Jugendliche aus Südosteuropa":
Unter der Trägerschaft des „*SüdOstEuropa-Kulturvereins e.V.*" und in Zusammenarbeit mit dem offiziellen Sanierungsträger des Landes Berlin L.I.S.T. ist dieses Projekt besonders weit fortgeschritten. Teilnehmer sind 25 Jugendliche aus südosteuropäischen Ländern mit ihren Familien. In einem gründerzeitlichen Mietshaus in der Lettestraße am Helmholtzplatz im Bezirk Prenzlauer Berg, das wir für 25 Jahre pachten konnten, vernetzen wir ein Qualifikationsprojekt für die Jugendlichen im Baunebengewerbe (verankert im URBAN-Programm der EU), ein Wohn- und ein Beratungsprojekt miteinander. Hierbei erwerben sich Jugendliche eine Ausbildung, modernisieren ein Mietshaus (unter Verwendung öffentlicher Sanierungsmittel) und ziehen nach Abschluß der Sanierung in die einzelnen Wohnungen ein. In der Erdgeschoßzone sind nicht nur die Projektbereiche, sondern auch die Beratungsräume für das südosteuropäische Klientel vorgesehen. Für das Gesamtprojekt wurde inzwischen mit dem Eigentümer ein Pachtvertrag unterzeichnet. In ihm wurden der Pachtzins sowie sozialverträgliche Mieten, die Gestaltung der Nutzflächen im Innen- und Außenraum, der Dachausbau, ökologische und energetische Standards der Modernisierung festgelegt.

▶ „Fortbildung, Arbeit und Wohnen für Frauen aus Osteuropa":
In einem von Frauen für Frauen (vgl. hier die Initiativen OWEN e.V. und SUSI e.V.) initiierten Projekt im Bezirk Prenzlauer Berg werden - wiederum in Zusammenarbeit mit L.I.S.T. - ca. 25 Frauen auf der Wohn-, Kultur-, Qualifizierungs- und Beschäftigungsebene integrativ zusammengeführt: Ziel ist es, selbstbestimmte unterschiedliche Wohnformen durch gesicherte Arbeitsverhältnisse zu ermöglichen und zu stabilisieren. Die beiden Initiativen arbeiten bereits seit mehreren Jahren mit Frauen insbesondere aus den GUS-Staaten im Beschäftigungssektor zusammen. Gerade Frauen gelten nach der Wiedervereinigung und dem Zusammenbruch des real existierenden Sozialismus zu den zentralen Problemgruppen des Wohn- und Arbeitsmarktes. Entstehen sollen neben Wohn- und Beratungsräumen auch Arbeitsmöglichkeiten für Beschäftigungsinitiativen im Gewerbe- und Dienstleistungsbereich des 1. und 2. Arbeitsmarktes entsprechend der rechtlichen Position der Ausländerinnen/Aussiedlerinnen (gemeint sind die juristischen Qualitäten der Duldung, Aufenthaltsgenehmigung oder Einbürgerung). Für das Projekt wurde inzwischen ein Gebäude gefunden und ein Pachtvertrag erarbeitet, in dem eine sozialverträgliche Miete, der Pachtzins, die Baubetreuung, die Nutzungskonzeption und die Beantragung von Modernisierungsmitteln geregelt wurden. Diesem Vertrag mit einer Immobilienverwaltung liegt ein Rentenmodell zugrunde: einkommensstärkere Haushalte zahlen Geld auf ein entsprechendes Konto ein. Die zusammengetragenen Mittel werden für den Erwerb eines Hauses verwendet, das nach 25 Jahren in Anteilen an die Einzahler übergeht, die so eine Altersrente erwerben.

▸ **„Perspektiven im Alter (PIA)":**

Dieses Projekt hat die Einrichtung von neuen Haushalts-, Freizeit- und Arbeitsformen für ältere Menschen aus Rußland zum Inhalt. Hier entwickeln wir zusammen mit der "Initiative Berlin-Moskau" und in Zusammenarbeit mit L.I.S.T. in Berlin-Mitte für ca. 40 ältere Ausländer und Aussiedler ein Wohn-, Freizeit- und Arbeitskonzept für unterschiedliche Lebensformen im Kiez. Gemeint sind damit Ein- und Mehrpersonenhaushalte, deutsche, gemischte und ausländische Haushalte, sowohl mit und ohne Kinder als auch unterschiedliche Altersgruppen in selbständiger oder abhängiger Beschäftigung. Wichtig erscheint uns auch die Ausrichtung auf Freizeitaktivitäten sowie die Weitergabe von Erfahrungen und Qualifikationen älterer Menschen an andere MigrantInnen. Dieses Vorhaben - für das ebenfalls ein Anwesen in Berlin-Mitte gefunden wurde - ist auch in einem - wie oben bereits dargestellten - Pacht- und Rentenkonzept verankert. In Diskussionen zwischen Initiativen, MigrantInnen und ArchitektInnen entstehen dabei die Nutzungskonzepte der Hausprojekte.

▸ **„Zentrum für russische Kultur im Kiez":**

Unter der Trägerschaft des „Center für russische Kultur - Welt-MIR e.V." und in Zusammenarbeit mit L.I.S.T. bereiten wir in der Rosenthaler Vorstadt in Berlin-Mitte ein soziokulturelles Projekt - bestehend aus der Kunstschule „Eremitage" und einer „Sozialagentur" - vor. Ähnlich wie das „Frauenprojekt" wird es im Rahmen eines Pachtvertrages für 25 Jahre entwickelt. Das konkrete Projekt verfügt sowohl über Flächen für ca. 15 Künstlerwohnungen, über Büroflächen für die „Sozialagentur", als auch über Räume für eine Tanz-, Mal- und Musikschule. Der gemeinnützige Verein „Welt-MIR" arbeitet seit Jahren - vor dem Hintergrund von sog. jüdischen Kontingentflüchtlingen - mit MalerInnen, TänzerInnen, MusikerInnen, LiteratInnen, LehrerInnen, WissenschaftlerInnen aus Rußland zusammen. Ein großer Prozentsatz der in diesem Verein kooperierenden Menschen sind jüdischer Religion. Ziel ist es, durch Pflege der russischen Kultur die Integration in Berlin zu stärken. In enger Vernetzung mit „Welt-MIR e.V." entsteht auch das Konzept für eine „Sozialagentur". Deren Ziel ist die Weiterentwicklung und Legalisierung von Qualifikationen bei russischen MigrantInnen insbesondere für Dienstleistungsberufe.

Und wie geht es weiter?
In den Jahren 1996/97 nahmen wir projektorientiert vielfältige Konkretisierungen vor. Dabei entwickeln sich Schritt für Schritt die Konturen bzw. das Netzwerk einer „maßgeschneiderten Versorgungspolitik auf bezirklicher Ebene":
Im Modellprojekt „Berlin-Brücke der Kulturen" entstand inzwischen eine stabile MitarbeiterInnengruppe, die jeweils aus den Einzelprojekten/Initiativen delegiert werden.
Im Entwicklungsprozeß des Projekts bildeten sich unterschiedliche Strukturen heraus. Wurden bisher auf vertikaler Ebene inhaltliche und politische Interessen der einzelnen Initiativen im Modellprojekt verfolgt, so entstehen zunehmend auch horizontale Arbeitsgruppen, um etwa die Selbsthilfe im Netzwerk zu effektiveren, um auf Einzelerfahrungen im Antragswesen zurückzugreifen, um die Hausverwaltung zu rationalisieren oder Beratungstätigkeiten für MigrantInnen engmaschig und kompetent zu garantieren. Das schrittweise aufzubauende Modellprojekt mußte sich dabei einer gewissen Rationalität der Verwaltung unterordnen. Förderungen für Beschäftigungs- und Ausbildungsprojekte können hiernach nur am konkreten Objekt erfolgen. So mußten wir in einem ersten und sehr langwierigen Schritt - zusammen mit bezirklichen Wohnungsbaugesellschaften oder mit Mitarbeitern der Leerstandskommission - den Immobilienleerstand in Ostberlin analysieren, kooperative Firmen ausfindig machen und die Instrumente von Pacht- und Baubetreuungsverträgen auf ihre Plausibilität hin überprüfen.
In den zurückliegenden Monaten haben die einzelnen Projektträger ihr Klientel nach Problemen, Interessen und Zukunftsvorstellungen befragt. Wir gingen dazu in „Aufnahmefamilien", in „Unterbringungsanlagen", in „AsylantInnenheime", zu den Ausländerbeauftragten und zu sonstigen Beratungseinrichtungen, um mit Betroffenen oder deren VertreterInnen zu sprechen. In diesen Gesprächen lernten wir viele MigrantInnen kennen, die sich inhaltlich, baulich und organisatorisch an den Projekten beteiligen wollen. Insgesamt sollen jedoch - aus Kapazitätsgründen - nicht mehr als 200 Haushalte in das Projekt integriert werden.
Nach langwierigen Analysen konnten von den MitarbeiterInnen des Modellprojekts die Programme und Institutionen, die in Berlin auf Stadterneuerung, Ausländer-, Wohnungs-, Sozial- und Beschäftigungspolitik ausgerichtet sind, miteinander vernetzt werden.
In einem weiteren Schritt beginnen wir, Teile unserer Erfahrungen in öffentlichen Veranstaltungen für politisch Interessierte zur Diskussion zu stellen. Ziel ist es, ein sog. „Migrationsforum" in Ostberlin aufzubauen, in dem über offene Fragen, die mit Migrationsprozessen zwischen Berlin und Osteuropa zusammenhängen, diskutiert werden kann ■

Zum Autor:
Dr. Kaus M Schmals ist Professor im Fachgebiet Soziologie der Fakultät Raumplanung an der Universität Dortmund und leitet das Projekt „Berlin - Brücke der Kulturen".

SüdOstEuropa Kultur e.V. (SOEK)

Großbeerenstraße 88
10963 Berlin

Jugendliche aus Bosnien in der Lehrwerkstatt des SOEK

Daß sich plötzlich alte Freundinnen und Freunde, langjährige Kollegen, Familienangehörige und Schüler feindlich gegenüberstanden, Restaurants und Kulturtreffs zu Orten nationalistischer Auseinandersetzungen wurden, war im Jahr 1991 Anlaß zur Gründung des SOEK. Damals lebten in Berlin ca. 32.000 Arbeitnehmer und ihre Familien aus dem ehemaligen Jugoslawien. Hinzu kamen im Verlauf des Krieges 45.000 Flüchtlinge.

Das SüdOst Zentrum wurde im Januar 1992 mit Unterstützung der Ausländerbeauftragten des Berliner Senats, Frau Barbara John, eröffnet. Die Arbeit des Vereins ist antinationalistisch und unabhängig. Sie besteht aus interkultureller Vermittlung und sozialer Hilfe für die Menschen aus dem südosteuropäischen Raum, die keine Fürsprecher haben. Es gilt, ihnen - den Migranten und den deutschen - ein tolerantes Miteinander zu ermöglichen und auch in Berlin den sozialen Frieden zu sichern. Das Zentrum wird täglich von 70 bis 120 Menschen aufgesucht. Eine bedeutende Gruppe sind die Roma, die das Zentrum auch schon mal „Romabotschaft" nennen. Diese, ebenso wie die anderen Außenseiter des Krieges, die in gemischten Familien Lebenden, Deserteure und Traumatisierte, finden Hilfe durch soziale und psychologische Beratung, durch Bildungs- und Qualifizierungsberatung, durch Projekte und verschiedene regelmäßige Veranstaltungsangebote.

Partner des Zentrums sind u.a. das Behandlungszentrum für Folteropfer, die ABS Brücke, verschiedene Ausbildungs- und Qualifizierungsbetriebe sowie verschiedene Bildungswerke (wie etwa die Heinrich-Böll-Stiftung, die Evangelische Akademie Berlin, die Stiftung Umverteilen, die Heilig-Kreuz-Kirche, das Kulturamt Kreuzberg, die RAA Potsdam, die UNO-Flüchtlingshilfe, verschiedene Senatsverwaltungen, die AWO, das DRK sowie La Benevolencija Deutschland u.v.a.m.).

Die Erfahrungen und Kontakte des Vereins werden von vielen genutzt: von direkt Betroffenen, von Politikern, Journalisten, Kultur- und anderen Institutionen. Unsere Arbeit richtet sich nach dem, was die Menschen brauchen, nicht nach Ideologien.

OWEN
Ost-West-Europäisches FrauenNetzwerk
OWEN e.V.
Linienstraße 138
10115 Berlin

OWEN e.V. arbeitet seit 1991 an der Unterstützung und dem Aufbau von lokalen Selbsthilfeinitiativen von Frauen in Mittel- und Osteuropa sowie an der Vernetzung von Gruppen und Organisationen, die sich um die Voraussetzungen für eine gleichberechtigte Partizipation von Frauen in allen gesellschaftlichen Bereichen bemühen (Partnerorganisationen in Albanien, Belgien, England, Frankreich, Polen, Rußland, Ukraine, USA, Südafrika, Zimbabwe etc.).

Der Arbeitsansatz von OWEN ist die Stärkung, Mobilisierung und Entwicklung der vorhandenen Potentiale der Frauen, die gesellschaftlich aktiv werden wollen. Ziel ist der Aufbau einer lokalen Unterstützungsstruktur durch Traueninitiativen, die politisch, ökonomisch und sozial das Leben in ihren Gemeinden und Städten mitbestimmen.
Vor diesem Hintergrund beschäftigt sich OWEN mit Fragen von politischen Strukturen in Transformationsländern, kultureller Identität, Integration, Diskriminierung und Ausgrenzung, Nationalismus, Selbstwertgefühl von Frauen in dem Umgestaltungsprozeß.

Im Rahmen des Projektnetzwerkes „Berlin - Brücke der Kulturen" möchten wir unsere Kompetenzen bei der Entwicklung von Unterstützungsgruppen in einen anderen Zusammenhang stellen. Das Wohn- und Integrationsprojekt, das OWEN gemeinsam mit S.U.S.I., mit Migrantinnen aus Mittel- und Osteuropa entwickeln wollen, soll ein Anlaufpunkt für alle werden, die den Integrationsprozeß in Berlin aktiv und im Bewußtsein ihrer eigenen kulturellen Identität gestalten wollen.
Nach unseren Erfahrungen und Gesprächen mit Frauen, die in den Heimen auf Wohnungsvergabe warten, bringen die Migrantinnen, Aussiedlerinnen und Kontingentflüchtlingsfrauen eine Vielzahl von Berufs- und Lebenserfahrung, von sozialen und kulturellen Kompetenzen mit. Die Übersiedlung nach Deutschland bedeutet einen tiefen Einschnitt in ihr Leben. Sie sind über Nacht Fremde und Hilfesuchende geworden und das Gefühl der Entwertung ihrer Kompetenzen und Biografien bestimmt oft ihren Alltag in Berlin. Hier existieren auch Parallelen zu den Frauen in der Transformationsländern.

Deshalb sehen wir als Herzstück des Projektes eine Entwicklungswerkstatt für Selbsthilfe, wo Seminare und workshops, Beratung und Vernetzung sowie eine Rückkopplung zu Gruppen in den Herkunftsländern stattfinden kann.

Ziel dieser Selbsthilfewerkstatt ist:
▸ die Stärkung der Frauen,
▸ die Entwicklung von Interessengruppen,
▸ die Kontaktaufnahme mit Gruppen, Institutionen und Strukturen der Stadt Berlin,
▸ Ausbildung zu Multiplikatorinnen,
▸ Planung und Realisierung von Projekten, Aktionen, Veröffentlichungen.
▸ Interkulturelle Bewußtseinsbildung in der Nachbarschaft, Herstellung von Öffentlichkeit
▸ Infrastrukturentwicklung im Stadtbezirk.

S.U.S.I.

**Interkulturelles Frauenzentrum
Linienstraße 138
10115 Berlin**

S.U.S.I. stellt sich vor

S.U.S.I. steht für Solidarisch, Unabhängig, Sozial und International und ist der Name eines Interkulturellen Frauenzentrums, dessen Angebote aus Bildungs-, Kultur-, und Sozialarbeit von Frauen aus der ganzen Stadt gern genutzt werden.
S.U.S.I. ist das bekannteste Projekt des Vereins „Für eine kulturvolle, solidarische Welt e.V." und wird von der Senatsverwaltung für Frauen gefördert. Unter der Trägerschaft desselben Vereins haben sich weitere Projekte entwickelt, mit denen S.U.S.I. eng zusammenarbeitet. Dazu gehören das Projekt „Gemeinsam in der Fremden Stadt", das sich vor allem mit Sozialarbeit beschäftigt, und ein Projekt zur Betreuung ausländischer Frauen in der JVA Plötzensee. Außerdem trägt er ein Archiv über die Fotografin und Revolutionärin Tina Modulli.
Die derzeit hier beschäftigten Mitarbeiterinnen sprechen insgesamt 11 Sprachen, davon 6 als Muttersprache.
Dank der Sprachenvielfalt und vieler Freundinnen ist bei S.U.S.I. ein interessantes Spektrum an kulturellen und politischen Veranstaltungen entstanden. Es finden hier Lesungen, Videovorführungen, Konzerte, Feste (z.B. der beliebte „Volxtopf"), sowie Kurse, Seminare, Workshops, Diskussions- und Informationsveranstaltungen statt - oft auch in Zusammenarbeit mit anderen Projekten.
Ein immer größeren Raum nimmt bei S.U.S.I. die Sozialarbeit ein. Die Mitarbeiterinnen geben ratsuchenden Frauen und Mädchen Orientierungshilfen, um ihre Rechte durchzusetzen, vermitteln spezialisierte Beratung und begleiten sie auf Wunsch zu Behörden oder ÄrztInnen und leisten Übersetzungs- und Dolmetscharbeiten. Bei S.U.S.I. finden regelmäßig eine Rechtsberatung sowie psychologische Gesprächskreise und ärztliche Beratung in Spanisch statt.
Besucherinnen sehen sich gern die neueste Ausstellung an oder stöbern in unserer kleinen mehrsprachigen Bibliothek. S.U.S.I. beherbergt auch ein kleines deutschsprachiges Zeitungsarchiv zum Thema „Frauen und Islam".
Unter dem Dach von S.U.S.I. treffen sich verschiedene Selbsthilfegruppen. Nicht zuletzt läßt sich auch die spanischsprachige Schreibwerkstt „Cantos de Flores" bei uns inspirieren.
S.U.S.I. will mit ihren Angeboten nicht nur „Neugier auf andere Kulturen" wecken und befriedigen. Vor allem will S.U.S.I. eine Heimat für Frauen verschiedener Nationalitäten sein, wo sie sich verwirklichen und ihr Anliegen oder ihre Kunst publik machen können.
Das Interkulturelle Frauenzentrum S.U.S.I. wird immer das sein, was die Nutzerinnen aus ihm machen. Seit ca. einem Jahr erarbeitet S.U.S.I. im Rahmen des Netzwerkes „Berlin- Brücke der Kulturen" (BBK) in Zusammenarbeit mit dem Ost- West- Europäischen FrauenNetzwerk (OWEN) ein Wohn- und Integrationsprojekt für Frauen aus Osteuropa. Zu diesem Zweck wird ein langzeitig gepachtetes Haus aus öffentlichen Fördermitteln saniert und mit verschiedenen Projekten belebt. Unter anderen sind eine Musikschule, eine russische Banja, ein Café, eine Begegnungsstätte, eine Kiezküche ein Beratungs- und Übersetzungsbüro und eine Frauenpension angedacht.

Interkulturelle Pädagogik an einer Oberschule in Lichtenberg

Tufan Uyanik An der Alexander-Puschkin-Oberschule in Berlin-Lichtenberg werden aus 26 Ländern stammende SchülerInnen verschiedener Berliner Bezirke unterrichtet.
Der angebotene „Tag der offenen Tür" bietet die Möglichkeit, sich über die pädagogische Arbeit und den multikulturellen Rahmen der Schule zu informieren. Zu jedem neuen Schuljahr werden also SchülerInnen angemeldet, die bereit sind, sich mit verschiedenen Kulturen auseinanderzusetzen und Neues zu erfahren.
In den Klassenräumen und Korridoren der Schule können derzeit Zeichnungen, Fotokästen, Holzschnitzereien aus der mosambikanischen Partnerschule sowie wechselnde Ausstellungen über Mosambik oder zum Thema „Auf der Suche nach einer neuen Identität-Deutsche aus Rußland" bestaunt werden. Die SchülerInnen beschäftigen sich nicht nur im Unterricht oder durch die Teilnahme an Projekten mit dem Thema Multikulturalität, dieses ist auch durch künstlerische Arbeiten sichtbar präsent.
Die harmonische Atmosphäre ist gewiß unter anderem ein Grund für den gewaltfreien Alltag in der Schule.

SchülerInnen präsentieren in Eigenarbeit geschriebenes Theaterstück zum Thema „Aussiedler in Deutschland"

Der außerunterrichtliche Bereich der Alexander-Puschkin-Oberschule wird von drei pädagogischen MitarbeiterInnen geleitet. Der Schulclub, der ursprünglich von SchülerInnen mit Unterstützung eines Künstlers ausgebaut und gestaltet wurde, bietet neben ständiger Betreuung alle zwei Wochen verschiedene Aktionen an, auch hier ist der multikulturelle Rahmen beständiger Anteil. Außer Seminaren zu Themen wie z.B. präventive Gewaltverhinderung, Billard-Turniere oder Discos werden z.B. ein Konzert einer mosambikanischen Rap-Band, ein Indienworkshop mit Diskussionen, Essen und Tanz, die „Fiesta Latino Americana" sowie die Feier des russischen „Väterchen Frost Festes" angeboten.

Ein mosambikanischer Nachmittag mit Gästen aus diesem Land

Das sozialpädagogische Team betont: Kommunikation ist alles. Deshalb werden durch multikulturelle Aktionen und andere Freizeitangebote Unterstützungen angeboten, um Abgrenzungen unter den SchülerInnen zu vermeiden.
Neben dem Schulclub bietet die Schule insgesamt 26 Arbeitsgemeinschaften aus den Bereichen Sport, kreatives Gestalten, Sprache, Musik und Technik an, die maßgeblich anhand des Schülerinteresses entwickelt werden. So entstand z.B. die AG „internationales Kochen", in der wöchentlich verschiedene kulinarische Spezialitäten zubereitet werden und über das jeweilige Land gesprochen wird.

Auch die einmal im Monat erscheinende Schülerzeitung thematisiert unter anderem die kulturelle Vielfalt an der Schule.

Die Arbeit des sozialpädagogischen Teams umfaßt neben der Betreuung des Schulclubs und der Mitarbeit in den AG's auch die Zusammenarbeit mit den LehrerInnen der Schule. So bringt sich das Team an vier Tagen der Woche direkt in den Unterricht ein. In den Kerngruppenstunden erarbeiten die pädagogischen MitarbeiterInnen gemeinsam mit den SchülerInnen klasseninterne Themen. Fachleute, Künstler oder Schriftsteller werden in die Klassen eingeladen, ebenso werden schulextern verschiedene Einrichtungen besucht.

Die Einzelberatung und Betreuung, insbesondere für SchülerInnen nichtdeutscher Herkunft und Sprache - bezüglich Berufsorientierung, Lehrstellensuche, Schulwechsel oder familiärer und schulischer Probleme - stellt einen weiteren Gesichtspunkt dar.

Die Schule akzentuiert ihre multikulturelle Arbeit auch in seit langen Jahren bestehenden Partnerschaften mit Schulen in Mosambik, der Türkei und Schweden. Jährlich wird ein Schüleraustausch mit der türkischen und schwedischen Partnerschule organisiert. Diese Besuche unterstützen den kulturellen Austausch zwischen den Jugendlichen und ermöglichen ihnen, sich mit fremden Kulturen im Alltag auseinanderzusetzen. Die SchülerInnen wurden in diesem Jahr auf die Reise in die Türkei durch eine AG vorbereitet, in der sie die türkische Sprache, Kultur, Musik und Geographie kennenlernten. Nach den Reisen berichten sie von ihren Erlebnissen und können ihre Erfahrungen in Berlin weitervermitteln.

Auch die an der Schule durchgeführte Projektwoche thematisiert u.a. Kulturvielfalt. Die SchülerInnen der 7. bis 10. Jahrgangsstufen engagieren sich in Projektgruppen zu Themen wie jüdisches Leben in Berlin, Musik und Tanz unter der Leitung eines amerikanischen Tanzpädagogen aus Chicago, kulinarische Küchen u.ä.

Durch enge Zusammenarbeit mit verschiedenen Vereinen wie z.B. RAA, EPOG, Kultur ist plural, EPITZ entstehen interessante Projekte und Arbeitsgemeinschaften. Die RAA finanzierte z.B. den Schulclub und bietet verschiedene Projekte an.

Das produktive Miteinander an der Alexander-Puschkin-Oberschule wird durch die Teilnahme an Wettbewerben wie „Schule des Jahres" - die Schule wurde in der Sparte „Soziales Engagement" unter den 10 besten Schulen Deutschlands plaziert - oder „Mete Eksi-Preis" und anderen Veranstaltungen wie Solibasare, Interschul Messe oder Fernsehbeiträge in der Öffentlichkeit publik gemacht. Dies erfüllt die SchülerInnen mit Stolz und motiviert sie zu weiteren Aktivitäten, um ihren Beitrag für eine multikulturelle Gesellschaft zu leisten ∎

Zum Autor:
Tufan Uyanik ist Diplompädagoge türkischer Herkunft. In dem gemischt pädagogischen Team wird über die „Regionale Arbeitsstelle für Ausländerfragen" (RAA) auch eine Ethnologin beschäftigt.

Ostberliner Großsiedlungen und Migration

Großsiedlung Marzahn

Holger Kuhle ▎ Wenn Berlins Stadtentwicklungsstrategen besorgt in die Zukunft schauen, haben sie die Großsiedlungen und die Zuwanderer im Blick. Beide Begriffe sind negativ besetzt. Bis zum Jahr 2010 wird eine Zuwanderung von 400.000 Personen aus dem östlichen Ausland nach Berlin vorausgesagt. Den bisherigen Trends folgend, entwickelt sich Berlin bereits defacto zur Ost-West-Drehscheibe, die von Wissenschaftlern und Politikern immer wieder beschworen wurde. Allerdings nicht als renommierter Umschlagplatz ost- und westeuropäischer Eliten, sondern innerhalb seiner Stadtquartiere auf einem sozial niedrigen Niveau. Welche Bedeutung nehmen hierbei die Großsiedlungen ein?

In der gleich nach der Wende aufgekommenen Debatte über die Zukunft der Großsiedlungen am östlichen Stadtrand hat sich nach anfänglichen Abrißideen die Auffassung durchgesetzt, daß sie angesichts des Wohnungsbedarfs ein integraler Bestandteil des Berliner Wohnungsmarktes bleiben sollen. Immerhin wohnt jeder zweite Ostberliner in einer der drei Großsiedlungen Marzahn, Hellersdorf und Hohenschönhausen.

In der Debatte um die Zukunft der Großsiedlungen stehen heute die in der östlichen Stadthälfte gelegenen Plattenbausiedlungen im Mittelpunkt. Dies ist auch nicht verwunderlich, wenn man Größendimension und Relevanz dieser Wohnanlagen mit denen im Westteil der Stadt vergleicht. So ist das größte Neubaugebiet Westberlins - das lange als Problemfall geltende Märkische Viertel - mit 17.000 Einwohnern eher klein gegenüber Marzahn mit 150.000 Einwohnern.

Zu den größten dieser Ostberliner Siedlungen gehören weiterhin Hellersdorf mit 42.000 und Hohenschönhausen mit 37.000, Altglienicke mit 16.800, Lichtenberg mit 15.000 Wohnungen und Marzahn mit 59.000 Wohnungen, eine Siedlung so groß wie Leverkusen oder Osnabrück.

Bisher gibt es in Ostberlins Großsiedlungen nur wenige nicht-deutsche Haushalte. Der Prozentsatz der Ausländer liegt hier weit unter dem Berliner Durchschnitt von ca. 14%. In Marzahn beträgt ihr Anteil mit 5.818 Personen 3,7%, in Hellersdorf mit 3.739 ausländischen Einwohnern 2,7% und in Hohenschönhausen mit 6.956 Nicht-deutschen 5,8% (Stand 31.12.1995).

Aussiedlerzuzug in Großsiedlungen

Gerade das vergleichsweise niedrige Ausgangsniveau an nicht-deutscher Bevölkerung erweist sich als schwere Hypothek für die weitere Entwicklung dieser Siedlungen. Jeder - meist per se als sozial schwach angesehene - Zuwanderer wird als Signal für einen sozialen Abstieg wahrgenommen und zum potentiellen Bedroher für das Gebiet stilisiert. Zuwanderer werden als Elemente einer Spirale der Abwertung angesehen, die sich aus Gründen veränderter Wohnpräferenzen und Wohnungsmärkte sowie wohnungspolitischer Regelungen unter gesellschaftlichen Bedingungen bewegt, die nicht mehr denen der Errichtungszeiten entsprechen. Diese Tendenz ist in den Großsiedlungen im Westteil Berlins ablesbar und in noch stärkerem Maße in den Ostberliner Plattenbausiedlungen, die nun unter völlig andersartigen sozialen und ökonomischen Rahmenbedingungen als Wohnorte bestehen. Das Muster der Neuorientierung und Neuverteilung der Einkommensstarken bzw. -schwachen wird nicht beliebig sein, sondern vielmehr der Entwicklungsrichtung Westberlins entsprechen. Mit wachsenden Einkommen steigen die Wohnansprüche über das Niveau der Plattenbauten bzw. differenzieren sie sich aus, wodurch sich in den Großsiedlungsbeständen Leerstände herausbilden können.

Unter den Ostberliner Stadtbezirken, die seit 1990 einen steigenden Ausländeranteil verzeichnen, rangieren die Großsiedlungen ganz hinten auf der Beliebtheitsskala. Anders sieht dies bei den wohnungssuchenden Aussiedlerhaushalten aus, die aus Rußland und in geringerem Maße aus Polen und Rumänien stammen. Bemerkenswert ist die steigende Zahl von Aussiedlern aus den GUS-Staaten Rußland, Georgien und Kasachstan in Wohnheimen sowie in Privatwohnungen. Zu Beginn des Jahres 1996 kamen ca. 6% aller zugezogenen Bewohner der Marzahner Wohnungsbaugesellschaft aus der GUS. Obwohl deren Anwesenheit wahrnehmbar ist, läßt sich ihr Anteil statistisch schwer ermitteln, da sie über die deutsche Staatsbürgerschaft verfügen. Im Marzahner Büro der Ausländerbeauftragten wird von ca. 6000 Personen gesprochen.

Diese Entwicklung ist insoweit interessant, als leerstehende Wohnungen belegt und Mieteinnahmen durch Zahlungen des Sozialamts gesichert sind. Zudem bleibt die Ausländerstatistik konstant, da es sich um Zuzügler mit deutscher Staatsbürgerschaft handelt und so kein zahlenmäßiges Indiz für soziale Veränderungen angeführt werden kann. Zu beobachten ist, daß mit dem sich verfestigenden Aussiedler-Netzwerk die Wohnheime immer unattraktiver werden. Somit werden die sonst dort erfolgten Betreuungen der ersten Aussiedlergeneration durch Hilfestellungen innerhalb der Familien- und Bekanntennetze ersetzt. Die Nachbarschaft erhält so zunehmend funktionale Aspekte. Das ist kein Nachteil, solange Bezugspersonen existieren, die als Informations- und Wissensträger in der für alle neuen deutschen Gesellschaft fungieren. Allerdings nimmt mit wachsender Anzahl der Mitglieder von Aussiedlergemeinschaften die Wirksamkeit dieser Netzwerke ab. Zudem werden die hierfür im Rahmen von Arbeitsbeschaffungsmaßnahmen entstandenen Strukturen abgebaut. Im Ergebnis bleiben die Aussiedler zunehmend auf sich selbst angewiesen. Hier droht sich die für sie vorteilhafte Lage in Großsiedlungen, durch Leerstände Netzwerkstrukturen in einem relativ abgegrenzten städtischen Raum aufzubauen, zum Nachteil zu entwickeln. Sobald Kontakte zur Aufnahmegesellschaft über die Beteiligung am Erwerbsprozeß oder andere Kontaktinitiatoren nicht gegeben sind, kann die Wohnlage an den Stadträndern und ihre monofunktionale auf das Wohnen beschränkte Nutzung zur Isolierung führen. Es wird darauf ankommen, dies zu verhindern, indem das für die Integration der Aussiedler notwendige Know-how verfügbar bleibt. Da das Problem aus Perspektive der Aussiedler nicht im

Für die meisten Aussiedler ist die Großsiedlung ein beliebter Wohnort. Ihr Vorgehen bei der Wohnungssuche ist pragmatisch und den klassischen Bedürfnissen von Zuwanderern angepaßt, die noch nicht auf etablierte und räumlich definierte Netzwerke zurückgreifen können. Dort, wo die meisten Hoffnungen bestehen, schnell eine Wohnung gemeinsam mit Verwandten und Bekannten zu bekommen, ist der bevorzugte Zielort. Aufgrund der in Marzahn wachsenden Wohnungsleerstände wurde dieser Großsiedlungsbezirk zum beliebten Einzugsgebiet. Lediglich jüdische Migranten suchen sich innerstädtische Wohnmöglichkeiten. Bei den übrigen ist festzustellen, daß die Wohnungsanträge für Marzahn aus Wohnheimen aller anderen Berliner Stadtbezirke gestellt werden. Typisch für Marzahn ist zudem die Ansiedlung von ganzen Großfamilien und Dorfgemeinschaften. So gibt es sogar einen Häuserblock, in dem 70 Aussiedler zusammenleben.

Wohnort Großsiedlung besteht, darf das Verfügbarmachen von notwendigem Integrationswissen nicht um den Preis der sich gerade in den Großsiedlungen entwickelnden Netzwerke erfolgen.

Aussiedler als stabilisierender Impuls

Es wird für die weitere Entwicklung der Großsiedlungen darauf ankommen, über Bewohner zu verfügen, die in ihrer Plattenwohnung mehr als nur eine kurze oder erzwungene Episode ihrer Wohnkarriere sehen. Das Halten von Mietern sowie Neuvermietungen in einem Stadium der Abwertung eines Hauses oder Viertels gelingt meist nur dann, wenn die Mieter keine andere Chance haben, sich mit alternativem Wohnraum zu versorgen oder anspruchslos sind. Der Zuzug von Aussiedlern kann der Entwicklung in den von hoher Fluktuation und Wohnungsleerstand gekennzeichneten Großsiedlungsquartieren einen stabilisierenden Impuls geben. Sie kommen freiwillig und nach Auskunft des Büros der Ausländerbeauftragten gern. Dies ist ein wichtiger Vorschuß, den diese Bewohner gegenüber den angestammten Mietern oder den durch das Sozialamt zugewiesenen mitbringen.

Der Wohnungsbezug in einer Großsiedlung ist für Aussiedler mit dem Beginn ihrer Integration und dem Aufbau ihrer Identifikation in einer neuen Umgebung verbunden. Auch hieraus entsteht ein wichtiges Potential, das angesichts der vorhandenen Netzwerke auf längere Wohnabsichten und eine aktive Identifikation mit dem Wohnort schließen läßt. Er könnte allerdings leicht verspielt werden, sobald sich der Wohnort als Isolationsort herausstellt, an dem Integration eher erschwert als erleichtert wird und Migranten hier „nur" wohnen, sich aber nicht anderweitig entfalten können.

Dies zu verhindern setzt zweierlei voraus: Erstens muß dem aktuellen Trend folgend, die Ansiedlung von Aussiedlern als integraler Bestandteil der zur Zeit laufenden Strategien zur „Städtebaulichen Entwicklung großer Neubaugebiete in den Ost-Berliner Großsiedlungen" angesehen werden. Das gilt um so mehr, falls sich mit den in Marzahn beschriebenen Entwicklungen Trends anzeigen, denen auch kommende Aussiedlergenerationen folgen. Angeblich sitzen noch viele der ca. zwei Millionen Deutschstämmigen in den GUS-Staaten auf gepackten Koffern. Es bedarf in den Großsiedlungen, die mittelfristig mit Wohnungsleerständen zu rechnen haben, konkreter Maßnahmen, die auf die Ausssiedler als Mieterschaft bezogen sind. Vorausgesetzt wird jedoch zweitens ein positiver Umgang

mit dem Thema Zuwanderung und Aussiedler, der in Berlin - Ost-West-Drehscheibenrhetorik hin und her - noch zu wünschen übrig läßt ∎

Zum Autor:
Holger Kuhle, Diplompolitikwissenschaftler, Studium der Politikwissenschaft, Volkswirtschaftslehre und Publizistik in Mainz und Berlin; von 1993 bis 1996 tätig als freier Mitarbeiter in der Senatsverwaltung für Stadtentwicklung und Umweltschutz Berlin, z.Zt. Promotion: Städtevergleich Berlin-Paris zum Thema soziale Exklusion und Großsiedlungen

Einrichtung aufsuchender Sozialarbeit für MigrantInnen in Berlin Hellersdorf

**Kastanienallee 53-55
12627 Berlin**

„Schlafstadt", „Prinz Charles zu Besuch in Hellersdorf", „Hellersdorf hilft Tuzla", „Gründerzeitmuseum der Charlotte von Mahlsdorf verkauft", „Spirituosen von Schilkin aus Kaulsdorf schon am Zarenhof getrunken" - die Schlagzeilen über Hellersdorf sind sehr verschieden. Im mit 11 Jahren jüngsten Berliner Bezirk leben heute ungefähr 136.000 EinwohnerInnen, davon mehr als 100.000 im Neubaugebiet auf einem Drittel der rund 28 qkm großen Gesamtfläche des Bezirkes. Hellersdorf ist auch nach seiner erheblich unter dem Berliner Durchschnitt liegenden Altersstruktur der jüngste Berliner Bezirk. Ein Drittel seiner EinwohnerInnen sind derzeit Kinder und Jugendliche.

Multiethnizität und Multikulturalität, auch wenn im Stadtbild Hellersdorfs noch nicht so augenscheinlich, ist für diesen Bezirk charakteristisch. Mittlerweile leben hier ca. 10.000 AusländerInnen, SpätaussiedlerInnen, Bürgerkriegsflüchtlinge und andere MigrantInnen aus 72 Staaten der Erde in Sozialwohnungen und Wohnheimen, vornehmlich in den „Plattenbauten".

Als Einrichtung aufsuchender Sozialarbeit für MigrantInnen, die seit Januar 1997 als in dieser Form einziges Projekt in Berlin arbeitet, trägt Pro Migrant dazu bei, soziale Dienste und Leistungen der öffentlichen Daseinsvorsorge für rat- und hilfesuchende MigrantInnen zu realisieren, die es ihnen erleichtern sollen, besser und sicherer Fuß in der neuen Gesellschaft zu fassen, deren „gesunde" Integration zu unterstützen.
Durch die Beratungstätigkeit zu den verschiedensten Fragen im Ausländer-, Spätaussiedler-, Sozial-, Familien-, Arbeits-, Gewerbe-, Renten-, Mietrecht und zu anderen Rechtsgebieten oder zu Fragen des alltäglichen Lebens, die die aufsuchende Sozialarbeit in den Wohnungen und Wohnheimen der MigrantInnen sowie - wenn erforderlich - die begleitende Tätigkeit zu Ämtern, Behörden oder Institutionen einschließt, wird in mühevoller Kleinarbeit soziales Engagement für einen Teil der Schwächsten unserer Gesellschaft geleistet. Auf diese Weise helfen wir, vorhandenes Konfliktpotential in Zeiten verschärfter wirtschaftlicher

und vor allem sozialer Probleme in der gesamten Gesellschaft abzubauen. Trotzdem wird die Wiedererlangung einer selbsbestimmten Lebensführung der MigrantInnen unter den konkreten gesellschaftspolitischen Verhältnissen der BRD ein komplizierter, widersprüchlicher und langwieriger Integrationsprozeß für sie bleiben, der sozialer Beratung und Begleitung auf längere Zeit bedarf.
Der Bezirk Hellersdorf trägt mit seinen politischen und finanziellen Anstrengungen dazu bei, auf kommunaler Ebene eine Aufgabe von zukunftspolitischer Bedeutung auf neue Art und Weise anzugehen und effektiven Lösungen zuzuführen.

Marzahn als neue Heimat von Zuwanderern

Elena Marburg | Das Image von Marzahn ist eher düster, bei Auswärtigen werden die Meinungen über die Plattenbausiedlung der DDR am Rande der Stadt aus vielerlei Klischeevorstellungen zur Problemhochburg zusammengesetzt. Eines der wenigen Felder, in denen Marzahn nach diesem Meinungsbild eigentlich keine Probleme haben dürfte, ist die Integration seiner MigrantInnen. Der Grund dafür: Unter den ca. 153.000 EinwohnerInnen des Bezirks sind „lediglich" etwa 5.500 (3,6 Prozent) Nichtdeutsche polizeilich als Marzahner gemeldet.
Eine genauere und differenzierte Betrachtung der bezirklichen Situation bringt die Marzahner Besonderheiten zutage, die das „öffentlich bekannte" Bild geraderücken und verbreitete Stereotype entkräften. Neben vielen anderen Dingen betrifft dies auch seinen Migrantenbereich. Allein die Zusammensetzung der Gruppe der Zugewanderten aus über 80 Nationalitäten stellt eine gemeinschaftliche Herausforderung dar. Dabei ist in Betracht zu ziehen, daß der überwiegende Teil der Marzahner MigrantInnen erst seit relativ kurzer Zeit in der Bundesrepublik lebt.
Viele der zur Wendezeit in Marzahn registrierten AusländerInnen mit dauerndem Wohnsitz in der DDR sind mittlerweile eingebürgert und werden statistisch nicht mehr erfaßt. Die große Gruppe der ehemaligen DDR-VertragsarbeitnehmerInnen aus Vietnam, Angola, Mosambik und Kuba, die viel zu lange in Wohnheim-Ghettos isoliert von der übrigen Bevölkerung lebte, hat ihre eigene problembeladene und noch keineswegs bis zum Happy-End gekommene Geschichte. Eigentlich erst jetzt, mit dem endlich errungenen Bleiberecht, kann sie ihre Integration richtig beginnen und sich selbstbewußter am Gemeinschaftsleben im Bezirk beteiligen.

Die Informationen über die aktuelle Lage und Befindlichkeiten der einzelnen Migrantengruppen werden in dem gut funktionierenden Beirat für Migrantenangelegenheiten beim Bezirksamt unter dem Vorsitz des Bezirksbürgermeisters zusammengetragen. Dort wird auch die bezirkliche Integrationsarbeit vernetzt. In diesem Beirat arbeiten MigrantInnen und Deutsche gleichberechtigt zusammen.
Eine andere Marzahner Besonderheit ist, daß zur gegenwärtig größten Minderheit im Bezirk Menschen mit deutschen Pässen gehören, die aus diesem Grund statistisch nicht erfaßbar sind, aber einen enormen Integrationsbedarf aufweisen und die bezirklichen Strukturen vor viele Probleme stellen.
Gemeint sind die deutschstämmigen, vorwiegend russischsprachigen Ausgesiedelten, die seit 1994 mit ihren breitverzweigten Familienclans zunehmend die Marzahner Wohngebiete besiedeln. Unter sich, aber doch weitgehend auf sich allein gestellt, machen sie ihre ersten Schritte in der für sie so neuen „alten Heimat" – die meisten von ihnen sind zwar hergekommen, aber in der hiesigen Gesellschaft noch lange nicht wirklich angekommen.
Die übrige Marzahner Bevölkerung ist zum Großteil auch erst seit relativ kurzer Zeit dabei, das Leben in der unmittelbaren Nachbarschaft mit vermeintlich Fremden und ihren andersartigen Sitten

kennenzulernen, auf persönlicher Ebene mehr über die neuen Nachbarn und ihre Kultur zu erfahren und langsam die Selbstverständlichkeit im Umgang miteinander herzustellen. Das ist gewiß nur über direkte Kontakte machbar; dabei ist die Offenheit beider Seiten gefordert. Insgesamt ist der Migrantenbereich im Bezirk von einem überdurchschnittlich schnellen Wandel sowie oft abrupt entstandener, gänzlich neuer Situationen und Aufgaben mit schnellem Handlungsbedarf gekennzeichnet. Angefangen von Umstellungen aufgrund veränderter rechtlicher Rahmenbedingungen über das Kommen und Gehen neuer Menschengruppen mit all ihren spezifischen Lagen und Befindlichkeiten bis hin zum Aufbau einer bedarfsgerechten migrantenbezogenen Beratungs- und Betreuungsstruktur im Bezirk, sind das immer Herausforderungen, die Flexibilität und eine ebenso schnelle Reaktionsweise der bezirklichen Entscheidungsgremien erfordern. Von außen bekommt das Bezirksamt diesbezüglich wenig bis keine Unterstützung, hat es aber bislang vermocht, auch mit unkonventionellen Herangehensweisen, viele akute Probleme zumindest zu mildern.

Ein Beispiel dafür ist die Auflösung der ghettoisierten Wohnanlagen für vietnamesische Vertragsarbeitnehmer der DDR, die schon längst keine Arbeitnehmer mehr waren, aber immer noch konzentriert, kontaktarm und nach außen zunehmend verschlossen in den riesigen Häusern lebten. Die Begleitumstände - eine unsichere Zukunft, Orientierungs- und Perspektivlosigkeit sowie Isolation innerhalb der eigenen Minderheit - führten u.a. zu regelmäßigen Polizeieinsätzen. Die Schlagzeilen darüber stigmatisierten die gesamte vietnamesische Minderheit im Osten Berlins. Die Gruppe reagierte mit noch stärkerem Rückzug, Scheu und allgemeinem Rechtfertigungszwang. Mit einer bedachten Konzeption unter Mitwirkung vieler Mitstreiter und ohne jeglichen Medienrummel hat das Bezirksamt Marzahn als erstes im Osten Berlins diese berüchtigten Wohnheime aufgelöst und somit „seinen Vietnamesen" durch Vermittlung von Wohnungen die Chance zur Integration gegeben.

Marzahn und seine MigrantInnen, das ist ein Kapitel der bezirklichen Geschichte für sich. Trotz vieler Probleme, gesellschaftspolitischer und persönlicher Sorgen sowie offener Fragen, leben die Marzahner MigrantInnen wie auch die meisten alteingesessenen MarzahnerInnen gern in diesem Bezirk mit der Hoffnung, daß sich das Image ihres Zuhauses ins Positive wandelt. Dafür wollen sie ihren eigenen Beitrag leisten und werden dabei vom Bezirksamt unterstützt.

Die Streuung dieser Wohnungen in allen Wohngebieten des Bezirks hat sich in der Tat als sehr positiv für die Minderheit herausgestellt. Vor allem bewirkte diese Fürsorge ein Stück Vertrauen gegenüber dem Rechtsstaat und den Behörden bei Menschen, die sich bislang vergessen fühlten und viele mentale Verletzungen zu verkraften hatten. Zur Ruhe gekommen, sind sie nun trotz Alltagssorgen dabei, ihr erstes eigenes Zentrum - ebenfalls vom Bezirksamt Marzahn ermöglicht - für alle deutschen wie auch nichtdeutschen Nachbarn zu öffnen und die Farben der vietnamesischen Kultur allen interessierten Marzahnern zugänglich zu machen. InteressentInnen gibt es mehr als genug - das traditionelle buddhistische Neujahrsfest Têt wird seit einigen Jahren in der größten bezirklichen Kultureinrichtung „Freizeitforum" voll ausverkauft gemeinsam gefeiert.

Die Doppelausstellung „Aussiedler" wurde am 9. Juni 1997 in der Foyergalerie des Rathauses Marzahn, Helene-Weigel-Platz 8, eröffnet. Das ehrenamtliche Projekt „Zusammenleben" der Kirchengemeinde Marzahn-Nord berichtet über Geschichtliches und das Deutsche Rote Kreuz zeigt künstlerisch Gestaltetes von Aussiedlerfrauen. Die Ausstellungseröffnung wurde durch die Gruppe „Rjabinka", zu deutsch „Eberesche" mit Klassik und Folklore begleitet.

Auch die „Interkulturellen Tage in Marzahn", die seit 1991 jährlich im Herbst gefeiert werden, sind mit ihrem vielfältigen Programm bereits ein fester Bestandteil des bezirklichen Kulturlebens geworden. Hier ist ein gutes Stück Wandel öffentlich wirksam, das Hoffnung macht. Bei der Integration der Deutschstämmigen steht der Bezirk noch am Anfang. Diese Aufgabe wird sehr ernst genommen, zumal sich die bezirkliche Situation als bundesweit einmalig entwickelt: in Marzahn funktioniert der Grundansatz der integrativen Arbeit mit dieser Zielgruppe einfach nicht. Andenorts geht man von einem längeren Verbleib (ein bis zwei Jahre) der Neuangekommenen in den Übergangswohnheimen aus, wo Sozialberater und Betreuerteams mit Rat und Tat ihre ersten Schritte in die neue Umgebung und Gemeinschaft begleiten. In Marzahn dagegen blieben die Ausgesiedelten insbesondere in den letzten zwei Jahren nur ca. drei Monate in den Wohnheimen. Im Dezember 1996 waren es sogar nur rund acht Wochen. Durch Mundpropaganda innerhalb der Gruppe zogen und ziehen auch Familienangehörige, Freunde und Bekannten aus Heimen in ganz Berlin in die Marzahner Wohngebiete nach, wo sie wieder in unmittelbarer Nachbarschaft und in den mitgebrachten Selbsthilfestrukturen zusammenleben können. Das und der Umstand, daß vielen Menschen die Unannehmlichkeiten der Gemeinschaftsunterkunft erspart bleiben, ist positiv.

Die andere Seite der Medaille ist aber, daß die Gruppe allgemein schwerer erreichbar wird und daß sie einen immer sichtbareren Trend zur Selbstisolation aufweist. Ihre Größe von schätzungsweise über 6.000 Personen aller Altersgruppen außerhalb der Heime stellt auch unsere eigene Großstadtprogrammierung bei jedem Angebot auf den Prüfstand, weil sehr wenige AussiedlerInnen aus Städten stammen und neben anderem auch mit der Urbanisation zurechtkommen müssen. Eine Beratungs- und Betreuungsstruktur für diese integrationsbedürftigen Menschen aufzubauen und in diese Stabilität zu bringen, stellt in der heutigen finanziellen Situation von Berlin eine große Herausforderung für das Bezirksamt dar. Auch hier wurde eine Lösung mit Perspektive gefunden: über Mischfinanzierung aus vielen Quellen, einschließlich bezirklicher, eröffnet bald das Deutsche Rote Kreuz in Marzahn sein erstes offenes Integrationszentrum für Aussiedlerfamilien im Osten Berlins. Auch hier ist Wandel nun sichtbar ∎

Zur Autorin:
Elena Marburg ist seit 1990 die Beauftragte für Migrantenangelegenheiten des Bezirksamtes Marzahn von Berlin. Die gebürtige Bulgarin mit naturwissenschaftlicher und juristischer Hochschulbildung ist ebenfalls ausgebildete Trainerin für interkulturelle Kommunikation.

Marzahn - ein Stadtbezirk im Wandel

Cornelia Reinauer ▌ Am 5. Januar 1979 wurde der Bezirk Marzahn gegründet. Der kontrastreiche, junge Bezirk verfügt über eine Reihe von Besonderheiten. Dazu gehören die ausgedehnten, historisch gewachsenen Siedlungsgebiete ebenso wie die wohl größte Neubausiedlung Europas: rund 60.000 Wohnungen wurden hier in industrieller Plattenbauweise seit 1977 gebaut. Aber auch das größte zusammenhängende Gewerbegebiet Berlins und gute Verkehrsverbindungen in die Innenstadt sowie das Brandenburger Umland zeichnen den 21. Berliner Bezirk aus.

Das wichtigste Potential ist jedoch die junge Bevölkerung (das Durchschnittsalter beträgt ca. 35 Jahre) mit immer noch gutem Qualifikationsniveau. Konnte man bis etwa 1989/1990 von einer relativen Homogenität ausgehen, ist seitdem gerade in der Bevölkerungsstruktur ein tiefgreifender Wandel zu verzeichnen. In den Jahren nach der Wende hat sich die Lebens- und Wohnsituation vieler MarzahnerInnen grundlegend geändert. Mittlerweile gibt es erhebliche Einkommensunterschiede und eine zunehmende soziale Differenzierung.

Die Einwohnerzahl Marzahns ist seit 1989 von 172.000 auf 153.000 gesunken. Während Besserverdienende den Stadtteil verlassen, ziehen zunehmend sozial schwächere BürgerInnen in die freiwerdenden Plattenbauwohnungen. Eine Besonderheit ist der erhöhte Zuzug von AussiedlerInnen, die wiederum ein Drittel der Menschen, die Sozialhilfe beziehen, ausmachen. Die Arbeitslosenquote liegt bei rund 15 Prozent. Knapp 8.9000 Menschen leben von Sozialhilfe, das sind etwa 6 Prozent der Marzahner Bürger.

Die Marzahner Bevölkerung reagiert unterschiedlich auf die soziale Differenzierung: Für viele vollziehen sich die Veränderungen zu schnell und lösen Verunsicherung und Ängste aus. Andere wiederum begreifen die größere Vielfalt und Lebendigkeit multikultureller Bevölkerung, auch wenn sie mit sozialen Problemen einhergeht, als eine Bereicherung städtischen Lebens. KommunalpolitikerInnen, die Marzahner Wohnungsunternehmen sowie der Marzahner Wirtschaftskreis und andere gesellschaftliche Gruppen haben frühzeitig begonnen, die Veränderungsprozesse im Bezirk zu analysieren und Strategien für die Zukunftsfähigkeit des Bezirkes zu entwickeln und umzusetzen. Das wird auch am Stadtbild sichtbar: Wohnungssanierung und ergänzender -neubau, die Gestaltung des Wohnumfeldes stehen ebenso im Vordergrund wie die Verbesserung der Infrastruktur zum Beispiel durch neue Einkaufs- und Freizeitmöglichkeiten.

Die bezirkliche Kommunalpolitik steht vor der Herausforderung, die soziale Infrastruktur zu verbessern und auszubauen, was angesichts der „Haushaltssanierung" zusehends schwieriger wird. Das Ziel ist, die demographische und soziale Durchmischung der Bevölkerung zu erhalten und einer Ghettoisierung sozial Schwacher und der MigrantInnen entgegenzusteuern ■

Zur Autorin:
Cornelia Reinauer, seit 1996 Stadträtin für Gesundheit und Soziales im Bezirk Marzahn

Identitäten und Netzwerke

In Berlin leben derzeit Angehörige von fast 200 Nationen, ein Spektrum, das in diesem Buch nur ansatzweise repräsentiert werden kann. Darüberhinaus gibt es eine Vielzahl von deutschen Staatsangehörigen, die sich jedoch kulturell, religiös oder abstammungsmäßig einer anderen Nation zugehörig fühlen. Die Prägung des Berliner Stadtgebiets durch diese ethnischen „communities" sind unübersehbar. Sie haben bauliche Umsetzungen zur Folge sowie eine Variationsbreite an ökonomischen, sozialen und kulturellen Aktivitäten. Das „Fremde" gilt hier auch als Ansatz, neue Impulse für die Stadtkultur und Stadtplanung aufzugreifen.

Neben ethnischen Trennungslinien eröffnet sich inzwischen ein Spektrum generationsübergreifender und schichtspezifischer Entwicklungen zwischen den Kulturen. Dazu zählen sowohl die Beschäftigung mit der hier aufgewachsenen „dritten bzw. vierten" Generation von Zuwanderern - also den Kindern und Jugendlichen zwischen zwei Welten - als auch mit Problemen des Älterwerdens in der Migration. Inzwischen sind zudem viele Übergänge durch binationale Familienstrukturen und interkulturell zusammengesetzte Projektansätze fließend.

Einen wesentlichen Schwerpunkt stellt der Anteil des ethnischen Gewerbes an der Stadtentwicklung dar. Neben den „traditionellen" Aktivitäten in den Altbauquartieren wird ein zunehmender Einfluß und Entwicklungsschub für die östlichen Bezirken spürbar.

Nadelöhr Wohnen
Wie polnische Wanderarbeiter in Berlin unterkommen

Norbert Cyrus ▌ Nach dem Wegfall der Mauer sind die innerstädtischen Großbaustellen zur neuen Attraktion geworden. Am Potsdamer Platz informieren sich Touristen aus aller Welt in einem eigens errichtetem Informationscenter mit computeranimierten Bildern über die Hauptstadtplanungen. Bei der *public relation* für die „größte Baustelle Europas" wird auf die soziale Situation der beschäftigten Arbeiter nicht eingegangen. Aber früher oder später bleibt auch der touristisch unbefangene Blick vom extra aufgebauten Podest über die Baustelle doch an den Wohncontainern hängen, die am Rande der Baustellen dreifach übereinander und vielfach nebeneinander gestapelt stehen. Hier wohnen also die Bauarbeiter, die auf Montage sind, und zu viert auf engstem Raum in Etagenbetten schlafen. Niemand weiß genau, wieviele Personen für eine befristete Beschäftigung vorübergehend nach Berlin kommen und ein Dach über den Kopf brauchen. Alleine auf den Berliner Baustellen sollen mindestens 40.000 auswärtige Bauarbeiter aus Schleswig Holstein, Portugal, England oder Polen mauern, verputzen, Eisen biegen oder Beton gießen. Mindestens vierzigtausend Menschen, die Einwohnerzahl einer Kleinstadt, die zusätzlich untergebracht sein wollen, irgendwie: In Wohnheimen, in Containern, bei Freunden oder Verwandten kostenlos oder zur Untermiete, in eigens vom Arbeitgeber angemieteten Wohnungen, im eigenen Wohnwagen, in untervermieteten und überbelegten Wohnungen oder einfach nur in fensterlosen Kellerräumen zu Wucherpreisen. Vorübergehend und vereinzelt aber auch schon mal direkt am Arbeitsplatz im Rohbau, in einer Notübernachtung für Obdachlose oder im Auto.

Aber es sind ja nicht nur die Bauarbeiter, die für einen befristeten Aufenthalt eine Unterkunft suchen. Auch in anderen Bereichen wie dem Hotel- und Gaststättengewerbe, dem Reinigungssektor, dem Dienstleistungsbereich oder dem Bereich der informellen Selbstbeschäftigung suchen Auswärtige während eines befristeten Aufenthaltes ein Einkommen - und damit auch eine Unterkunft. Egal, ob man eine Aufenthalts- und Arbeitserlaubnis benötigt und vorweisen kann oder nicht: Ein bezahlbares Bett für die Nacht zu finden ist nicht einfach. Diese Erfahrung machen auch polnische Arbeitssuchende. Es ist viel leichter, so heißt es, eine Schwarzarbeit zu finden als eine Wohnmöglichkeit. Das Wohnen erweist sich als vorrangiges großes Problem, das zuerst gelöst werden muß. Glücklich, wer bei Verwandten oder Bekannten unterkommen kann. Es leben über 100.000 Menschen in Berlin, die entweder als Aussiedler inzwischen mit deutscher Staatsangehörigkeit oder als Zuwanderer der 80er Jahre mit polnischer Staatsangehörigkeit nach wie vor Beziehungen und Bindungen zu Polen pflegen. Aber längst nicht jede Familie ist bereit und in der Lage, immer wieder langen Besuch aus Polen aufzunehmen. So wird das Nadelöhr Wohnen zur Basis für ein unangemeldetes Beherbergungsgewerbe. Ein Wohnungsinhaber zieht zu Freunden und vermietet seine Eineinhalb-Zimmer-Wohnung an vier polnische Arbeiter für siebzig DM in der Woche pro Person. Eine türkische

Familie baut ein Zimmer ihrer Altbauwohnung so um, daß bis zu sechzehn Personen hier eine Liegemöglichkeit finden. Die erzielten Einnahmen aus der unangemeldeten Untervermietung übersteigen die Gesamtmietkosten der Wohnung deutlich. Für den Erfolg bei der Wohnungssuche sind Kontakte entscheidend, wie die Geschichte eines langjährigen polnischen Schwarzarbeiters zeigt: Der Mann suchte am Beginn seiner nichtangemeldeten Arbeitsaufenthalte verzweifelt eine Unterkunft und schlief im Auto oder in völlig überfüllten Wohnungen unter unzumutbaren hygienischen Bedingungen – inzwischen kennt er nach mehrjährigem Aufenthalt mehrere Möglichkeiten in verschiedenen Stadtteilen und kann sich die Wohnung aussuchen. Der „übliche Preis" betrug im Frühjahr 1997 im Monat 300 DM. Oft muß die Unterkunft für eine Woche genommen werden, manchmal wird aber die Bezahlung auch nächteweise akzeptiert.

Auch illegale Arbeitsvermittler können als Vermieter auftreten. Das verschafft dann zusätzliche Einnahmen und einen Marktvorteil, denn man weiß genau, daß die Arbeitskräfte vor Ort verfügbar sind. Ein sehr anschauliches Beispiel bietet das Schreiben eines Berliner Hauswartes an die Hausverwaltung (siehe Kasten), das aber auch verdeutlicht, daß bei einer nichtangemeldeten Unterbringung bestimmte Regeln nicht überschritten werden dürfen. Auch von deutschen Bauunternehmern ist bekannt, daß sie in ihren Immobilien die Arbeitskräfte ihrer Subunternehmen unterbringen. Dabei kann es sich um eine freigewordene und für die gewerbliche Untervermietung zweckentfremdete Wohnung handeln, aber auch um einen bereits leerstehenden und zum Abriß bestimmten Altbau. Etwas anders sieht es bei den meisten polnischen Werkvertragsunternehmen aus: Diese bringen ihre entsandten Arbeitnehmer, im September 1995 handelte es sich in Berlin um 4.997 Personen und im Februar 1996 um 3.188 Personen, zumeist in den Arbeiterwohnheimen im Ostteil der Stadt unter, die zuvor vor allem den ausländischen Vertragsarbeitern der DDR als Unterkunft dienten.

Die Statistiken der registrierten Wohnbevölkerung in Berlin zeigen eine deutliche Konzentration männlicher polnischer Staatsangehöriger in den Bezirken Lichtenberg und Hohenschönhausen, wo Wohnbaugesellschaften große Wohnkomplexe unterhalten, in denen die polnischen Werkvertragsarbeiter in der Regel in 2-Zimmer-Wohnungen zuzüglich Bad und Küche zu zweit in einem Raum untergebracht werden. Trotz der spärlichen Möblierung sind die Arbeitnehmer mit der Unterbringung nicht unzufrieden, zumal es für viele nur ein Provisorium darstellt und sie zudem den Eindruck haben, daß sie mietfrei wohnen, weil die Unternehmen die Mietkosten unmittelbar durch niedrigere Lohnauszahlungen einnimmt und gar nicht erst verrechnet. Viele Arbeitsmigrantinnen und Arbeitsmigranten aus Polen, die in Berlin durch das Nadelöhr Wohnen gehen, möchten mit ihrem Einkommen ihre Wohnsituation in Polen verbessern: Einen Hausbau finanzieren, eine Eigentumswohnung kaufen oder die Wohnung neu

---

Schreiben eines Berliner Hauswartes vom 9.10.1995 an die Hausverwaltung

„Hiermit möchte ich die Aussage von Frau A. bestätigen, daß in der Wohnung des Mieters B. 8-10 außländische Mitbürger (Polen) die sich illegal in Deutschland aufhalten, beherbergt wurden. Auch in der Wohnung des Mieters C. nächtigten Polen. Die Polen halten sich schon seit längeren Zeiten illegal in Deutschland auf. Und wohnen bei dem Mieter B. Seit dem 11. 09. 1995 habe ich persönlich beobachtet daß in der Wohnung des Mieters B. 10 Polen übernachtet haben. Meine Beobachtungen gehen bis zum 6.10.95. Die 10 Polen haben jeden Morgen gegen 6.45 Uhr die Wohnung des Mieters B. und das Haus verlassen. Die Leute sind mit dem Kleintransporter des Herrn B. weggefahren. Gegen Abend zirka 18-20 Uhr kehrten sie zurück. Diese meine Beobachtung kann auch Frau A. bestätigen. Wenn die Leute Abends zurückgekehrt sind, dann wurde geduscht, gekocht und anschließend auf dem Laubengang reichlich Bier getrunken. Sehr laute Unterhaltung die sich sehr störend auswirkte war anschließend zu hören. Durch das ständige Biertrinken der 12 Männer, B. und C. eingeschlossen, wurde laufend die Toilettenspülung betätigt, außerdem wurde die Lichtschaltung für das Treppenhaus mit einem Streichholz manipuliert, so daß die Treppenbeleuchtung nicht mehr ausging, die Treppenbeleuchtung brannte stundenlang. Die Aktivitäten des Herrn B. wurden von Herrn C. als Nachbar tatkräftig unterstützt. Auch der Mieter C. beherbergte außländische Mitbürger in Abwesenheit seiner Frau. Ich habe weiterhin beobachtet das die Mieter B. und C. mit den 10 Polen in Arbeitskleidung weggefahren sind. Es erscheint der Verdacht der Schwarzarbeit. Manchmal hat der Mieter B. erst gegen Mittag das Haus verlassen, dann war Herr C. früh unterwegs, oder Herr C. war vormittags anwesend, dann hat Herr B. früh das Haus verlassen. Dieses Schreiben will etwas von den Aktivitäten der beiden Mieter vermitteln. Ich habe mir sämtliche Bewegungen sorgfältig notiert."

einrichten. Dafür sind sie manchmal bereit, vorübergehend sogar die erbärmlichsten Unterbringungsbedingungen zu akzeptieren. Die Unterbringung der vielen Arbeitsmigranten ist ein einträglicher Wirtschaftszweig, zum Beispiel für die Verleihfirmen der Wohncontainer, die Wohnbaugesellschaften, die nichtangemeldeten Untervermieter. Solange die auswärtigen Arbeitskräfte nachgefragt werden, solange werden sie in vielfältigen und unübersichtlichen Gelegenheiten unterkommen, auf dem Berliner Wohnungsmarkt der fast unbegrenzten Möglichkeiten ■

Zum Autor:
Norbert Cyrus, Ethnologe, Stipendiat der Hans-Böckler-Stiftung, zur Zeit Promotion zum Thema Polnische Arbeitsmigration in Berlin-Brandenburg, Mitarbeiter beim Polnischen Sozialrat e.V.

:ZAPO:

Polska Rada Spoleczna
Polnischer Sozialrat e.V.

Verein:
Kohlfurter Straße 40
10999 Berlin

Projekt ZAPO:
Oranienstr. 34
10997 Berlin

Seit dem Fall der sozialistischen Regimes in Mittel- und Osteuropa erfahren vor allem Berlin und auch Brandenburg eine verstärkte Zuwanderung aus diesen Regionen. Neben MigrantInnen, die hier einen Daueraufenthalt begründen, zählen auch solche, die in Berlin nicht dauerhaft bleiben wollen oder können. An diese letztere Personengruppe wendet sich das Projekt :ZAPO: und soll somit eine Lücke in der sozialen Versorgung Berlins und Brandenburgs schließen.

Diese Zielgruppe - vom Polnischen Sozialrat als PendlerInnen bezeichnet - ist äußerst heterogen. Gemeinsames Merkmal ist jedoch, daß die bestehenden sozialen Dienste entweder thematisch oder sprachlich nicht auf ihre Bedürfnisse eingestellt und somit schlicht überfordert sind oder daß derartige Angebote nur in rudimentären Ansätzen vorliegen. Nach den bisherigen Erfahrungen des Vereins und denjenigen anderer Dienste treten innerhalb dieser Personengruppe vor allem drei Problembereiche deutlich zutage:

► Werkvertrags-, Saison- und andere ArbeitnehmerInnen aus Osteuropa. Eine wichtige Aufgabe des Projektes soll sein, die Konfliktfähigkeit dieser ArbeitnehmerInnen zu stärken und die Wahrung arbeitsrechtlicher Standards zu sichern.

► Frauen aus Osteuropa, die in Berlin oder Brandenburg vom Heirats- oder Frauenhandel betroffen sind oder in andere Abhängigkeitsverhältnisse geraten.

► Jugendliche aus Osteuropa (hier vor allem aus Polen), die aus den unterschiedlichsten Beweggründen ihr Elternhaus und Herkunftsland verlassen haben und in Berlin stranden.

Diesen drei Untergruppen sind - mit unterschiedlicher Gewichtung - jeweils Arbeitsgruppen der 13 MitarbeiterInnen des Projektes zugeordnet. Die Sprachkenntnisse der MitarbeiterInnen ermöglichen Beratungen in den slawischen Sprachen Mittel- und Osteuropas.

Das Projekt soll vor allem der Hilfestellung und Beratung in Notsituationen dienen, die während eines Aufenthaltes entstehen. Darüber hinaus sollen jedoch sowohl die Öffentlichkeit als auch die MitarbeiterInnen sozialer und anderer Dienste sowohl in Berlin-Brandenburg als auch in den Herkunftsländern für die Probleme dieser Personengruppe sensibilisiert werden. So soll auch nach geeigneten Lösungsansätzen und gemeinsamen Projekten mit den Herkunftsländern gesucht werden. Das Projekt erfüllt auch eine wichtige „Scharnier-Funktion", indem es dazu beitragen soll, die Zusammenarbeit sozialer und anderer Dienste in Berlin-Brandenburg und den Herkunftsländern zu verbessern oder gar erst herzustellen.

Das Projekt wird finanziert aus Mitteln der Bundesanstalt für Arbeit; der Senatsverwaltung für Arbeit, berufliche Bildung und Frauen; der Deutschen Klassenlotterie und des Netzwerk Selbsthilfe e.V.

Zwischen »Charlottengrad« und »Scheunenviertel«

Jüdische Zuwanderer aus der früheren Sowjetunion in Berlin

„Großmutter hat mir deutsch beigebracht, sie kommt aus Tschernowitz. Opa war auch aus der Bukowina. Mein Vater und ich sind in Kiew geboren. Mütterlicherseits kommen sie aber aus Rußland. Im Krieg sind sie nach Mittelasien evakuiert worden. Da hat meine Oma einen Usbeken geheiratet. Meine Mutter ist auch da geboren. Hätte sie nicht den Studienplatz in Kiew bekommen, wäre sie bestimmt dort geblieben. Sie ist inzwischen nach Israel gegangen. Wo ich hingehöre, weiß ich nicht."
(O., Schauspielerin, 28)

Judith Kessler ▌ Von einer Million Juden, die seit 1945 die Sowjetunion und ihre Nachfolgestaaten verlassen haben, ist erst seit 1990 im Rahmen des Kontingentflüchtlingsgesetzes eine größere Anzahl von inzwischen über 60.000 Personen auch nach Deutschland eingewandert. Die regional größte Gruppe - etwa 10.000 Migranten - lebt in Berlin.

Als Gesamtheit gesehen, unterscheidet sich diese Gruppe in einigen Merkmalen von anderen ausländischen Bevölkerungsgruppen - Merkmale, die Vor- und Nachteile für das hiesige (Ein-)Leben der Zuwanderer, aber auch spezifische Impulse für die Stadtentwicklung mit sich bringen.

Die jüdischen Migranten kommen aus einem Vielvölkerstaat, der fast fünfmal größer als das restliche Europa war und sind trotz starker „Russifizierung"/„Sowjetisierung" durch sehr heterogene Umgebungskulturen, Landschaften, Berufe und Familienstrukturen geprägt. Über neunzig Prozent wurden im europäischen Teil der UdSSR geboren, doch kommt nur ein Drittel der „russischen" Juden aus Rußland; vierzig Prozent sind aus der Ukraine, über zwanzig aus dem Baltikum, Weißrußland und Moldawien, der Rest aus dem Kaukasus und Mittelasien. Zudem macht die gewollte und ungewollte Mobilität der osteuropäischen Juden, ihre Verbindung mit anderen Ethnien, die mehrmalige Veränderung der sowjetischen Grenzen einen großen Teil von ihnen nicht nur zu Wanderern zwischen zwei, sondern mehreren Welten.

Durch die stufenweise Migration gesamter Verbände familiär, sozial und örtlich verbundener Personen ist die Altersstruktur mit 27 Prozent über 60jähriger und nur 14 Prozent unter 18jähriger ein Spiegelbild des zurückgebliebenen Teils der Ethnie, die durch Überalterung und geringe Geburtenraten gekennzeichnet ist. Mit einem Durchschnitt von derzeit fast 45 Jahren ist die jüdische Gruppe deutlich älter als die übrigen Berliner Migrantenpopulationen.

Feier im jüdischen Seniorenzentrum

Ein weiteres Spezifikum: Über zwei Drittel der jüdischen Migranten sind Akademiker. Männer und Frauen sind gleichermaßen gut ausgebildet, Frauen häufig auch in klassisch „männlichen" Berufen. Ingenieure bilden die größte Einzelgruppe, gefolgt von Lehrern, Ärzten, Ökonomen, Musikern und anderen Kunstschaffenden. Sie waren in der früheren UdSSR durchgängig beschäftigt, häufig auch über das Rentenalter hinaus und bezogen ihre gesellschaftliche Akzeptanz aus meist guten beruflichen Positionen.

An deren Stelle treten mit der Migration zunächst massive Erwartungsenttäuschungen, ein plötzlicher sozialer Abstieg und eine Art Bittstellerposition. Der frühere Werkdirektor mit der großen Wohnung im Zentrum Moskaus wird zum arbeitslosen Bewohner einer Massenunterkunft am Stadtrand. Die Migration bedeutet eine neue Sprache, neue Normen und eine für den „homo sovieticus" ungewohnte Eigeninitiative und -verantwortlichkeit; sie bedeutet Entwurzelung aus gewohnten Bahnen, Entwertung von Lebensläufen und Selbstbildern, den Verlust von Heimat und Handlungssicherheit.

Für viele ist sie jedoch auch Chance und Herausforderung, oft erleichtert durch die großstädtische Prägung, und Leistungsorientiertheit der Migranten und ihre Anpassungs – wie Improvisationsfähigkeit. Das Gros löst Orientierungskrisen, fehlende Zugänge und problematische Konstellationen in der neuen Umwelt auf innovative und risikofreudige Weise, findet individuelle Problemlösungsstrategien und hinterfragt etablierte Strukturen emotionsneutral nach dem Kosten-Nutzen-Prinzip.

Verweise auf das hohe Mobilitätspotential der Gruppe zeigen sich vor allem im Wohn- und Beschäftigungsbereich. Die Zuwanderer stammen fast ausnahmslos aus Großstädten und einem erheblichen Teil derer, die in einen anderen Ort, meist ein Dorf oder eine Kleinstadt, eingewiesen wurden, ist es trotz Sprachproblemen, eines überlasteten Marktes und bürokratischer Hürden gelungen, das „geregelte" Verfahren, das den Wohnsitz für die Dauer der Sozialhilfeabhängigkeit festlegt, zu umgehen und nach Berlin umzuziehen.

Zwei Drittel der Neumitglieder der Jüdischen Gemeinde kommen aus den neuen Bundesländern, der größte Teil aus Brandenburg; und Dreiviertel der Ostberliner Migranten ist in den Westteil der Stadt gezogen. Neben mangelhaften Wohnungsausstattungen oder Infrastrukturmerkmalen wird der Ostteil häufig mit „DDR" oder „wie in der Sowjetunion" gleichgesetzt.

So wie die Mobilität der Zuwanderer zwischen den Städten der Bundesrepublik hoch ist, ist sie es im kleinräumlichen Bereich. Nach dem Auszug aus dem Wohnheim und dem Bezug der ersten Wohnung ist über die Hälfte aller jüdischen Migranten noch ein- oder sogar mehrmals umgezogen, um sich weiter zu „verbessern".

> „Ich bin ein Nichts hier. Alle haben mich geachtet zu Hause und als Ärztin - hab doch gearbeitet, die Enkel versorgt, gekocht - alles. Und jetzt weiß ich nicht mal, welche Äpfel am besten schmecken. Alles ist so kompliziert. Ich bin ein Nichts. Dabei hab ich immer gearbeitet, den Krieg überlebt. Dafür, daß ich jetzt beim Sozialamt betteln gehen muß."
> (Ch., Rentnerin, 68)

> „Die Ausreise war mein Glück. Ich kann den ganzen Tag Klavier spielen, brauche nicht mehr wegen jeder Kleinigkeit stundenlang anstehen und wenn ich jetzt nur den zweiten Preis bekomme, weiß ich, daß ich schlecht gespielt habe und daß es nicht wegen der Nationalität ist."
> (E., Pianistin, 38)

> „Früher war ich Ärztin. Jetzt ist das Schreiben die Therapie für mich, meine Therapie. Hier kann ich nichts veröffentlichen, das kostet viel Geld. Aber ich mache jetzt Lesungen - auf Russisch."
> (K., Rentnerin, 68)

> „Erst war ich wie lahmgelegt. Hab immer gewartet, daß jemand kommt und alles regelt. Jetzt finde ich es viel besser als früher, wo alles vorgeschrieben war. Ich kann studieren, was ich will und wie ich will. Ich sage mir immer: 'Junge, jetzt wird was aus dir'."
> (O., Student, 27)

„Wir haben eine Odyssee hinter uns. Vom ersten Tag an wollten wir nach Berlin. Wir waren erst in einem Wohnheim auf dem Land, dann wurden wir umgesiedelt. Das zweite Wohnheim wurde geschlossen und wir haben eine Wohnung auf dem Dorf bekommen. Die Leute waren sehr nett. Aber was sollten wir da. Keine Arbeit, keine Kultur, kein Theater. Wir sind doch aus Leningrad. Die Bekannten haben am meisten gefehlt. Nach drei Jahren haben wir es endlich geschafft. Ich hab schon geglaubt, ich werde sterben in diesem Dorf."
(K., Krankenschwester, 50)

In der Presse ist - wie schon einmal in den 20er Jahren - die Rede vom Westberliner Bezirk Charlottenburg als „Charlottengrad", dem Hauptansiedelungsort der „Russen" in Berlin. In der Tat hat dieser Bezirk mit elf Prozent den größten Anteil an neuzugewanderten sowjetischen Juden aufzuweisen, gefolgt vom Bezirk Schöneberg. Große Teile beider Bezirke zählen, ebenso wie die stark von den Migranten bewohnten Bezirke Wilmersdorf, Steglitz und Spandau, zu den mittleren bis guten Wohngegenden. In Kreuzberg, Wedding und Neukölln, wo über Dreiviertel aller Berliner Ausländer leben, wohnen hingegen nur zwanzig Prozent der sowjetischen Juden. Noch weniger sind es im Ostteil der Stadt. Entweder leben sie hier in den Neubaugebieten um Marzahn, aus denen sie jedoch wieder abwandern oder aber - zehn Prozent aller - im östlichen Stadtzentrum: in Mitte und Prenzlauer Berg, bereits zu DDR-Zeiten stark gemischte Wohngebiete mit einem hohen Anteil an Arbeitern, aber auch Künstlern und „Aussteigern" sowie einem besonderen Stellenwert von Nachbarschaft und Solidarisierung.

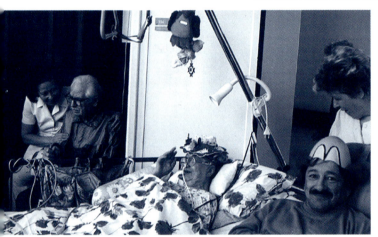

Purim-Feier im jüdischen Pflegeheim

In den Wohnpräferenzen zeigen sich die geronnenen sozialräumlichen Erfahrungen der Migranten. Für Einheimische erstaunlich, ziehen sie innerstädtische Ballungsgebiete und Neubauwohnungen begrünten ruhigen Stadtrandgebieten oder den großzügig geschnittenen, Berliner Altbauwohnungen vor. Anders auch als die eher ländlich geprägten Aussiedler, die Wert auf das „eigene Häuschen" legen, bevorzugen sie zentrale Orte und Hauptstraßen, als wären sie in Vororten wie in der Sowjetunion von der Versorgung abgeschnitten. Zudem ist der neue Ortsbezug nicht an vertraute Bauten und Plätze gebunden, sondern an Personen und Institutionen. Es verbinden sich keine „Gefühle" mit einem bestimmten Kiez. Besonders von Älteren wird rational nach einer Überschaubarkeit des Lebensumfeldes und dem oft beschränkten Aktionsradius entschieden: Kurze Wege zum Sozialamt und Supermarkt, die U-Bahn vor der Tür und die Tochter in der Nebenstraße vermitteln eine gewisse Sicherheit. Dabei entstehen neue Raumbezüge, die sich bei Älteren vorzugsweise an markanten räumlichen Punkten orientieren, denn viele können kaum deutsch oder keine lateinische Buchstaben lesen.

„Ich kann mir nicht merken, wie die Straße heißt, wo ich wohne. Ich erkläre es, dann wissen Sie schon: Ich muß mit der grünen U-Bahnlinie fahren, bis zu der Station, wo der Blumenladen auf dem Bahnsteig steht. Dann gehe ich an dem großen Turm vorbei, dann an dem roten Haus um die Ecke und bei der Tankstelle links." (Soja, 72)

Anders jedoch als noch in der Sowjetunion wird der Wunsch nach einer räumlichen Trennung meist der Kinder von den Eltern mit steigender Aufenthaltsdauer und der Übernahme hiesiger Normen und Möglichkeiten immer deutlicher: Familiensolidarität ist keine notwendige Verpflichtung mehr, wohlfahrtsstaatliche Leistungen - wie Heimunterbringung und Pflegeversicherung - greifen auch für die Älteren; daneben gibt es wenig Wohnungen, in denen mehrere Generationen zusammenleben könnten und dem beschleunigten Lebensrhythmus der Jüngeren steht ein verlangsamter der Alten gegenüber, die die neuen Normen und Werte, die das Verhalten ihrer Kinder und Enkel zu bestimmen beginnen, kaum nachvollziehen können.

Dennoch streben auch Jüngere danach, zumindest in der Nähe von Verwandten und Freunden zu leben. Der Wunsch eines Großteils der Migranten „unter sich bleiben" zu wollen, ist nicht nur für den Wohnbereich typisch. Die gewünschte Segregation geht mit dem hohen Wert, der auf soziale Beziehungen und Kommunikation innerhalb der eigenen Familie/Gruppe gelegt wird und mit der Distanzierung gegenüber Teilen der Gesamtmigrantengruppe einher. Das Sozialverhalten ähnelt dem in der Heimat - Beziehungen werden nach regionaler Herkunft, politischer Anschauung und gesellschaftlicher Position aufgebaut oder weitergeführt. Geheiratet wird bislang fast ausschließlich unter Zuwanderern, die nicht unbedingt der jüdischen Gruppe, wohl aber der russischsprachigen angehören und teilweise aus der GUS oder Israel „importiert" werden. Sukzessiv steigende Geburtenzahlen sind Indiz für ein allmähliches „Sich-Einrichten".

Ungeachtetdessen spielt sich das Leben der Migranten weitgehend unabhängig von der Umgebungsgesellschaft ab oder läuft neben ihr her. Die Einschätzung ihrer neuen - deutschen wie jüdischen - Umwelt fällt vielen umso schwerer, als sie „Abwehr und Umarmung" gleichermaßen erfahren und zwischen Ausgrenzung und partieller Subventionierung kaum die vorhandene „Mitte" zu finden vermögen.
Seitens der einheimischen Juden hofften viele, mit der Einwanderung würde wieder jüdisches Leben in Deutschland beginnen; andere fühlen sich in der Jüdischen Gemeinde nun benachteiligt und infolge der Sprach- und Kulturdominanz der Migranten im Abseits oder empfinden diese als „Russen" oder „zu wenig jüdisch". Deren Selbstdefinition ist ähnlich indifferent: in über 70 Jahren Sowjetmacht größtenteils abgeschnitten vom Judentum, bewahrten sie ihre jüdische Identität oft nur durch den Paßeintrag „Jude" und die Reaktionen ihrer Umwelt. Interethnische Familien machen über ein Drittel der Gesamtgruppe aus und das kulturell-religiöse Wissen über das Judentum und entsprechende Bindungen sind insgesamt gering. Doch wird in einem Land, das ihnen bislang fremd geblieben ist, das Verbindungsglied des „Jüdisch-Seins" - neben den Hilfsmöglichkeiten, die die Gemeinde anbieten kann - für viele Ausloser dafür, sich näher oder wieder für das Judentum und die eigenen Wurzeln zu interessieren. Informelle Kontakte zu Deutschen sind bislang noch seltener und finden dort statt, wo Kontakthäufigkeit gegeben ist, meist ohne zu positiven Beziehungen zu führen: Die Immigration hat Juden wieder in das Wahrnehmungsfeld der Umgebung gerückt: Deutsche Ausländervereine eröffnen „jüdische Filialen", Reisebüros bieten

„Boris hört mir überhaupt nicht mehr zu. Früher war er immer nett, er war doch ein guter Schüler. Hier wird er immer frecher und kauft sich extra zerrissene Hosen. Man schämt sich richtig."
(F., Rentnerin, 63)

„Das Materielle ist nicht alles. Ich brauche gute Musik, gute Gespräche - das ist es, nicht das materielle. Aber wer redet schon noch mit mir. Ich lebe doch hier jetzt allein."
(G., Rentnerin, 76)

„Ich habe 30 Jahre auf Touristendampfern gearbeitet, die Leute unterhalten. Hier kenne ich niemanden. Bin nur wegen der Enkel hier; aber die haben jetzt ihre eigenen Probleme. Für den Bauch ist es hier gut, aber nicht für die Seele."
(V., Rentner, 75)

„Wir haben eine deutsche Familie kennengelernt, die Juden helfen wollte. Sie haben uns überall herumgezeigt: „Das sind Juden aus Rußland!"- wie Wundertiere. Geholfen haben sie nicht. Die haben uns jiddische Musik vorgespielt; ihr Sohn singt die Lieder nach: 'A jiddische Mame' und so. Wir haben nicht viel erwartet, aber sie hatten dann nicht mal Zeit, einen Brief für uns zu schreiben. Mein Mann sagt immer: 'Die wollten den Gefillte Fisch (jüdische Spezialität), aber ohne Gräten'."

Paßkopie mit dem Eintrag „Jude"

Schachclub im Zuwanderertreff

russischsprachige Reisen an und Einzelpersonen wollen Patenschaften übernehmen; jüdische Kultur, jüdische Restaurants oder schlicht Juden sind „in". Einerseits profitieren auch Migranten davon, wenn sie diese „Marktlücken" füllen können, andererseits schlägt die Anteilnahme der interessierten Öffentlichkeit häufig in Distanzierung um, wenn sich die „romantischen" Vorstellungen nicht erfüllen und auch Juden „nur" Normalbiographien haben.

Die ambivalente Umgebung und begrenzte Teilhabemöglichkeiten in ihr sind Mitursache dafür, daß sich eine „ethnic community" herausgebildet hat, die weitgehend selbstorganisiert und unabhängig von außen ist und die Bedürfnisse nach Bindung und Bindungsorten, Reorganisation ohne Neuanpassung bedient oder kompensiert. Sie ist Basis für den Erhalt gewohnter Kultur- und Beziehungsmuster, für Eigenabgrenzungen sowie eine mentale und teilweise soziale Absicherung und damit Voraussetzung für eine Eingliederung in die neue Umgebungsgesellschaft, behindert sie aber gleichzeitig, wenn lediglich funktional unumgängliche Basisorientierungen und -qualifikationen erworben werden.

Berlin ist in bezug auf sein „russisch-jüdisches" Netzwerk jedoch bislang einzigartig, denn die Stadt bot und bietet ideale Ausgangsbedingungen. Hier lebten bereits früher viele ehemalige Sowjetbürger und existierte bereits eine „ex-sowjetische" und „jüdische" Infrastruktur. Die Migranten konnten in Ostberlin auf weiterbestehende Einrichtungen der DDR zurückgreifen und in Westberlin auf informelle Verkehrskreise, auf Angebote etablierter Migranten der 70er Jahre und auf die institutionell starke Jüdische Gemeinde, die ihnen ihre Einrichtungen und Möglichkeiten öffnete.
Nach dem Mauerfall hat sich dann die Zahl russischsprachiger Migranten sprunghaft erhöht - eingerechnet die deutschen Aussiedler, sollen legal und illegal fast 100.000 ehemalige Sowjetbürger in der Stadt leben -, die „Verwandtschafts- und Freundeskreisdichte" ist infolge der Kettenwanderung enorm gestiegen und Beziehungsnetze wurden aus dem Herkunftskontext nach Berlin „verpflanzt".

Infolgedessen wurden Formen der Selbstorganisation im sozial-kulturellen Bereich ausgebaut, unter anderem mit Vereinsgründungen wie der Sonntagsschule, wo Kinder Russisch lernen können, dem »Club Dialog«, »Russki Berlin« oder der »Gesellschaft der Wissenschaftler«, die jüdischen Akademikern den Einstieg in hiesige Arbeitssphären erleichtern will. Das »Russische Kulturprogramm« hat sich im Lokalfernsehen etabliert, eine tägliche russischsprachige Radiosendung auf dem Multikulti-Kanal und die Literaturzeitschrift »Ostrov« sowie mehrere russischsprachige Wochenzeitschriften gibt es am Kiosk. Letztere sind »Readers Digest« von Zeitungen aus der Heimat und Deutschland, befassen sich in Texten und Gedichten mit Problemen der Migration, des Zusammenlebens mit Deutschen oder von russischsprachigen Ethnien untereinander und haben große Anzeigenteile, in denen Billigflüge nach Baku, Heiratsannoncen, Steuertips und Konzerte offeriert werden.

In ebenso auffälliger Schnelligkeit hat sich eine, vom deutschen Arbeitsmarkt relativ unabhängige Ökonomieform entwickelt. Mit ihr versuchen sich die Migranten den ungünstigen äußeren Bedingungen zu entziehen, denn ihr berufliches Potential liegt noch weitgehend brach – aufgrund fehlender Zugänge, mangelnder Sprachkompetenzen oder nichtanerkannter Berufsabschlüsse wie im medizinischen Bereich. Sie wird begünstigt durch die Nähe zur Heimat, die Kontakte erleichtert, den Währungsunterschied und die Größe der Gruppe, die billige Arbeitskräfte bietet und die bestimmte Leistungen und Waren, die von einheimischen Anbietern nicht gedeckt werden, nachfragt: von Videos, Büchern und Computersoftware in Russisch bis zum Übersetzungsdienst und Heiratsbüro. Und sie zielt gleichzeitig auf die Nachfrage und spezifische Interessen Einheimischer – mit Fertigungs- und Reparaturwerkstätten, Galerien, Klezmer-Bands oder aserbaidshanischen Restaurants und ukrainischen Imbissen. Etliche Zuwanderer – wie Schuster, Schneider, Köche und Musiker – können nun ihre eigenen Berufe weiternutzen. Andere – hauptsächlich Ingenieure und Lehrer – wechseln in berufsfremde Branchen und machen sich, beispielsweise mit Export-Import-, Versicherungs- und Reinigungsfirmen selbständig oder sie werden bei früher eingereisten Landsleuten beschäftigt, in Arztpraxen, Maklerbüros und Spielhallen. Dort finden wiederum auch Ältere Erwerbsmöglichkeiten, die ihnen sonst verschlossen blieben. Verständlich, daß Migranten gerade nach Berlin zuziehen wollen; das „kleine Rußland" kann in seiner Gesamtheit inzwischen die meisten Bedürfnisse decken, selbst wenn es noch nicht an sein Vorkriegspendant anknüpfen kann. Es konzentriert sich auf bestimmte Gegenden, in denen sich jedoch auch das Stadtbild durch die

> „Zeig mir einen, der zu einem deutschen Friseur geht. Sie können nicht richtig reden und außerdem ist es teurer. Und was sollen sie sich mit denen 'rumärgern oder mit dem Arbeitsamt. Sie arbeiten bei den Leuten, die vor zwanzig Jahren gekommen sind. Die zahlen nicht gut, aber es funktioniert, man verständigt sich. Wenn ich Fisch brauche, gehe ich in den jüdischen Fischladen, wenn ich mich ausheulen will, gehe ich zu Olga, wenn ich Ärger mit der Hausverwaltung habe, komme ich zur Gemeinde. Mein Deutsch ist nicht schlecht, aber wann brauche ich das? Politik interessiert mich nicht. Wenn ich Deutsche kennenlerne, gut, wenn nicht, auch gut. Ich habe meinen Kreis. Ich habe russisches Fernsehen, will ich ausgehen, kann ich das jeden Tag. Hier treten alle irgendwann auf, die ich von früher kenne."
> (A., Friseuse, 36)

Deutschunterricht im Treffpunkt Oranienburger Straße

Anwesenheit der Migranten verändert - in Form von kleinen Bistros, Galerien, Läden und Klubs.

Im östlichen Stadtzentrum, wo sich nach der Vereinigung Vertreter diverser Ethnien und Interessen ansiedelten, bleibt abzuwarten, inwieweit soziale Polarisierungen und die Aufwertung der City durch den Bau von Geschäftsstraßen und Einrichtungen der Bundesregierung diese Situation wieder verändern wird. Bislang jedoch ist - neben der Charlottenburger Kantstraße - die Umgebung der Oranienburger Straße in Mitte, im sogenannten Scheunenviertel, wo bereits vor dem Krieg Zehntausende jüdische Flüchtlinge aus Osteuropa lebten, quasi Synonym für neues „russisch-jüdisches" Leben in Berlin.

Und selbst wenn die vergleichsweise wenigen jüdischen Zuwanderer gesamtgesellschaftlich kaum mehr als symbolische Bedeutung haben, werden sie auch die jüdische Gemeinschaft und ihr Bild in der Öffentlichkeit über kurz oder lang nachhaltig verändern - mit ihrer Innovationsfähigkeit und ihren kulturellen Impulsen, die bereits jetzt das Flair deutscher Großstädte sichtbar beeinflussen und zum Verständnis zwischen Nichtjuden und Juden beitragen ■

Zur Autorin:
Judith Kessler, Sozialwissenschaftlerin, ist in der Jüdischen Gemeinde zu Berlin tätig und arbeitet u.a. mit und über Migranten aus der früheren Sowjetunion

Jüdische Gemeinde Berlin

Fasanenstraße 79/80
10623 Berlin

Vor 1933 lebten über 173.000 Juden in Berlin; 1945 waren es noch 8.000, die in der Mehrheit später nach Israel auswanderten. Ab den 50er Jahren wurde die „Abbruchgemeinde" durch Flüchtlinge aus Osteuropa, Asien und Nordafrika sukzessive zur „Einwanderergemeinde". Doch erst die sowjetische Immigration seit 1990 machte sich in einer steilen Zuwachsrate bemerkbar: hatte die Jüdische Gemeinde zu Berlin 1989 noch 6.400 Mitglieder, sind es 1997 nun bereits 10.600 und ist die bisherige langansässige oder einheimische Majorität zur Minorität geworden.

Die Gemeinde verfügte bereits vor dieser letzten Einwanderungswelle über ein verzweigtes sozial-kulturelles Netz, das nun - stark erweitert - auch den neuen Mitgliedern zur Verfügung steht: Gemeindehaus, Synagogen, Kindergarten, Grundschule und Volkshochschule, Seniorenzentrum und Pflegeheim, Sozial-, Jugend- und Berufsberatungsstellen, Sportverein, Bibliotheken, Klubs für Singles, Jugendliche, Senioren und ehrenamtliche Helfer sowie koschere Restaurants und Lebensmittelläden.

Seit der neuen Zuwanderung und im Zuge der Vereinigung mit der Ostberliner Gemeinde konnte unter anderem ein Gymnasium in der Großen Hamburger Straße im Gebäude der alten Jüdischen Knabenschule eröffnet werden und ein Treffpunkt für Zuwanderer in der Oranienburger Straße, neben dem neuen Centrum Judaicum. Hier wurden neben einer Bibliothek mit russischsprachiger Literatur, Deutsch- und Computerkursen diverse Zirkel für angewandte und bildende Kunst, Tanz und Musik initiiert, finden Kulturveranstaltungen statt, haben Selbsthilfegruppen ihr Domizil, werden elementare Begriffe jüdischen Lebens vermittelt und überregionale Integrationsseminare und Workshops für Musiker, Lehrer, Maler oder medizinisches Personal organisiert sowie Kinderferienlager und Seniorenreisen.

Die Einrichtung einer Jüdischen Galerie und der Einsatz von Migranten als Kursleiter schafft Arbeitsplätze und erleichtert den vielen Künstlern den Weg in die Selbständigkeit. Neben der Gründung des überregionalen Zuwandererorchesters „Hatikva" konnte auch mit dem Aufbau eines jüdischen Migrantentheaters einer relativ großen Gruppe geholfen werden: „Grimassa" beschäftigt Schauspieler, Sänger, Tänzer, Bühnenbildner, Regisseure, Kameraleute, Tontechniker, Choreographen und arbeitet inzwischen selbständig.

Unsere Heimat ist die russische Sprache
Russischsprachige Medien in Berlin

Tsypylma Darieva | In der Großstadt Berlin boomen seit vier Jahren neue Medien, die sich speziell den russischsprachigen Immigranten zuwenden. Als erstes öffentliches Kommunikationsnetz etablierte sich die Wochenzeitung »Europazentr«. Ihre erste Ausgabe erschien am 27.05.1993, im Jahre 1996 betrug die Auflage bereits 40.000 Exemplare. In den folgenden drei Jahren kamen auf den Berliner Pressemarkt zwei weitere russische Wochenzeitungen, »Russkij Berlin« und »Novaja Gaseta«, mit Auflagen von 13.000 bzw. 10.000.

Ebenso wie bei der ersten Zeitung »Europazentr« beträgt der Umfang anderer Berliner Blätter kaum zwanzig Seiten, für die man von 2,20 bis 3,00 DM zahlen muß. Dabei werden 35% der Zeitungsflächen von kommerzieller Werbung und dem adaptierten Fernsehprogramm eingenommen. Die Dauerwerbungen in den Zeitungen, die im letzten Jahr zugenommen haben, stellen kleine und große russische Unternehmen und Gewerbeeinrichtungen dar. Die sich etablierende russische Ökonomie in Berlin bewegt sich zwischen Reparaturdiensten und Spielhallen, Reisebüros und Arztpraxen, Restaurants und Geschäften. Dieses Spektrum weist darauf hin, daß neue Firmen insbesondere im Dienstleistungsbereich Fuß gefasst haben.

Der spezifische Informationsbedarf für die Gruppe der russischen Immigranten ist offenbar groß. Parallel zu den Druckmedien setzten sich auch elektronische Medien wie das Fernsehen durch. So kann man seit März 1997 in Berlin bereits zwei lokale Kabel-TV-Programme auf Russisch im Spreekanal empfangen (Russisches Kulturprogramm und Studio RtvD). Ausgewählte TV-Reportagen auf Russisch werden drei bis viermal wöchentlich in dreißigminütigen Sendungen ausgestrahlt. Es handelt sich um lokale Berichterstattungen, spezielle kulturelle sowie praktische Ratgeber für die russischen Neuberliner, d. h. russische Pop-Sänger aus Moskau, russische Spezialitäten in Berlin und billige Reiseangebote in Europa. Die Hauptrichtung der Themenabwicklung heute sei, so die TV-Produzenten, „die neuen fremden Stadtstraßen zu beheimaten, 'unseren' Menschen zu helfen in Berlin leichter und schneller zurecht zu kommen und somit eine Art Forum zu bieten..."[1] Damit ist die Präsenz der neuen Immigranten in der Stadt Berlin sichtbar geworden. Die bis dahin fehlende medialisierte Alltagskommunikation (TV, Rundfunk, Druckmedien), die im urbanem Lebensstil normativ gilt, wurde aus eigenen Interessen und Kräften belebt. Als soziale Interaktions- und Kommunikationsmedien wenden sich die o.g. Medien an eine Zielgruppe - ehemalige Sowjetbürger verschiedener Nationalitäten, die nach 1989 in die Bundesrepublik Deutschland eingereist sind[2]. In den Berichten wird oft betont, daß die russischsprachigen Immigranten trotz unterschiedlicher Nationalitäten, bzw. Migrationswege und -muster doch eine homogene „Wir"-Gruppe darstellen. Deutschstämmige Aussiedler und flüchtlinge, deren im Paß fixierte Nationalität als wichtiger Beleg ihrer Einreiseberechtigung gilt, sprechen hauptsächlich russisch und sind auch kulturell russisch geprägt. Nun vermitteln die neuen Medien den Konsumenten eine bestimmte Transparenz ihrer Lebenssituation und Lebenschancen auf lokaler Ebene, der „Community", indem sich ein einheitlicher Konsumentenkreis herausbilden kann. Die identitätsstiftende „Wir"-Perspektive impliziert, daß der Leser bzw. der Zuschauer sich als Mitglied eines imaginierten und zugeschriebenen Kollektivs betrachten kann, in dem übereinstimmende Überzeugungen und Erwartungen mittels der Medien artikuliert und problematisiert werden. Die gemeinsame Vergangenheit und Emigrationserfahrung sind wichtige Themen.

Von größerer Bedeutung jedoch scheinen aktuelle und zukunftsorientierte Lebensverhältnisse der neuen Immigranten zu sein. Die unterschiedlichen Ethnizitäten der Immigranten treten dabei deutlich in den Hintergrund „Unsere Heimat ist die russische Sprache", das Motto der Zeitung »Russkij Berlin« scheint das Prinzip der Gemeinschaft festzulegen. Die lokalen Mitteilungen beziehen sich auf eine Medien-community, in der Russisch und die sowjetische Mentalität die wichtigsten Merkmale sind ■

[1] *aus dem Gespräch mit Studio RtvD-Produzenten, Mai-Juni 1997, Berlin*

[2] *Die genaue Zahl der Zugewanderten aus der GUS in Berlin bleibt nach wie vor unklar. So tauchen die deutschstämmigen Aussiedler ca. 6 Monate nach der Einreise in statistischen Daten nicht mehr auf, weil sie automatisch als Deutsche registriert werden. In Medien zirkuliert oft die mystische Zahl von 100.000 Russen in Berlin, wobei nicht nur Aussiedler, sondern auch Personen ohne Aufenthaltsberechtigung mitgerechnet werden. Im Jahre 1995 lebten ca. 23.000 russischsprachige Nichtdeutsche und ca. 20.000 Aussiedler in Berlin*
(Quelle: Statistisches Landesamt Berlin).

Zur Autorin:
Tsypylma Darieva promoviert im Institut für Europäische Ethnologie an der Humboldt-Universität zu Berlin und arbeitet hier zum Thema : „Russkij Berlin"- eine neue ethnische Community?"

Community-Formierung und ethnisches Gewerbe
Zur Rolle der italienischen Zuwanderer

Edith Pichler ▍ Die Community-Formierung der italienischen Zuwanderer in Berlin nach dem Zweiten Weltkrieg hat verschiedene Phasen durchlebt und ist von der Zuwanderung unterschiedlicher Migrantentypen geprägt. Die nach Berlin eingewanderten Italiener unterscheiden sich wesentlich von den italienischen Migranten Westdeutschlands, die ein homogeneres Bild aufweisen: nämlich vorwiegend das der Arbeitsmigranten. Dieser Zustand ist auf die Stadt selbst, auf ihre Lage und ihre ökonomische Struktur zurückzuführen.
Unmittelbar nach dem Zweiten Weltkrieg holten die in Berlin gebliebenen Italiener, es handelte sich häufig um Zwangsarbeiter oder internierte Soldaten, ihre Familienangehörigen zu sich. Sie wurden in den damals gegründeten Familienbetrieben - Eisdielen und Gaststätten eingesetzt. Die nachgezogenen Familienmitglieder erhielten dadurch ohne Komplikationen eine Aufenthaltserlaubnis.
Italienische Arbeitsmigranten kamen erst Mitte der 60er Jahre in nennenswerten Zahlen nach Westberlin, häufig nach Zwischenaufenthalten in Westdeutschland. In Berlin waren die Italiener überdurchschnittlich in der Baubranche sowie in der Bekleidungsindustrie beschäftigt, das heißt in Branchen, die stark konjunkturabhängig sind und die, wie etwa die Bekleidungsindustrie, durch eine zunehmende Verlagerung von Produktionskapazitäten ins Ausland charakterisiert sind.
Ende der 60er und zu Beginn der 70er Jahre kam es verstärkt zur Einwanderung von Italienern aus dem linken politischen Spektrum, die sich vom Mythos Berlin als einer Stadt der Studentenrevolte angezogen fühlten. Einige von ihnen eröffneten in der damaligen „Szene" sehr bekannte Lokale. Bei ihrer Existenzgründung hatten sie ihre politische Gesinnung als Opportunität erkannt und dem eröffneten Lokal ein „linkes" Image gegeben. In den 80er Jahren war es der Mythos des Bezirks Kreuzberg, die Hausbesetzerbewegung und die autonome Szene, die junge Italiener nach Berlin zog. Im Quartier SO 36 zu wohnen, gehörte zum „politischen" Selbstverständnis dieser Menschen. Da sie in ihrer Lebensgestaltung flexibel sein wollten, verdienten sie ihren Lebensunterhalt durch Gelegenheitsjobs in italienischen „Szenelokalen" oder auch in verschiedenen alternativen Projekten.
Neben diesen beiden Gruppen ist ab Mitte der 70er Jahre ein weiterer Migrantentypus festzustellen, nämlich der der jungen, nicht unbedingt stark politisierten Italiener. Für diese meist männlichen, flexiblen Italiener, für die Auswanderung auch eine „Abenteuerkomponente" besaß, war es nicht mehr die Berliner Industrie sondern der Dienstleistungssektor, der ihnen eine Beschäftigungsmöglichkeit bot. Die Etablierung der italienischen Gastronomie in Berlin hat die Wanderung dieses Migrantentypus gefördert.
Seit dem Fall der Mauer ist die Zahl der italienischen Zuwanderer erheblich gestiegen. Es handelt sich zum Teil um Fachkräfte, die in italienischen Institutionen oder durch die Zunahme der Bautätigkeit in den neuen Bundesländern und in Ostberlin als Architekten oder als Bauarbeiter beschäftigt sind. Nicht aufgehört hat die Zuwande-

rung junger Migranten darunter Studenten, Künstler und „Abenteurer". Gerade die Wanderung unterschiedlicher Typen von italienischen Migranten hat dazu geführt, daß in Berlin kein richtiges „italienisches Viertel" entstanden ist. Da zum Beispiel die italienischen Restaurants über das gesamte Stadtgebiet verteilt sind, ist es nicht zu einer Konzentration von Italienern in einem bestimmten Quartier gekommen. Nur die erste nach Berlin eingewanderte Gruppe italienischer Migranten besaß noch eine Art Zusammengehörigkeitsgefühl, was, verbunden mit einer bestimmten Solidarität, dazu führte, daß sie in einem engeren Umkreis ihre Wohnung suchten.

Das „italienische Gewerbe" Berlins: Die Gastronomie

Die italienische Gastronomie in Berlin erlebte ihren Aufschwung erst Ende der 60er und im Laufe der 70er Jahre. Ermutigt von den Erfolgen der ersten Pizzeriabesitzer eröffneten in den 70er Jahren immer mehr Italiener in den westlichen Bezirken Berlins Pizzerias und Restaurants. Der Zeitpunkt dieser Expansion hing auch mit der ab den 60er Jahren verstärkten Zuwanderung italienischer Arbeitsmigranten zusammen, die, in Rezessionszeiten arbeitslos geworden, einen Neubeginn in der Selbständigkeit suchten.

Ein neues Verständnis von Lebensqualität, das veränderte Konsumverhalten, die Betonung eigener Lebensstile sowie urbane Veränderungen, brachten in den 80er Jahren die italienische Gastronomie in eine Krise, von der besonders die herkömmlichen „Ristorante-Pizzerias" betroffen waren. Dies führte in der Folgezeit entweder zur Abgabe von Lokalen oder zu neuen Strategien eines inzwischen gewandelten, innovativen Gastronomentyps.

Die zeitgleiche Sanierung und Modernisierung ganzer Stadtteile veränderte das architektonische Erscheinungsbild und den urbanen Charakter vor allem Charlottenburgs, Schönebergs und Kreuzbergs und führte zu einer sich wandelnden demographischen Zusammensetzung mancher Stadtviertel: Die sogenannte „neue Mittelschicht" aus Akademikern und Freiberuflern zog in modernisierte Mietwohnungen. Die Gastronomen in diesen Vierteln mußten dem urbanen Wandel, dem geänderten milieuspezifischen Bedürfnis nach Distinktion sowie den unterschiedlichen Lebensstilen Rechnung tragen, wollten sie weiterhin erfolgreich sein.

Nicht nur die eher „kleinbürgerlichen" Restaurants waren von diesen Tendenzen betroffen, sondern auch Lokale, die von den italienischen Zuwanderern aus dem politisch linken Milieu betrieben wurden. Die oben erwähnten urbanen Veränderungen in bestimmten Berliner Bezirken und die nach dem Eintritt ins Berufsleben erfolgten Wandlungen im Konsumverhalten der damaligen Gäste veranlaßten die „linken" italienischen Gastronomen, sich den neuen Tendenzen anzupassen.

Dieser Trend zeigte sich in der Gestaltung der neu eröffneten Restaurants. Die Inneneinrichtung wurde „postmodernisiert": Fischernetze oder Austernschalen verschwanden von den Wänden; es dominierten nun Marmor, Messing und Chrom. Auf der anderen Seite wurde

1960 lebten 1.364 Italiener in Berlin. Ihre Zahl stieg in den folgenden Jahren von über 6.969 Personen im Jahr 1980 auf 8.549 Personen im Jahr 1990. Am 30.6.1996 wohnten 11.852 Italiener in Berlin, davon 10.332 in Westberlin und 1.520 in Ostberlin, hier vor allem bevorzugt Prenzlauer Berg (292) und Friedrichshain (284). Im Vergleich zu 1993, wo in Ostberlin nur 345 Italiener lebten, hat sich diese Zahl 1996 mehr als vervierfacht. Die Westberliner Bezirke Charlottenburg und Schöneberg sowie Neukölln verzeichneten mit jeweils 1.341 (Charlottenburg) mit 1.211 (Schöneberg) und mit 1.197 (Neukölln) Personen italienischer Herkunft den größten Anteil. Am 31. Dezember 1996 stieg die Zahl der Italiener in Berlin auf 12.305 Personen. (Quelle: Statistisches Landesamt)

Seite wurde Ursprünglichkeit und Schlichtheit wiederentdeckt. Die neuen Lokale ähnelten in der Tat den italienischen „Trattorie" und „Osterie". Mit ihnen nutzten Gastronomen erfolgreich die Nische zwischen Luxus- bzw. gutbürgerlichen Restaurants und den alten „Ristorante-Pizzerias".

Die jüngere Zuwanderergeneration, die eher zu Innovationen bereit ist, kann von dieser Entwicklung profitieren. Sie versteht es, neue Nischen in der Gastronomie zu besetzen: Beispiel sind die seit einigen Jahren eröffneten Enoteche. Erfolgreiche Pioniere dieser besonders in Norditalien verbreiteten Form der Bewirtschaftung waren Zuwanderer aus Venetien, die italienische Kultur als Opportunität entdeckten. Der Rückgriff auf diese „ethnische Ressource" ist zum Teil auch durch Sozialisation und Biografie bedingt, sind sie doch im Gegensatz zu den älteren Migranten in den Genuß einer besseren Schul- und Ausbildung gekommen. Durch den Einsatz dieses „kulturellen Kapitals" kann ein weiterer Personenkreis im Einwanderungsland erreicht werden. Aufgrund von künstlerischen Aktivitäten ist es zu einer anderen Zusammensetzung der Gäste als in den herkömmlichen italienischen Lokalen gekommen. Gleichzeitig enstanden neue der Gastronomie komplementäre Nischen im Bereich des Imports und Handels. Da sich das Angebot italienischer Produkte in deutschen Kaufhäusern auf die bekanntesten Artikel beschränkte, eröffneten sich Möglichkeiten für künftige Existenzgründer im Einzelhandel, die sich auf das Angebot italienischer Spezialitäten konzentrierten. Auch Gastronomen, die selbst italienische Erzeugnisse für ihr Lokal importieren, eröffneten Weinhandlungen oder Spezialitätenläden, in denen nicht selten die Produkte ihrer Herkunftsregion angeboten werden.

Resümee

Die italienische Migration nach Berlin ist durch ihre Heterogenität gekennzeichnet. Die verschiedenen Migrantentypen haben durch die Verwirklichung eigener Lebensstile der italienischen Community ständig neue Impulse gegeben. Ein Beispiel dafür bietet besonders die Gastronomie, die zu einem wichtigen italienischen Beschäftigungssektor geworden ist. Während die 70er Jahre als Expansionszeit italienischer Wirtschaftstätigkeiten betrachtet werden können, stehen die 80er und 90er Jahre einerseits im Zeichen ihrer Konsolidierung, andererseits durch den Beitrag jüngerer Migranten im Zeichen der Innovation. Italienische Zuwanderer haben durch ihre Präsenz und die Entfaltung selbständiger Aktivitäten das Bild einiger Stadtviertel geprägt. In der Tat haben bestimmte Ecken Berlins mit ihren Ristoranti, Trattorie, Bars und verschiedenen Spezialitätenläden ein mediterranes Flair bekommen. Auch in Zukunft werden neue Migrantentypen dafür sorgen, daß ein Stück Italiens das Leben in Berlin beeinflußt ∎

Zur Autorin:
Dr. Edith Pichler ist seit 1997 Mitarbeiterin an der Humboldt-Univestät zu Berlin im Projekt symbolische Exclusion

Kinder & JugendMuseum im Prenzlauer Berg

Schivelbeiner Str. 45
10439 Berlin

Das Museum gehört zum Netzwerk Spiel/Kultur, einem gemeinnützigen Verein, der kurz nach der Wende in Berlin-Prenzlauer Berg gegründet wurde. Gefördert werden wir vom Bezirksamt Prenzlauer Berg, Abt. Jugend, Schule und Kultur; für spezielle Projekte beantragen wir zusätzliche Gelder bei Stiftungen.

Wir sind spezialisiert auf Mitmach-Ausstellungen für Kinder und Jugendliche zwischen 6 und 16 Jahren. Im Mittelpunkt unserer Ausstellungen und Projekte steht das selbstbestimmte Lernen, das selbsttätige Aneignen von Wissen und Fähigkeiten. Alle Sinne werden einbezogen, handwerkliche Techniken ebenso wie künstlerische. HandsOn-anfassen erlaubt! Nicht die stille Betrachtung der Exponate steht im Vordergrund, sondern das aktive Begreifen.

**Spaghetti, Stuck und Mosaik-
Italiener in Prenzlauer Berg
Eine Mitmach-Ausstellung für Kinder**
Vom 12.12.1997 bis 25.4.1998
Kinder & JugendMuseum
im Prenzlauer Berg
Gefördert von der Berliner Sparkasse

Daß Italiener gerne Spaghetti essen, weiß jedes Kind. Aber was haben sie mit Berliner Stuck und Mosaiken zu tun? Unsere Ausstellung entführt die Besucher in die Welt des 19. Jahrhunderts. Viele italienische Migranten hofften damals, im aufstrebenden Berlin Arbeit zu finden. Einige Hundert lebten in der Italienischen Kolonie zwischen Schönhauser Allee und Pappelallee im heutigen Bezirk Prenzlauer Berg. Die Italiener kamen nicht mit leeren Händen: Sie brachten altes Handwerkswissen aus ihrer Heimat mit: Sie wußten, wie man Figuren aus Gips gießt, sie waren berühmt für ihre Mosaik- und Terrazzoarbeiten und einige verfügten über profunde Kenntnisse in der Kunst des Orgelbaus.

Welche Spuren haben sie in der Architektur der Stadt, insbesondere in Prenzlauer Berg, hinterlassen?
Wo kann man ihre Werke heute noch sehen?
Gibt es noch Reste der Italienischen Kolonie?
Diesen Fragen gehen wir in unserer Ausstellung nach. Fotos bezeugen die Relikte der alten italienischen Handwerkskunst.

Wir porträtieren italienische Einwandererfamilien und ihre Nachkommen, die zu den Gründerfamilien der Italienischen Kolonie in Prenzlauer Berg zählen. Im Mittelpunkt der Ausstellung stehen sogenannte „Mitmach-Stationen". Die Kinder werden eingeladen, die alten Handwerkstechniken auszuprobieren: Sie können Stuck herstellen, Mosaiken legen, Nudeln machen oder herausfinden, wie eine Drehorgel funktioniert.

Ziel der Ausstellung ist es, auf eine spielerische Art dazu beizutragen, den Anteil, den Migranten an der Kultur und Gestaltung Berlins haben, bewußt zu machen. Der regionale Bezug ermöglicht eine besondere Nähe der meisten Kinder zum Thema. Die Geschichte der Migranten wird so als Teil der eigenen Kiezgeschichte wahrgenommen, Vorurteile können zugunsten der Entdeckung von Gemeinsamkeiten abgebaut werden.

Anläßlich der Ausstellung veröffentlicht das Kinder & JugendMuseum gemeinsam mit dem Italienischen Kulturinstitut Berlin und italienischen Migranten eine Dokumentation zur Geschichte der Italienischen Kolonie in Prenzlauer Berg.

Jenseits der Ghettos
Kreolisierung, Identität und räumliche Repräsentation der Deutsch-Türken in Berlin

In Deutschland nach dem 2. Weltkrieg fand der Begriff des Ghettos eine große Verbreitung im akademischen und öffentlichen Diskurs über die räumliche Verteilung von Ausländern, d.h. der „Gastarbeiter" in den großen deutschen Städten. In der Literatur über Migration ist das Bedürfnis der Migranten, segregierte Bezirke, d.h. Ghettos zu bilden, kontrovers diskutiert worden. Die Meinung ist vorherrschend, daß eine Ghettoisierung die Integration der Migranten in die Aufnahmegesellschaft verhindere. In der Tat wurde erst auf Basis einer solchen alarmierenden Behauptung gegen Ghettos eine behördliche Maßnahme in Berlin – die Zuzugssperre – eingeführt.

Ayşe S. Căglar | Fast in allen Städten werden räumliche Strategien eingesetzt, um Unterschiede zu markieren und um den „Anderen" im urbanen Raum abzugrenzen. Wenn wir aber annehmen, daß Raum niemals neutral ist, sondern die sozialen Kräfteverhältnisse widerspiegelt, so ist es wichtig, die Analyse auf die räumliche Präsenz sozialer Gruppierungen im urbanen Raum zu richten. Eine Momentaufnahme der Segregationsformen gibt uns einen wichtigen Hinweis auf die Kräfteverhältnisse zwischen den verschiedenen Gruppen im städtischen Leben.

Eines der zentralen Konzepte, das in der Analyse der Beziehung zwischen Ethnizität, Migration und der Repräsentation im urbanen Raum verwendet wird, ist der Begriff des (ethnischen) Ghettos. Obwohl der in der Analyse ethnischer Gruppenbeziehungen zur „Gastgeber"-Gesellschaft eingeführte Begriff des Ghettos auf eine lange Geschichte in Europa – insbesondere in Bezug auf die Juden – zurückblickt, waren es doch Wissenschaftler der Chicago-Schule wie Wirth und Gans, die dieses Konzept für die Analyse von Ethniziät im urbanen Raum in Amerika ausgearbeitet und benutzt haben.

Ich möchte hier keine vergleichende historische Studie über Ghettos in Deutschland aufstellen, sondern vielmehr das Augenmerk auf einige Ansätze lenken, in denen der Begriff Ghetto im Mittelpunkt steht und ihre Relevanz für die Analyse der räumlichen Präsenz der Deutsch-Türken in Berlin in Frage stellen. Meine These ist, daß das Konzept Ghetto eine bestimmte Blindheit gegenüber anderen räumlichen Ausdrucksformen zur Folge hat, so daß die Darstellung der Präsenz der Deutsch-Türken in Berlin außerhalb dieses begrenzten Kulturraumes mißlingt.

Die Rolle der Migranten in der Formierung und Aneignung des urbanen Raumes bringt zum Vorschein, wie sich Macht und Ohnmacht in der Stadt ausdrücken. So schlägt sich der vergebliche Versuch der Anerkennung der Komplexität der räumlichen Präsenz und Repräsentation der Deutsch-Türken in Berlin auch als Mangel in der Begriffsbildung über Stellenwert und Beziehung dieser sozialen Gruppe zur deutschen Gesellschaft nieder. Ich bin der Meinung, daß alle aus dem zentralen Begriff „Ghetto" ausgehenden Annäherungen an die räumliche Repräsentation der Deutsch-Türken ihr Erklärungsziel verfehlen. Daher ist die Verwendung des Begriffs „Ghetto" für das Verständnis der räumlichen Struktur Berlins nicht angemessen, genauso wenig wie Konzepte, die ethnische Ghettos umschreiben, also Begriffe wie Kultur, ethnische Gemeinschaft und Identität.

Darin enthalten ist die Vorstellung, daß Minderheiten im Sinne ethnischer und/oder kultureller Gemeinschaften a priori räumliche Gemeinschaften zur Folge haben. Die stillschweigende Annahme, die hinter dieser Art von Abbildung der Kultur auf das Räumliche steckt, ist, daß Menschen an einem bestimmten Ort eine Gemeinschaft mit einer eigenen Kultur bilden. Ein solcher Standpunkt operiert nicht nur mit einem holistischen Begriff von Gemeinschaft, sondern auch mit einem als selbstverständlich angenommenen isomorphen Zustand von Kultur, Raum und Menschen. Hier wird eine vorgegebene Welt voneinander getrennter und fest gekennzeichneter „Menschen" und „Kulturen" angenommen. Kulturelle Korrelate werden zu Korrelaten einer Welt der „Menschen". Eine solche Ontologie verräumlichter kultureller Differenzen zwingt uns zu einer Definition der Menschen a priori als eine Gemeinschaft, als eine abgegrenzte und eindeutige Einheit. Von den primären Gemeinschaften, von denen man annimmt, sie seien an sich an diese kulturellen Territorien gebunden, trennen wir verschiedene Gruppen unterschiedlicher Größen, deren Beziehung zueinander und zu der primären Gemeinschaft auf einer Bedeutungsvertauschung beruht. Auf dieser Basis wird eine Kontinuität postuliert beispielsweise zwischen den Türken und der „türkischen Kultur" in der Türkei oder zwischen der „türkischen Gemeinschaft" in Deutschland (in Berlin) und der zweiten und dritten Generation der „Deutsch-Türken". Bilder räumlicher Lokalitäten als Gemeinschaft – als eine integrierte und organische Gemeinschaft – verbreiten eine imaginäre Beziehung zwischen Kultur und Raum.

Als Ergebnis einer holistischen Konstruktion des Begriffes Kultur und als eine a priori Verräumlichung und Kulturalisierung von Differenzen, und als Strukturierung des räumlichen Ausdrucks von Differenzen in Form von Ghettos werden die betroffenen Subjekte zu kulturellen Ganzheiten und die Übergangsmöglichkeiten dieser Identitäten übersehen. Bei der Vorstellung von kulturellen Räumen als eine notwendige Quelle kollektiver Identitäten und Praktiken begrenzen wir den Horizont ihrer wahren Heterogenität. Das herrschende Bild des Migranten, mit einem Bein in dieser mit dem anderen Bein in einer anderen Welt stehend, also weder in der Heimat noch woanders, beinhaltet z.B. den Mangel solcher begrifflicher Restriktionen der Subjekte. Es ist kein Zufall, daß die gängigen Beschreibungen kultureller Formationen und Identitäten der Deutsch-Türken in Berlin unter dem Motto wie „verloren zwischen zwei Kulturen" oder „zwischen zwei Kulturen leben" in den 70er Jahren zur gleichen Zeit die Sprache der Prominenz eroberte als der Begriff „türkisches Ghetto" in Kreuzberg populär wurde.
Der Ausdruck der Differenz in der urbanen Landschaft ist nicht einfach eine Bestimmung unterschiedlicher Kulturen zu abgegrenzten Räumen. Wenn wir versuchen den Diskurs der Minderheiten neuzustrukturieren, und zwar in der Weise, daß deren komplexe Konfiguration und die Form des kontinuierlichen Prozesses ihrer Merkmale, ihrer Identitäten und ihrer Prägung des urbanen Raumes ganz aufgenommen wird, so müssen wir die theoretischen Konstruktionen der „Kultur" als einen homogenen und abgrenzenden Begriff und die „Identität" als etwas Unverändliches, Stabiles, angeblich in solchen diskreten Kulturen fest Verankertes ablehnen. Auf der anderen Seite wäre eine solche Herausforderung an den herrschenden Diskurs über die Deutsch-Türken unvollständig, wenn wir die hegemonische Art der Beschreibung der räumlichen Präsenz der Deutsch-Türken in Berlin in der Sprache der ethnischen Ghettos nicht bestreiten würden.

In Betracht der sozialen Formationen und „disjunktiver"Subjekte als Personen mit multilokalen und translokalen Verbindungen wären einige neue Begriffe begrüßenswert: kreolisierte oder hybride Identitäten sind die hier die willkommensten Begriffe. In der Kritik holistischer Konstruktionen des Kulturbegriffs weist die Kreolisierung (oder die Hybridisierung) auf die Art und Weise hin, wie vorhandene Formen von der Praxis getrennt werden und mit neuen Kombinationen in neue Formen übergehen. Indem das Verhältnis zwischen den Kulturen als etwas Fließendes beschrieben wird, wird nicht nur der Inhalt des Begriffs Identität erweitert und auf die Ebene der Fluidität erhoben, sondern Heterogenität und neue Positionen der Identifikation nachdrücklich betont. In Übereinstimmung mit einer solchen Kritik des hegemonischen Bildes der Minderheit (in diesem Fall der Deutsch-Türken) und ihrer kulturellen Formationen und Identitäten müßten wir eine neue räumliche Interpretation entwickeln, in der der Kampf und der Wettstreit der Minderheiten über die Identitäten und Räume in der urbanen Landschaft der Stadt Berlin zum Ausdruck gebracht werden kann.

In den Diskursen der zweiten Generation der Deutsch-Türken gibt es bereits Bestrebungen den ethnischen Symbolismus zu überwinden, der jede Phantasie mit einer Zuweisung auf die „türkische" oder „deutsche" Kultur einschränkt. Sie versuchen eine andere Basis als die der ethnisierten Kultur für ihre Stellung in der Gesellschaft zu gewinnen. Bei dieser Suche nach einer anderen Identität betonen manche eher die Zugehörigkeit zur Stadt als das „Türkisch"- oder „Deutsch"-Sein oder eine Mischung von beiden. Sie versuchen die ethnische Stigmatisierung durch eine einfache Identifikation mit ihrer Stadt zu überwinden.

Neu entstehende populäre Kultur von Deutsch-Türken in der City

Die Deutsch-Türken, die in die deutsche Gesellschaft und Wirtschaft eingegliedert sind, dringen nicht nur in die vom Staat und Medien kontrollierte breite öffentliche Sphäre ein, sondern sie schaffen auch einen eigenen öffentlichen Raum. Ästhetische Formen und Praktiken scheinen hier eine wichtige Rolle zu spielen. Der Aufbau solcher Räume ist besonders offensichtlich in der neu entstehenden populären Kultur der Deutsch-Türken. Neu sind hier die Cafés, Bars und Diskos in der Berliner Stadtmitte, die von Deutsch-Türken bewirtschaftet werden und deren Kundschaft fast ausschließlich aus Deutsch-Türken besteht.[1] Sie fungieren als Identifikationsorte; sie spielen türkische Popmusik und beschäftigen nur junge Deutsch-Türken in der Bedienung. In diesen Lokalen sind Hinweise auf die Türkei und auf die mit „Türkischem" zusammenhängenden Objekten reichlich vorhanden, aber das „Türkische" ist in keiner Weise eine Anspielung auf die fixe und begrenzte „traditionelle türkische Kultur". Vielmehr beziehen sie sich auf türkische Metropolen, die als etwas Kreolisiertes und Offenes vorgestellt werden.

Die Betonung in diesen Anspielungen liegt mehr auf einer Weltoffenheit und Heterogenität als auf ethnischer und kultureller Geschlossenheit der gemeinsamen Repräsentation der Türkei und des Türkischen. Das sind Bestrebungen, eine ethnisch öffentliche Sphäre im „Zentrum" zu schaffen und sie kann als ein Teil des Kampfes der Deutsch-Türken um „Repräsentationsrechte" im symbolischen Zentrum der Stadt betrachtet werden. Sie sind als ein Teil der Identität einer Gruppe der deutsch-türkischen Jugend konstruiert und sie sind als Räume der „Gemeinschaft" gekennzeichnet. Solche Orte und die um diese Orte zentrierten ästhetischen Umsetzungen kritisieren den üblichen Gegensatz im Diskurs über soziale Formationen der Deutsch-Türken, welche sie entweder in der Türkei oder in Deutschland festbinden wollen. Sie konstruieren eine Arena für die Aushandlungen neuer Schreibweisen der Gemeinschaft und der Identität in der urbanen Landschaft Berlins und sie sind eine entscheidendes Element für die entstehende deutsch-türkische öffentliche Sphäre in der Diaspora.

Anstelle sich auf bequeme einfache Etikettierungen zu verlassen, müssen wir eine detaillierte räumliche Ethnographie der Stadt Berlin liefern, in der neue Kulturformen und Identifikationsstätten des urbanen Raumes erforscht werden. Dieser urbane Raum, der als Ort der Zugehörigkeiten, der Bedeutungen, der Sehnsüchte, der Lebensfreude und der Bestrebungen konstruiert ist, spendet Kraft im Leben der Deutsch-Türken. Das erfordert aber, daß man analytische Werkzeuge für die theoretische Bearbeitung dieser Präsenz entwickelt, die in den nach Ghettos orientierten Darstellungen der Stadt nicht vertreten sind. Ich bin der Meinung, daß es an der Zeit ist, neue Erzählweisen zu produzieren, um die neuen räumlichen Fronten mit unbestimmten Grenzen im urbanen Raum von Berlin zu erkunden.

[1] *Obwohl mir die Problematik, die Berliner Stadtmitte isoliert zu betrachten, bewußt ist, tue ich dies in Anlehnung an die Betrachtungsweise der von mir interviewten Deutsch-Türken. Sie bezeichneten als Stadtmitte das Areal um KaDeWe, Europa-Center und Ku-Damm.*

Zur Autorin:
Dr. Ayşe S. Cağlar ist wissenschaftliche Assistentin an der FU Berlin, Institut für Ethnologie, mit den Schwerpunkten: Urbane Anthropologie, Populärkultur und Migration.

Türkische Ökonomie nach der Wende in Berlin

Ahmet Ersöz Die türkische Ökonomie in Berlin war zur Versorgung der türkischen Migrantenbevölkerung entstanden, besetzte bald andere ökonomische Nischen und ergänzte die Berliner Wirtschaft mit neuen Waren und Dienstleistungen. Spätestens Ende der 80er Jahre hatte sich die türkische Ökonomie etabliert und paßte sich zunehmend den weiteren Erfordernissen der Berliner Wirtschaft an. Viele Betriebe, die ursprünglich zur Nischenökonomie zuzuordnen waren, beliefern heute den gesamten Markt.

Die 80er Jahre waren auch dadurch gekennzeichnet, daß sich die Tätigkeitsfelder türkischer Gewerbetreibender und Unternehmer weiter diversifizierten. Beispiele dafür gibt es viele: In der Gastronomie waren nicht nur Imbisse und türkische Kaffeehäuser zu beobachten, vielmehr entstanden neue Restaurants mit guten Küchen; in der Kraftfahrzeugbranche gab es in den 70er Jahren nur kleine Reparaturwerkstätten, in den 80ern wurden in allen Sparten dieser Branche Betriebe gegründet. Eine weitere Entwicklung der 80er Jahre war die Institutionalisierung einer Schicht von Unternehmern türkischer Herkunft, die auf eine vieljährige Karriere als selbständige Kaufleute zurückschauen konnten, über kaufmännische und fachliche Kenntnisse sowie über Kapital verfügten, und Ende der 80er Jahre in der Lage waren, neue Investitionen zu tätigen.

Döner ist in Berlin heimisch geworden

Die türkischen Selbständigen in traditionellen Handwerksberufen haben auch ihre Nischen gefunden

Nach dem Fall der Mauer im November 1989 und den darauf folgenden Ereignissen machte die türkische Ökonomie Berlins einen neuen Schritt vorwärts. Türkischen Gewerbetreibenden und Unternehmern, die bis dahin ihre Aktivitäten auf die politische Insel Westberlin beschränken mußten, konnten diese nun auf neue Märkte ausweiten. Das gilt sowohl für Gesamtdeutschland als auch für das Ausland. Andererseits hatte die Insellage Berlins die türkischen Gewerbetreibenden vor Konkurrenz aus anderen Gebieten Deutschlands verschont.

Mit diesen günstigen Ausgangsbedingungen haben türkische Unternehmer und Gewerbetreibende nach der Wende eine neue Entwicklungsphase begonnen. Schon vor Abschluß des Einigungsvertrages nahmen sie mit Ostberlinern Kontakte auf und gingen Parnerschaften in verschiedenen Branchen ein. Bereits 1990 begann die Belebung Ostberliner Straßen durch die Initiative türkischer Immigranten.

Nach der Vereinigung etablierten sich türkische Betriebe in Nahversorgungsbereichen, in Branchen des verarbeitenden Gewerbes und des Baugewerbes.

Ostberlin erlebte einen Gründungsboom, der einige Jahre anhielt. Die türkische Ökonomie profitierte davon in beiden Stadtteilen. Nach Angaben des Statistischen Landesamtes Berlin haben türkische Existenzgründer und Gewerbetreibende in der Zeit von 1981 bis 1995 mehr als 16.000 Betriebe angemeldet. Etwa die Hälfte dieser Anmeldungen waren nach der Wende vorgenommen worden. Davon mehr als 1.200 Betriebe in Ostberliner Bezirken.

In den 70er Jahren besetzten türkische Gewerbetreibende mit ihren Nahversorgungsgeschäften die von verdrängten Kleingewerblern verlassenen Ladenzeilen in Stadtteilen wie Kreuzberg, Wedding und Tiergarten. Sie brachten damit wieder Leben auf die Bürgersteige und trugen so zur Sanierung gefährdeter urbaner Räume bei. Dies wurde zwanzig Jahre später in Ostberlin wiederholt, wo nach den oben genannten Schätzungen heute etwa 700 von türkischen Zuwanderern geführte Betriebe ihren Standort haben.

Viele türkische Reisebüros haben in den letzten zehn Jahren ihre Angebotspalette erweitert

Die Wende hatte jedoch auch nachteilige Folgen für türkische Berliner. Aufgrund der Verlagerung oder Auflösung von Großbetrieben der verarbeitenden Industrie verloren viele türkische Arbeiter ihre Arbeitsplätze. Diese Betriebe waren auch die potentiellen Arbeitgeber für jüngere Generationen gewesen. Die neue Situation hat viele Berliner Türken zum Umdenken geführt: Beispiele und Vorbilder aus dem eigenen Milieu zeigten, daß die Existenz auch durch eine selbständige Erwerbstätigkeit gesichert werden kann. Trotz häufigen Scheiterns wird die Selbständigkeit als ein Weg zur Überwindug der Arbeitslosigkeit gewählt.

Die Aktivitäten Türkischer Berliner Geschäftsleute waren vor der Wende hauptsächlich auf den Westberliner Markt begrenzt. Die Öffnung des Umlands von Berlin, des Landes Brandenburg und Möglichkeiten, ohne Grenzen auch andere Bundesländer zu erreichen, hat diese Handelsbeziehungen erweitert. Viele Berliner Unternehmen verkaufen ihre Ware überregional und zielen auf den gesamten Europäischen Markt. Heute ist Berlin auf dem Wege, ein Zentrum des Ost- und Westhandels zu werden. Viele Unternehmer suchen schon ihre internationalen Geschäftskontakte außerhalb Berlins und bilden so Grundsteine zum Aufbau der Marktwirtschaft in den ehemaligen Ostblock-Ländern.

Auch diese Orientierung brachte türkischen Gewerbetreibenden und Unternehmern neue Chancen: Sie beteiligten sich seit der Wende an internationalen Handelsnetzen und knüpften Netze neu. Zum Beispiel läßt ein Möbelhändler in einem ehemaligen Ostblockland seine Produkte herstellen, vertreibt einen Teil der Waren in Deutschland und exportiert einen anderen großen Teil in das westliche und östliche Ausland.

Die weltweiten Veränderungen und insbesondere die Umbrüche in Berlin seit 1989 haben die Schichtung innerhalb der türkischen Community beschleunigt. Dieser Prozeß ist in der türkischen Ökonomie deutlich festzustellen. Trotz dieser Differenzierung und trotz der Etablierung von Unternehmern türkischer Herkunft auf den Märkten der zukünftigen Hauptstadt, werden ethnische Opportunitäten weiterhin von allen Schichten der türkischen Bevölkerung genutzt. Jedoch sind neue Ungleichheiten hinzugekommen. Sie mögen der Integration in die autochthone Gesellschaft dienen. Innerhalb der türkischen Community ist zu fragen, ob die neuen Reichen weiterhin sich mit den anderen Türken Berlins identifizieren.

Zum Autor:
Ahmet Ersöz ist Leiter des Beratungs- und Ausbildungszentrums für zugewanderte Gewerbetreibende und Mitarbeiter des Berliner Instituts für Vergleichende Sozialforschung in der ARGE Europäisches Migrationszentrum

Den neuen Mitgliedern der Türkisch-Deutschen Unternehmensvereinigung Berlin-Brandenburg werden ihre Urkunden feierlich überreicht.

Arbeit und Bildung e.V.
Projekt KUMULUS

Potsdamer Straße 118
10785 Berlin

Bildungsberatung und Ausbildungsstellenvermittlung für Jugendliche ausländischer Herkunft

KUMULUS ist ein Projekt dessen Ziel ist, einen Beitrag zur Erhöhung der Ausbildungsbeteiligung Jugendlicher nichtdeutscher Herkunft zu leisten und ihnen Wege in eine qualifizierte Ausbildung aufzuzeigen.

Das Projekt wird vom Büro der Ausländerbeauftragten des Senats von Berlin und aus Mitteln des Europäischen Sozialfonds gefördert.

Das multikulturelle Team von Kumulus berät Jugendliche nichtdeutscher Herkunft und hilft ihnen bei der Suche nach einer Perspektive in Ausbildung und Beruf. Neben der Beratungssprache Deutsch, sprechen die Mitarbeiter von Kumulus Türkisch, Polnisch, Russisch, Arabisch, Persisch und Englisch.

Die ratsuchenden Jugendlichen „durchlaufen" bei Kumulus eine qualifizierte Bildungsberatung. Angestrebt wird als Ergebnis möglichst eine realistische Berufswahl hinsichtlich individueller Fähigkeiten, Interessen und schulischer Qualifikationen.
Kumulus existiert seit vier Jahren und besitzt seit August 1994 die Erlaubnis der Bundesanstalt für Arbeit zur Vermittlung in betriebliche Ausbildung. Das Projekt will neue Ausbildungsplätze gewinnen und verfolgt dabei die Strategie, direkt mit Betrieben Kontakt aufzunehmen, um Jugendlichen nichtdeutscher Herkunft den Einstieg in eine berufliche Ausbildung zu ermöglichen.

Aus diesem Grund spielt die konstruktive Zusammenarbeit mit Ausbildungsbetrieben, eine wichtige Rolle. Sie beinhaltet sowohl die Vermittlung von geeigneten BewerberInnen als auch die Unterstützung während der Ausbildung. Zudem werden den Betrieben Wege zu Förderprogrammen der Berliner Senatsverwaltungen aufgezeigt.

Das Angebot des Projektes Kumulus umfaßt neben der Beratung folgende Leistungen:

- *Infoveranstaltungen für Jugendliche*
- *Infoabende für Eltern z.B. (Infoveranstaltungen zum deutschen Ausbildungssystem)*
- *Bewerbungstraining*

Alle Angebote sind kostenlos und vertraulich.

Der Türkische Friedhof zu Berlin

Im Willen, die traditionelle deutsch-türkische Freundschaft weiter mit Leben zu füllen, hat der Senat von Berlin in Zusammenarbeit mit der Türkischen Union der Anstalt für Religion e.V. - DITIB - das im Jahr 1867 auf dem türkischen Friedhof für den Botschafter Ali Aziz Efendi und die ersten hier verstorbenen Persönlichkeiten errichtete und im Jahr 1938 zerstörte Monument von Grund auf erneuert.

Der Türkische Friedhof zu Berlin ist ein Erbstück des königlichen Preußen, zugleich Wahrzeichen der von Preußen und dem Osmanischen Reich begründeten deutsch-türkischen Freundschaft. Diese geht zurück auf die Zeit König Friedrich Wilhelm I., der erstmalig in Preußen eine Armee geschaffen hatte, in der auch - meist aus Türken bestehende - muslimische Einheiten dienten. Sein Sohn Friedrich der Große vertiefte das freundschaftliche Verhältnis zum Osmanischen Reich. Auch die folgenden preußischen Könige waren ausnahmslos erklärte Freunde der Türken.

Wie kam es seinerzeit zur Einrichtung eines türkischen Friedhofs in Berlin? Am 3.6.1797 war als erster ständiger Gesandter des Osmanischen Reiches der türkische Staatsmann, Dichter und Mystiker Ali Aziz Efendi in Berlin eingetroffen und im nächsten Jahr am 29.10.1798 hier verstorben. Für seine Beisetzung stellte Friedrich Wilhelm III. ein Grundstück zur Verfügung. Kurze Zeit später verstarb auch der osmanische Geschäftsträger in Berlin, Mehmed Esa Efendi, und wurde an dessen Seite beigesetzt.

Der kleine Friedhof nahm in den nachfolgenden Jahren noch drei weitere türkische Verstorbene auf. Wegen des geplanten Neubaus einer preußischen Kaserne wurden im Jahre 1866 die alten Grabstätten, nach vorher eingeholter Zustimmung des Sultans, zu einem vom preußischen Staat zur Verfügung gestellten Begräbnisplatz in der Hasenheide, dem Kernstück des heutigen türkischen Friedhofs, feierlich überführt. Die Einweihung erfolgte am 29.12.1866. Seitdem wurden Muslime verschiedener Nationalitäten dort bestattet. In den Jahren 1921-24 fand die Erweiterung des Friedhofs durch den Einsatz des Predigers der Osmanischen Botschaft, Hafiz Şükrü Efendi, statt, der später selbst dort beigesetzt wurde.

Nach dem Zweiten Weltkrieg war mit Belegung von 220 Gräbern die Kapazität des Friedhofs erschöpft. 1983-85 wurde dort ein Wachhäuschen erweitert und in eine Moschee mit Kuppel und Minarett umgewandelt. Damit ist hier für die in Berlin lebenden Muslime ein Stück Heimat entstanden.

Die Moschee ist unverzichtbares Element der Islamischen Religion und erfüllt viele Funktionen für die Muslime. Primär ist sie Ort des Gebets. Fünfmal am Tage versammeln sich die Muslime in der Moschee, um zu beten. Hierzu ruft der Muezzin vom Minarett auf. Zum Freitagsgebet hält man in der Moschee eine Predigt, sie beinhaltet die Lehren des Islam.

Die Moschee stellt mit ihren Nebeneinrichtungen wie der Bibliothek auch ein Bildungszentrum dar. Ebenfalls bildet sie einen Ort der Zusammenkunft für die Muslime. Nach dem Gebet treffen diese sich in der Moschee, diskutieren Probleme und versuchen, Lösungen zu finden. So entsteht eine fest zusammengehörende Gemeinschaft.

Zu den Autoren:
DITIB ist Die Türkisch Islamische Union der Anstalt für Religion e.V., Wiener Straße 12, 10999 Berlin

Der Türkische Friedhof mit dem Grabmal

Türkischer Bund
in Berlin-Brandenburg e.V.
Weichselstraße 66
12043 Berlin

Der Türkische Bund in Berlin-Brandenburg e.V. ist ein überparteilicher Dachverband von Organisationen und Einzelpersonen.

Zur Zeit hat der Türkische Bund 22 Mitgliedsorganisationen.

Der Türkische Bund setzt sich gemeinsam mit anderen Einwanderer- und deutschen Organisationen für die rechtliche, soziale und politische Gleichstellung der eingewanderten ethnischen Minderheiten und für das friedliche Zusammenleben von Deutschen und Nicht-Deutschen ein.

Zur Erreichung dieser Ziele werden politische, kulturelle und sonstige Aktivitäten entfaltet, daneben Einzelberatungen durchgeführt und diesbezügliche Aktivitäten koordiniert.

Auszüge aus der Satzung

§ 1 EINLEITUNG
Wir, Menschen türkischer Herkunft, sind uns bewußt, daß wir uns in Berlin und in der Bundesrepublik Deutschland niedergelassen haben und hier längerfristig leben werden. Obwohl wir seit über 25 Jahren hier leben, Deutschland eine multikulturelle Gesellschaft geworden ist, haben wir keine Bürgerrechte. Die Vereinigung beider deutscher Staaten, die steigende Ausländer- und Fremdenfeindlichkeit, die bevorstehende politische Union Europas sind Faktoren, die uns zusammenbringen. Mit dieser Vereinigung wollen wir auf rechtlicher, gesellschaftlicher und wirschaftlicher Ebene unsere Minderheitenrechte einklagen.

§ 3 ZWECK DES VEREINS
3.1 Der Türkische Bund verfolgt folgende Ziele:
a) Vertretung der BerlinerInnen türkischer Herkunft gegenüber allen Berliner Institutionen, gegenüber den deutschen, den türkischen Behörden sowie in der Öffentlichkeit in Sachen Einwanderungs- und Ausländerpolitik.
b) Beitrag zum friedlichen und solidarischen Zusammenleben aller Menschen in Berlin und zur Völkerverständigung.
c) Erbringung von Dienstleistungen in Sachen Einwanderungs- und Ausländerpolitik

3.2 Diese Ziele werden durch folgende Maßnahmen verwirklicht:
a) Durchführung von Veranstaltungen, Tagungen, Konferenzen, Foren, Bildung von Arbeitsgruppen zu verschiedenen Themen, Teilnahme an den Beratungen der Behörden über Einwanderungs- und Ausländerpolitik.
b) Durchführung von kulturellen Veranstaltungen, Diskussionsveranstaltungen etc.
c) Beratungsangebote, Kurse, Seminare zu o.g. Themenbereichen.

§ 4 GRUNDPRINZIPIEN
4.1 Rassistisch orientierte Personen und Organisationen und solche Vereinigungen, die Gewaltanwendung als politisches Mittel ansehen, dürfen nicht Mitglied werden. Die UNO-Menschenrechtscharta ist Bestandteil der Satzung.

4.2 Das Arbeitsfeld beschränkt sich auf Probleme, die migrationsbedingt sind, deren Lösung und deren Begleitung in der Praxis. Auseinandersetzungen über Regierungen, politische Parteien und Minderheitenfragen in der Türkei gehören nicht zum Aufgabengebiet, soweit sie nicht mit den oben ausgeführten Zielen in direkter Verbindung stehen.

4.5 Der Türkische Bund ist sowohl von den türkischen als auch den deutschen Behörden und der Regierung unabhängig. Wenn es nötig ist, kann er Kontakte aufnehmen, Erfahrungen austauschen.

4.7 Grundprinzipien bei der Arbeit sind Konsens und Pluralität. Es wird nur über Sachthemen befunden, bei denen es Konsens gibt. Alle Mitglieder des Verbandes sind gleichberechtigt.

„Früher war ich ein Fisch in einem Glas, jetzt schwimme ich im großen Meer"

Treff- und Informationsort für türkische Frauen e.V. (TIO)

Karin Heinrich Das Ziel des Treff- und Informationsortes für türkische Frauen ist die Verbesserung der Lebensumstände von Migrantinnen in Berlin. Dazu gehört ein gesellschaftliches und individuelles Akzeptiertwerden genauso wie ein Leben ohne Bedrohung und Angst.

Die Arbeit des TIO wendet sich gegen die individuellen Hemmnisse und die gesellschaftlichen Strukturen, die das Alltagsleben von Migrantinnen beschränken. Der TIO initiiert Projekte, Kampagnen, Veranstaltungen und Diskussionsprozesse, die jeweils an konkreten Problemen der Frauen ansetzen und ihnen ein größeres Maß an Selbstbestimmung ermöglichen. Dabei ist Öffentlichkeitsarbeit genauso notwendig wie praktische individuelle Hilfestellung, Presseinterviews so wichtig wie Sozialarbeit, Beteiligung an der Aus- und Weiterbildung von MitarbeiterInnen ein ebensolcher Bestandteil der Arbeit wie die Entwicklung und Durchführung von eigenständigen Projekten für Migrantinnen.

In diesem Bemühen gibt es objektive und subjektive Hindernisse: Arbeitslosigkeit, schlechte Wohnverhältnisse, Diskriminierungen im Alltag, Gewalt und sexuelle Ausbeutung in der Familie, rechtliche Einschränkungen, physische oder psychische Krankheit, Alter, eine schlechte Ausbildung oder eine geringe Bewertung einer im Ausland erworbenen Ausbildung. Sexistische, klassenspezifische und rassistische Strukturen in dieser Gesellschaft schränken den individuellen Handlungs- und Entscheidungsspielraum weiter ein.

Der Treff- und Informationsort für türkische Frauen wurde 1978 von einer Gruppe deutscher und türkischer Frauen gegründet. Es gelang im gleichen Jahr die erste Einrichtung in Berlin zu eröffnen: Beratung, Weiterbildung und Freizeitangebote waren die drei Schwerpunkte der Arbeit. Obwohl sich die Themen im Laufe der Zeit änderten, besteht diese Beratungsstelle bis heute weiter. Während in den ersten Jahren die Anliegen, mit denen die Besucherinnen zum TIO kamen, im wesentlichen aus Arbeitsplatz-und Wohnungssuche, Problemen mit den Kindern etc. bestanden, liegen heute aufgrund der veränderten gesellschaftlichen Situation die Schwerpunkte eher bei der Renten- und Sozialhilfeberatung, also der unmittelbaren Abwehr von Armut. Daneben war es immer ein Ziel des Vereins, die Frauen in Mißhandlungssituationen zu unterstützen, wodurch sich TIO von allen übrigen Beratungsstellen für Migrantinnen in dieser Stadt unterscheidet.

Seit 1990 ist es dem TIO gelungen, ein Qualifizierungsprojekt für Migrantinnen zu eröffnen. Frauen aus allen Ländern der Welt, die in einem sozialen, pädagogischen oder pflegerischen Beruf erwerbstätig werden wollen, können hier in einem ca. 18 monatigen Kurs, die Grundlagen dazu erwerben. Neben einem Berufsgrundbildungslehrgang, der die Teilnehmerinnen auf die Ausbildung und Berufstätigkeit in Berufen wie Krankenschwester, Altenpflegerin, Erzieherin, Familienpflegerin oder Arzthelferin vorbereitet, besteht hier die Möglichkeit, die für die anschließende Ausbildung notwendigen formellen Schulabschlüsse nachzuholen. In der Zwischenzeit haben 158 Frauen an 5 Kursdurchläufen teilgenommen und obwohl die anschließende Aufnahme einer von den Teilnehmerinnen gewünschten

Arbeit oder Ausbildung durch den Berliner Arbeitsmarkt immer schwieriger wird, ist es mehr als 70% der Frauen (wenn auch mit zeitlicher Verzögerung) gelungen, ihre Berufswünsche zu verwirklichen.

Seit 1994 bietet der TIO außerdem eine Qualifizierungsberatung für Migrantinnen an. Ziel dieser Arbeit ist es, für Migrantinnen individuelle Beratung zu ihrer beruflichen Situation anzubieten, ihnen Informationen über Qualifizierungs- und Beschäftigungsmöglichkeiten zur Verfügung zu stellen, sie in ihrem Entscheidungsprozeß zu unterstützen und ihnen bei der Bewerbung für einen angemessenen Arbeits- oder Ausbildungsplatz Hilfestellungen zu geben. Daneben werden als Ergänzung Informationsveranstaltungen und Workshops zum Bewerbungstraining durchgeführt.

Qualifizierungsbausteine, die auf die spezielle Situation von Migrantinnen ausgerichtet sind, werden entwickelt und weitere Angebote auf Kooperationsmöglichkeiten hin untersucht.

Seit 1996 ist es gelungen ein Modellprojekt für Büroberufe zu konzipieren und mit Hilfe des Bundesministeriums für Arbeit für zunächst drei Kursverläufe sicherzustellen. Frauen aus den ehemaligen Anwerbeländern, die dort über eine gute Schulbildung verfügten und eine Berufstätigkeit im Büro- oder Verwaltungsbereich anstrebten, haben in Deutschland kaum eine Chance auf eine Erwerbstätigkeit außerhalb der einschlägigen Putzkolonnen. Gleichzeitig sind aber gerade diese Frauen aufgrund ihrer ursprünglichen Berufswünsche, hoch motiviert, in einen qualifizierten Beruf zurückzukehren und dafür auch zunächst eine Menge zu lernen. Das Modellprojekt bietet nach einem sechsmonatigen berufsorientierten Deutschkurs eine Anpassungsqualifikation, bei der die Fähigkeiten bzgl. Schreibmaschinenkenntnissen, EDV- und Buchhaltung auf die Bedürfnisse von Klein- und Mittelbetrieben in Berlin abgestimmt werden.

Neben diesen bereits realisierten Projekten arbeiten die Mitarbeiterinnen des Vereins an weiteren Plänen, die insbesondere die Situation älterer Migrantinnen betreffen. Daneben gibt es erste Ideen zu einer Jobvermittlung und einer eigenen Gebäudereinigungsfirma für Migrantinnen. Erschwert werden diese neuen Pläne durch die aktuelle Finanzlage der öffentlichen Geldgeber. Private Sponsoren kommen kaum in Frage, weil nach wie vor gilt: Migrantinnen haben in dieser Gesellschaft keine Lobby ■

Zur Autorin:
Karin Heinrich, Diplompädagogin, arbeitet seit 1985 in den verschiedenen Projekten des Vereins, seit 1990 als Leiterin des TIO-Qualifizierungsprojektes.

Geschlechtsspezifische Arbeitsmärkte für MigrantInnen in Berlin

Ende Juni 1997 lebten gemäß den Statistiken der Einwohnermeldeämter in Berlin 442 534 MigrantInnen aus 183 Ländern. Dazu kommen schätzungsweise 100.000 MigrantInnen, die sich ohne gültigen Aufenthaltsstatus in der Stadt aufhalten, und zahlreiche PendlerInnen, vornehmlich aus Polen. Knapp die Hälfte (45%) der gemeldeten ausländischen Bevölkerung ist weiblichen Geschlechts. Diese Verteilung trifft auf die drei größten Zuwanderungsgruppen (also TürkInnen, Personen aus dem ehemaligen Jugoslawien und PolInnen) zu. Unter den ZuwanderInnen aus den afrikanischen Ländern sind dagegen auffällig wenig Frauen; einige lateinamerikanische Länder weisen einen überdurchschnittlich hohen Frauenanteil auf (so z.B. Brasilien 64%, Peru 53%, Dominikanische Republik 71%). Zwei asiatische Länder, die Philippinen und Thailand, fallen ebenfalls durch den sehr hohen Anteil an Migrantinnen auf. In beiden Fällen machen Frauen 85% der Migrationsbevölkerung aus. Nach wie vor leben und arbeiten viel mehr MigrantInnen/AusländerInnen im Westen als im Osten der Stadt.

Felicitas Hillmann ▊ Wovon leben die Migrantinnen und Migranten in Berlin? Je nach Herkunftsland, Aufenthaltsdauer und Bildungsabschluß sind sie in sehr unterschiedlicher Weise in den Berliner Arbeitsmarkt integriert. Hierbei entstehen zum Teil geschlechtsspezifische Arbeitsmärkte. Als Beispiele hierfür seien die zahlreichen polnischen, portugiesischen und irischen Migranten genannt, die auf den Berliner Baustellen beschäftigt sind und entweder direkt über Werkverträge in die Stadt geholt wurden oder als Tagelöhner immer wieder angeworben werden. Oder die dunkelhäutigen Rosenverkäufer aus Sri-Lanka und Bangladesh, die allabendlich in den Kneipen der Stadt unterwegs sind (und bis auf seltene Ausnahmen immer männlichen Geschlechts sind). Auch für die Migrantinnen gibt es solche spezifischen Teilbereiche auf dem Arbeitsmarkt: viele Lateinamerikanerinnen zum Beispiel verdienen sich ihren Lebensunterhalt durch Prostitution. Aber auch die große Gruppe der polnischen Pendlerinnen, die in den Haushalten der Berliner Bevölkerung beschäftigt sind, sind ein anschauliches Beispiel hierfür. Doch auch der „ganz normale" Arbeitsmarkt ist für Frauen und Männer, Migrantinnen und Migranten unterschiedlich.

Rückschlüsse über die Beschäftigung von MigrantInnen können erstens über die allgemeinen Beschäftigungsdaten gezogen werden (d.h. Arbeitslosenstatistiken und Zahlen zu den sozialversicherungspflichtig Beschäftigten, Mikrozensus) und zweitens im Falle der Frauen aus einem Bericht über die Situation der Frauen in Berlin. Nicht enthalten in diesen Daten ist der gesamte sogenannte 'informelle Bereich'.

Von den rund 1,5 Millionen erwerbstätigen Personen im Land Berlin sind 54 Prozent Männer und 46 Prozent Frauen (Zahlen von 1996). Bei den ausländischen Beschäftigten insgesamt liegt der Frauenanteil bei etwas über einem Drittel (37 Prozent) und somit niedriger als bei der deutschen Bevölkerung. Analog nahm der Anteil der teilzeitbeschäftigten ausländischen Erwerbstätigen in den vergangenen Jahren zu; denn gerade die betroffenen Tätigkeiten mit geringem und mittlerem Qualifikationsniveau werden häufig von AusländerInnen/MigrantInnen ausgeübt (insbesondere im Dienstleistungssektor).

Bei den sozialversicherungspflichtig Beschäftigten zeigt die Geschlechterproportion ein ähnliches Muster wie bei den Zahlen über die Erwerbstätigen insgesamt. 50,6 Prozent aller MigrantInnen/AusländerInnen sind im Dienstleistungssektor beschäftigt. Der Frauenanteil ist dort mit 55,3 Prozent überproportional hoch (im Verhältnis zu einem durchschnittlichen Anteil von 40, 2 Prozent). Besonders betont werden muß die Beschäftigung von ausländischen Frauen im Gesundheitswesen (78,6 Prozent Frauen), im Reinigungsgewerbe (76,2 Prozent Frauen) und in privaten Haushalten (62 Prozent). Zu den Wirtschaftszweigen, in denen sehr häufig AusländerInnen/MigrantInnen tätig sind, gehören: Verarbeitendes Gewerbe (Frauenanteil: 29,8 Prozent); Baugewerbe (Frauenanteil: 6,6 Prozent), Handel (Frauenanteil: 41 Prozent).

Von den 42.582 arbeitslos gemeldeten MigrantInnen im Juli 1997 waren 16.003 Frauen (entsprechend 37,5 Prozent). Ausländische Arbeitslose gibt es am häufigsten in Fertigungsberufen, 28,3 Prozent von ihnen sind Frauen. Ebenfalls stark von Arbeitslosigkeit betroffen sind die ausländischen Beschäftigten in den Dienstleistungsberufen, hiervon sind die Hälfte Frauen. Doch auch bei den Arbeitslosen der Metall- und Technikerberufe und den technischen Berufen machen Frauen rund ein Drittel der Arbeitslosen aus.

Eine von der Senatsverwaltung für Arbeit und Frauen 1994/5 vorgelegte Studie zur Lebenssituation der Frauen in Berlin macht deutlich, daß die Hälfte der ausländischen Frauen in Berlin (zum Vergleich: 36,5 Prozent der Männer) von Angehörigen mit dem Lebensunterhalt versorgt wurden. Gut ein Drittel von ihnen lebte vom eigenen erwirtschafteten Einkommen (zum Vergleich: 48,6 Prozent der Männer). Jede zehnte ausländische Frau lebte von Rente und vergleichbaren Unterstützungsleistungen, jede 25. von Arbeitslosengeld- bzw. hilfe.

Die Situation in den drei wichtigsten Ausbildungsberufen unterschied sich weniger danach, ob jemand einen deutschen oder ein ausländischen Paß besaß, sondern vielmehr nach dem Geschlecht. Die drei wichtigsten Ausbildungsberufe für junge Frauen waren Verkäuferin, Friseuse und (Zahn)arzthelferin. Bei den jungen Männern zeigten sich hingegen deutlichere Unterschiede: junge deutsche Männer waren häufiger Maler und Lackierer, Verkäufer und Kfz-Mechaniker; ausländische junge Männer hingegen Elektro-, Gas- und Wasserinstallateur. Neuere Studien sind optimistischer und berichten von einem „Aufholen" der jungen ausländischen Frauen auf dem Ausbildungsmarkt z.T. auch von besseren Abschlüssen im Vergleich zur entsprechenden männlichen Gruppe.

Gerade der sogenannte „informelle Sektor", also derjenige Bereich des Arbeitsmarktes, der sich staatlicher Besteuerung entzieht, stellt für viele AusländerInnen/MigrantInnen eine wichtige Einkommensquelle dar. Hier verdient sich ein großer Anteil der polnischen Pendlerinnen als stundenweise Hausarbeiterinnen (Hausarbeit, Kinderbetreuung, Krankenpflege) ihren Lebensunterhalt. Sozialarbeiterinnen von Obdachlosenorganisationen machen auf die teilweise extreme Ausbeutung von Migrantinnen in diesem Bereich aufmerksam.

Putzfrauen-Kabarett „Die Türkinnen"

Sie berichten von Migrantinnen (vornehmlich aus Lateinamerika), die für weniger als 700 DM monatlich rund um die Uhr im Haushalt beschäftigt werden.

Außerdem lassen die Anzeigen in verschiedenen Anzeigenblättern Berlins auf eine sich in den vergangenen Jahren verstärkende Heiratsmigration schließen.
Migrantinnen, besonders aus den osteuropäischen und asiatischen Ländern wie Thailand, aber auch Männer, besonders aus afrikanischen Ländern, werben dort um eine(n) deutsche(n) Partner(in) mit dem Ziel, sich auf diesem Wege einen Aufenthalt in Deutschland zu ermöglichen.

Wie im Falle der Migranten auch, ist die Lebenssituation der ausländischen Frauen: „beträchtlich noch durch rechtliche Diskriminierung, tendenzielle gesellschaftliche Isolation sowie schwierige Zugangsbedingungen zum Bildungs- und Arbeitsmarkt gekennzeichnet."[1]
Immer deutlicher zeichnet sich ab, daß ältere Migrantinnen unzureichend integriert sind und in naher Zukunft zu einer Problemgruppe werden könnten.

Literatur:

[1] *Abgeordnetenhaus von Berlin (Hg) (1995), Drucksache 12/5815, S. 121.*

Die statistischen Angaben basieren auf:

Drucksache 12/5815 (1995), 12/4652 (1994). Umfassender Bericht über die Situation der Frauen in Berlin, Abgeordnetenhaus, Berlin.

Statistisches Landesamt Berlin (1996): Berliner Statistik, Statistische Berichte A VI 5, Sozialversicherungspflichtig beschäftigte Arbeitnehmer in Berlin, Juni.

Angaben des Landesarbeitsamte Berlin-Brandenburg, Referat Statistik.

Zur Autorin:
Dr. Felicitas Hillmann ist Leiterin des Projekts „Internationale Mobilität" am Wissenschaftszentrum Berlin für Sozialforschung (WZB), Schwerpunkt: Arbeitsmarkt und Beschäftigung.

Initiative Selbständiger Immigrantinnen e.V.

Schlesische Straße 32
10997 Berlin

Die Initiative Selbständiger Immigrantinnen e.V. (I.S.I. e.V.) ist ein Verein von Immigrantinnen für Immigrantinnen. I.S.I. wurde 1991 mit dem Ziel gegründet, Immigrantinnen verschiedener Herkunft und Nationalität, die beruflich selbständig sind bzw. selbständig werden wollen, in ihrem Vorhaben zu unterstützen. Und zwar in Form von Kursen, Qualifizierungs- und Beratungsmaßnahmen im Rahmen eines einjährigen Bildungsprogramms. Mit Hilfe der finanziellen Unterstützung durch die Senatsverwaltung für Arbeit und Frauen, der wissenschaftlichen Kompetenz der Vorstandsmitgliederinnen, die das Konzept entwickelt haben, und dem großen Engagement sämtlicher Mitarbeiterinnen, insbesondere der Dozentinnen, denen angesichts des breiten Spektrums der Teilnehmerinnen eine besondere Qualifikation abverlangt wird, hat I.S.I. ein Profil entwickelt, dem Modellcharakter zukommt. Bereits der Ansatz, daß als Aufnahmekriterium allein die Motivation, der Wunsch sich selbständig zu machen, zählt und eine mehr oder weniger konkrete Idee, wie das zu bewerkstelligen sei, ist einzigartig. Wo gibt es sonst noch eine Organisation, wo Frauen unterschiedlicher Herkunft und Muttersprache, mit ganz unterschiedlichen Voraussetzungen hinsichtlich ihres Alters, ihrer Ausbildung, ihres Familienstandes, ihrer gesellschaftlichen Stellung zusammenkommen, um gemeinsam an ihrer Existenzgründung zu arbeiten?

Das Bildungszentrum hält ein reiches Kursangebot bereit, das von EDV, Betriebswirtschaftslehre, Buchführung über Deutsch (mit Konzentration auf die speziellen Anwendungsgebiete) bis zum Kommunikationstraining reicht. Dazu bietet I.S.I. speziell für berufstätige Frauen Intensivkurse nach Absprache an Wochenenden an. Circa 20 Teilnehmerinnen werden pro Bildungsjahr aufgenommen.

Aufgrund von Erfahrungswerten wird das Curriculum auch entsprechend den speziellen Wünschen und Bedürfnissen der Teilnehmerinnen ständig adaptiert. Parallel dazu, im Zuge einer ständigen Beobachtung des Marktes, werden die Marktlücken erforscht, mit der Intention, neuen Ideen von I.S.I.-Kursteilnehmerinnen individuell oder kollektiv auf dem Berliner Markt größere Chancen zu verschaffen. Als wesentliche Hilfestellung bietet I.S.I. den Frauen auch einen ganz individuellen Beratungsservice an. Dieser umfaßt die Beratung zur gesetzlichen und rechtlichen Lage der Immigrantinnen bei der Eröffnung eines Geschäfts, die Hilfe bei der Konzeption und Aufstellung eines Finanzplans, die finanzielle Beratung und Hilfestellung bei Banken, Kreditinstituten, usw. Durch den Aufbau eines Netzwerkes für Geschäftsfrauen entsteht die Möglichkeit eines ständigen Erfahrungsaustausches der Frauen untereinander.

Nicht zuletzt leistet I.S.I. einen nicht zu unterschätzenden Beitrag zum interkulturellen Austausch sowie zur wirtschaftlichen, gesellschaftlichen und kulturellen Integration der Immigrantinnen in der Bundesrepublik Deutschland.

Vietnamesische Migrantenökonomie im Ostteil Berlins

Lars Liepe | Ethnisch orientiertes Gewerbe hat in den alten Bundesländern und in Westberlin schon eine fast 30jährige Tradition. Zu nennen sind vor allem Gastronomiebetriebe sowie der Handel von Lebensmitteln und Textilien. Diese Unternehmen tragen in erheblichem Maß die klein- und mittelständische Wirtschaft in den West-Bezirken, in denen der Anteil der ausländischen Wohnbevölkerung besonders hoch ist. Ausländische Handels- und Gewerbebetriebe bringen über Waren- und Dienstleistungsprodukte hinausgehend der deutschen Wohnbevölkerung die Kulturen der Migranten näher. Neben den daraus resultierenden Integrationseffekten füllen diese Gewerbebetriebe einige Marktnischen. Sie sind aufgrund ihrer betriebsinternen Flexibilität und der Bereitschaft zur arbeitsintensiven Nutzung familiärer und gruppenspezifischer Ressourcen konkurrenzfähiger als vergleichbare deutsche Unternehmen.
Auch für die Ost-Bezirke, in denen der Anteil der vietnamesischen Wohnbevölkerung mit derzeit etwa 5.000 offiziell gemeldeten Vietnamesen gegenüber anderen Ausländergruppen vergleichsweise hoch ist, gehört die Legalisierung ihrer wirtschaftlichen Aktivitäten zum mittelfristigen Integrationsziel. In Ostberlin, wo eine eine erfolgreiche Arbeitsmarkt- und Wirtschaftspolitik durch Schließungen von Großbetrieben derzeit besonders schwierig ist, werden ethnisch orientierte Handels- und Dienstleistungsbetriebe immer mehr zu tragenden Säulen der kommunalen Wirtschaftsentwicklung. Neben den technischen Innovationen bilden dazu vor allem die ethnischen Netzwerke gute Voraussetzungen. Darüber hinaus prägen vietnamesische Handels- und Gewerbebetriebe unterschiedlicher Größenordnung immer mehr die städtebaulichen Strukturen besonders in den Großsiedlungen Ostberlins. Sie wurden zu Bestandteilen der Alltagskultur der dort lebenden Bevölkerung.

Die soziale Organisation der vietnamesischen Migrantenökonomie
Die Entwicklung der relativ autarken vietnamesischen Migrantenökonomie begann mit dem Zusammenbruch der DDR-Wirtschaft seit dem Jahr 1990. Die Betriebsschließungen im produzierenden Bereich hinterließen nicht nur Arbeitslose unter den deutschen Arbeitnehmern, sondern machten auch fast alle der etwa 100.000 Vertragsarbeitnehmer in der ehemaligen DDR - darunter fast 60.000 Vietnamesen - binnen eines Jahres arbeitslos. Die meisten Vertragsarbeitnehmer nahmen eine Auslösung in Höhe von 3.000 DM an und kehrten nach Vietnam zurück. Etwa 20.000 blieben in den neuen Bundesländern. Sie hatten zunächst Anspruch auf Arbeitslosengeld, anschließend auf Arbeitslosenhilfe. Viele Migranten versuchten, über die Eröffnung eigener Gewerbe selbständig Geld zu erwirtschaften, und erschlossen sehr schnell einige Nischen im sich entwickelnden Dienstleistungsbereich. Ihre nach wie vor ungesicherte Rechtsstellung und die ständige Drohung der Abschiebung nach Vietnam verstärkte noch ihren Wunsch, so lange in Deutschland Geld zu verdienen, wie es möglich ist.
Die vietnamesischen Kleinproduzenten und Händler beziehen alle

potentiellen Arbeitskräfte (Familienmitglieder, Verwandte und Freunde) unabhängig von der Art ihrer Bezahlung ein. Legale Tätigkeiten können gleichzeitig mit illegalen Aktivitäten gekoppelt sein. Die Produktion und Distribution der produzierten Waren und Dienstleistungen ist weder quantitativ vollständig erfaßbar, noch strukturell kategorisierbar. Die Übergänge zwischen statistisch erfaßbarer Ökonomie und Schattenwirtschaft sind fließend. Die vietnamesischen Migranten eroberten sich Nischen im Handels- und Servicebereich, in denen sich ein reziprokes Verhältnis von tradierten Organisationsformen und wirtschaftlicher Effizienz entwickelte. Es handelt sich um legale, halblegale und illegale Formen des „ethnic business", das den wirtschaftlichen, politischen und juristischen Bedingungen des deutschen Umfeldes angepaßt ist.

Viele ehemalige Vertragsarbeiter eröffneten Geschäfte oder besitzen eigene Marktstände. Oft stellen die Standinhaber vietnamesische Asylantragsteller oder illegal eingereiste Vietnamesen, manchmal auch ehemalige Vertragsarbeiter, als Schwarzarbeiter ein. In dieser Gruppe gibt es fließende Übergänge zum Straßenverkauf nichtversteuerter Zigaretten oder von Kaffee. Die festen Ladengeschäfte werden zumeist auf familiärer Basis betrieben. Die Besitzer und deren Familien sind meist aufenthaltsrechtlich abgesichert und planen keine dauerhafte Rückkehr nach Vietnam. Die wirtschaftlichen Aktivitäten beeinflussen nicht nur existentiell das Sozialverhalten der vietnamesischen Migranten, sondern sind auch ein Dreh- und Angelpunkt ihrer Lebenswelt. Die Vietnamesen im Ostteil Berlins siedelten sich seit Mitte 1995 nach Auflösung der Wohnheime vor allem in den Großsiedlungen der bisherigen Bezirke an. Dort befanden sich schon in der DDR-Zeit ihre Arbeiter-Wohnheime. In deren unmittelbarer Nähe waren sie auch nach 1990 wirtschaftlich tätig. In den o.g. Bezirken befindet sich (auch heute) die soziale Basis der relativ stabilen ethnischen Netzwerke, die ebenfalls schon in der DDR-Zeit entstanden. Die Lebenswelt vietnamesischer Migranten realisiert sich im Ostteil Berlins in der räumlich sehr engen Verzahnung zwischen Wohnumfeld und wirtschaftlichen Aktivitäten, wobei die sanktionsfähigen ethnischen Netzwerke als sozialer Schutz und wirtschaftliches Instrument stabilisierend wirken. Der größte Teil der in Berlin lebenden Vietnamesen wohnt heute in den Bezirken Hohenschönhausen (1.412), Marzahn (891), Hellersdorf (350), Friedrichshain (526) und Lichtenberg (998).

Die Handelsaktivitäten und Dienstleistungsangebote realisieren sich über einen hohen Grad der Arbeitsteilung zwischen den verschiedenen Anbietern. Die Kleingewerbe bestehen selten aus mehr als vier oder fünf Personen (des familiären, freundschaftlichen oder nachbarschaftlichen Umfeldes). Sie nehmen innerhalb der Unternehmen sehr differenzierte Aufgaben wahr. Aus den genannten Gründen gibt es auch keine organisatorischen Unterschiede zwischen den zigarettenhandelnden Banden im Straßenverkauf und den Kleinunternehmen im legalen Bereich. Auch der Handel mit asiatischen Lebensmitteln erfolgt über netzartige Strukturen.

Die vietnamesischen Migranten sind in den neuen Bundesländern in folgenden Bereichen wirtschaftlich tätig:

- *Handel mit Lebensmitteln und Textilien, Gaststätten und Imbißständen*

- *Lohnarbeit in Produktions- und Dienstleistungsbetrieben (vorwiegend in Reinigungs- und in Servicebetrieben der Deutschen Bahn)*

- *unterbezahlte und vertragslose Hilfsarbeiten bei anderen vietnamesischen Händlern, in Gaststätten und im Baugewerbe,*

- *Zigarettenhandel, Schutzgelderpressung, Prostitution innerhalb und außerhalb der Wohnheime, Schmuggel und Hehlerei von Heimelektronik und Computerhardware*

- *Eröffnung und Mitarbeit in Wirtschaftsberatungs- und Dolmetscherbüros, Tätigkeiten in ABM-Projekten zur Ausländerintegration und -beratung, dabei möglicherweise die Annahme von „Dienstleistungsgeldern" von Landsleuten durch die in Behörden angestellten, ehemaligen Dolmetscher und Gruppenleiter*

- *Angebote von gegenseitigen Dienstleistungen (Friseur, Kochen, Waschen), die über das in der Bundesrepublik bekannte Maß der Nachbarschaftshilfe weit hinausgehen*

- *Hausarbeit und Kindererziehung („vorbehalten" für Frauen).*

Das vietnamesische Handels- und Dienstleistungszentrum Rhinstraße 139

Nach der Schließung der Wohnheime Rhinstraße (Bezirk Lichtenberg) und Havemannstraße (Bezirk Marzahn), in denen bis Mitte 1994 und 1995 der Großteil der wirtschaftlichen Aktivitäten stattfand, suchten die vietnamesischen Migranten ein Gelände, das verkehrstechnisch günstig und in der Nähe ihrer neuen Wohnungen gelegen ist. Dieses Gelände fanden sie in der Rhinstraße 139 (Bezirk Lichtenberg), das zu DDR-Zeiten als Elektrolager diente. Dort stehen zwei zweistöckige Verwaltungsgebäude in Plattenbauweise und eine große Lagerhalle mit vielen separaten Abteilungen, die vom derzeitigen Betreiber ICI GmbH im Jahr 1995 mit geringem Aufwand zu einem Handels- und Dienstleistungszentrum umgebaut wurde.

Im Gegensatz zu anderen klein- und mittelständischen Neuansiedlungen in den neuen Bundesländern mußte das vietnamesische Zentrum ohne staatliche Fördermittel auskommen. Eine weitere Voraussetzung für seine Existenz war die Akzeptanz der vietnamesischen Handels- und Dienstleistungsunternehmen durch die umliegende Wohnbevölkerung und die Bezirksverwaltung. Insgesamt arbeiten im Zentrum zur Zeit etwa 200 selbständige Unternehmer, Freiberufler und Angestellte. Das Zentrum ist damit strukturell einer der größten Arbeitgeber des Bezirks, deren Unternehmen jährlich insgesamt mehrere Millionen D-Mark Umsatz erwirtschaften. Der Einflußbereich der Zwischenhändler und Dienstleistungsanbieter reicht bis in die Bundesländer Mecklenburg-Vorpommern, Brandenburg, Sachsen und Sachsen-Anhalt. Es ist mit Abstand das größte vietnamesische Handels- und Dienstleistungszentrum in den neuen Bundesländern.

Über seine wirtschaftliche Bedeutung für den Bezirk Lichtenberg hinaus ist das Zentrum ein wichtiger Faktor bei der individuellen Umfeldintegration der vietnamesischen Migranten und bei der Kriminalitätsprävention ■

Zum Autor:
Lars Liepe, freiberuflicher Journalist, arbeitet an einer Dissertation zu vietnamesischen Migrantenlokalitäten in den neuen Bundesländern. Seit 1994 ist er ehrenamtlicher Mitarbeiter im Verein Reistrommel e.V.

Das Zentrum beinhaltet drei Grundkomponenten:

- 53 Händler mit über 100 Angestellten, die vorwiegend im Lebensmittel- und Textilzwischenhandel tätig sind. Diese Zwischenhändler versorgen vor allem Straßenhändler beider Branchen, aber auch Einzelkunden aus den umliegenden Wohngebieten. Die Zwischenhändler sind vorwiegend vietnamesischer Nationalität, die von ihnen belieferten Straßenhändler vietnamesischer, südasiatischer und deutscher Nationalität bzw. Ethnizität.

- 4 Dienstleistungsbüros, die vor allem Dolmetscherdienste, Im- und Exportgeschäfte sowie kostenpflichtige Rechtsberatungen vermitteln. In diesem Bereich arbeiten etwa 20 Angestellte, die zu 90 Prozent vietnamesischer Nationalität sind.

- Das Beratungszentrum für ausländische Mitbürger Reistrommel e.V. mit drei Mitarbeitern, die kostenfreie Rechts- u.a. Beratungsleistungen übernehmen. Hinzu kommt seit November 1996 das Kulturzentrum Phong Lan (Orchidee), das als AB-Maßnahme mit 11 vietnamesischen und einer deutschen Mitarbeiterin von Reistrommel e.V. getragen wird. Schwerpunkte von Phong Lan sind kulturell-künstlerische Angebote und eine durchgängige Kinderbetreuung für die Gewerbetreibenden des Zentrums.

Reistrommel e.V.
mit Unterstützung des Diakonischen Werkes Berlin

Rhinstraße 139
Haus I/Zi. 108
10315 Berlin

Der im Jahr 1993 gegründete Verein Reistrommel e.V. orientiert seine Aktivitäten auf die im Beitrittsgebiet lebenden Vietnamesen unabhängig von ihrem Aufenthaltsstatus. Die Gründer und Mitglieder von Reistrommel e.V. sind entweder selbst Vietnamesen, mit vietnamesischen Bürgern befreundet oder mit ihnen verwandt.

Bis Mitte der 90er Jahre war der Verein besonders in den Wohnheimen aktiv. Später - nach deren Auflösung - sammelten sich viele ehemalige Vertragsarbeiter im vietnamesischen Handels- und Gewerbezentrum Rhinstraße. Der Verein zog daher mit seinem Klientel um. Dem liegt die These zugrunde, daß sich besonders stark ausgegrenzte und stigmatisierte Migrantengemeinschaften in bestimmten Räumen konzentrieren. Nur dort können freie Träger der Sozialarbeit hinreichenden Einblick in die Strukturen und Probleme der jeweiligen Migrantengemeinschaft bekommen. Aufgrund der weitflächigen Verstreuung des Klientels und der vietnamesischen Handelsaktivitäten hat die Arbeit von Reistrommel e.V. auch überregionale Bedeutung. Der Umzug der meisten Vietnamesen aus den Heimen in die „normalen" Wohngebiete veränderte ebenfalls die Arbeitsweise des Vereins.

Die Fähigkeit von Reistrommel e.V. zur öffentlichkeitswirksamen, politischen Auseinandersetzung war für viele – auch für den eigenen Verein – oft unbequem, aber an den meisten Stellen notwendig. Das galt besonders für den Kampf um das Bleiberecht für ehemalige DDR-Vertragsarbeiter aus Vietnam, Mozambik und Angola wie auch die verschiedenen Rechtsstreitigkeiten um das Mietrecht für vietnamesische Vertragsarbeiter innerhalb der Wohnheime in den Jahren zwischen 1991 und 1995. Reistrommel e.V. entfaltet darüber hinausgehend integrationsfördernde Aktivitäten. Der Anspruch reicht dabei über den Rahmen von „multikulturellen Höhepunkten" in Form von Kulturveranstaltungen u.ä. hinaus. Bereits 1991 gab es im damaligen Beratungszentrum für ausländische Mitbürger, dem Vorgänger von Reistrommel e.V., eine kontinuierliche Mütterberatung. Später kamen Beratungsangebote bei Mietverträgen oder Bewerbungen hinzu. Inzwischen gehören dazu ein muttersprachlicher Unterricht und Hausaufgabenhilfen für die zweite Migrantengeneration. Weiterhin beteiligt sich der Verein seit Beginn des Jahres 1997 an der konzeptionellen Jugendarbeit im Bezirk Lichtenberg. Die Zielgruppe sind vietnamesische Kinder und Jugendliche zwischen sechs und 18 Jahren.

Seit November 1996 ist Reistrommel e.V. Träger des deutsch-vietnamesischen Kulturprojekts „Phong Lan". In dieser AB-Maßnahme sind elf vietnamesische, eine deutsche Mitarbeiterin sowie ein vietnamesischer Koordinator beschäftigt.

FOUNTAINHEAD TANZ THEATRE /
BLACK INTERNATIONAL CINEMA / THE COLLEGIUM - FORUM & TELEVISION PROGRAM in association with CULTURAL ZEPHYR e.V.

**Tempelhofer Damm 52
12101 Berlin**

...sind eine internationale, interkulturelle Gemeinschaft von Personen mit dem Engagement für ein besseres Verständnis und wachsende Kooperation zwischen Individuen und Gruppen, mit Unterstützung des demokratischen Prozesses und der Beseitigung von Gewalt, Antisemitismus, Homosexuellen-Feindlichkeit und Rassenhaß durch die Mittel der Kunst, der Bildung, der Kultur und des Dialogs.

Das XIII. Black International Cinema Berlin/U.S.A. 1998 ist dem einhundertjährigen Geburtstag von Paul Buskill Robeson (9. April, 1898 - 9. April, 1998) gewidmet

FOUNTAINHEAD TANZ THEATRE
versteht sich als Produktions-, Aufführ- und Unterrichts-Einheit. Initiiert und entwickelt von Prof. Gayle McKinney Griffith und Prof. Donald Muldrow Griffith, beide erfahrene Künstler aus den U.S.A., präsentierte Fountainhead seit seiner Gründung 1980 u. a. folgende Produktionen:

1980: „Fountainhead meets Mombasa", „The Crazy Horse Suite"; 1983: das Kulturfestival „Fountainhead and Friends", die Choreographien zu „Tucholsky in Rock", Schillertheater Werkstatt; 1984: „Cabaret", Altes Schauspielhaus Stuttgart; 1985: „Die letzte Rolle", ein Film von Egon Günther, ZDF; 1986: Europas erstes „Black Cultural Festival", seit 1986 das jährlich stattfindende „Black International Cinema", ein interdisziplinäres, internationales Film-/Video-Festival; die Filme „A Man Without Limits" und „I Dream A World", beides Koproduktionen mit dem Polnischen Fernsehen, 1988 ausgezeichnet als „Beste Filme" vom polnischen Ausschuß für Filmkunst; 1987: Gründung der Jugendtanzgruppe „Space & Times"; 1988: Für die Überarbeitung von „For Coloured Girls Who have Considered Suicide When The Rainbow Is Enuf", einem preisgekrönten Stück von N. Shange, erhielt Fountainhead von der U.S. Army den „Special Judge Award" für die beste Choreographie 1988 in „European-wide Tournament of Plays"; 1989: „Crossroads" mit „Space & Times" und Nana Shineflug and The Chicago Moving Company, Hebbel Theater, Berlin (erhielt besondere Ehrung durch den Bürgermeister von Chicago, Richard Daley); die Veröffentlichung verschiedener Artikel zu den Themen Tanztheorie, Tanzgeschichte und -techniken, sowie den

Prof. Gayle McKinney Griffith

darstellenden Künsten, Herausgabe der Black International Cinema Anthologie, weitere folgten 1991 und 1992, die vierte erscheint 1997; 1991: verschiedene Aktivitäten im Bereich Jugendkulturarbeit, die Berliner Organisation der Audition für den Walt Disney Film „Swing Kids"; 1992: Gayle McKinney Griffith und Donald Muldrow Griffith bekommen je eine Professur am neu gegründeten und von ihnen geleiteten Fachbereich für Tanz an der Indiana University South Bend (IUSB), „Inaugural Dance Performance", (IUSB); 1993: die Fernsehproduktion für den Regionalsender W.N.D.U., „People, Places, Neigbors & Things", die Nominierung zu Mitgliedern der „Indiana Arts Commission" sowie der Michiana Arts & Sciences U.S.A.; 1994: IUSB Spring Dance Theatre Festival Produktion von Choreo-Drama, Tanz und Musical Vignettes), X94 - Junge Kunst & Kultur in der Akademie der Künste in Berlin (Konzeption von multimedialem, interdisziplinärem Tanztheater), W.N.D.U. - TV U.S.A. (Koproduktion, Choreographie und Regie für ein Segment im Präsentationsfilm des A.D.I. (Advertising Directors Institute for North America) AWARDS); 1995: Xth Black International Cinema in Chicago - New York City - Los Angeles und Berlin, Germany; 1996: Fountainhead wird Mitglied im Black History Month Komitee in Berlin und produziert die Fernsehsendung THE COLLEGIUM, ein monatliches Magazin im Offenen Kanal Berlin, Prof. Griffith führt den Vorsitz des Vereins Berlin American United e.V. und ist seit August 1996 Projektleiter (Regisseur, Choreograph, Tanzlehrer) in der RAA Berlin (Regionale Arbeitsstellen für Ausländerfragen, Jugendarbeit und Schule e.V.), Regie und Choreographie des interkulturellen Jugendmusicals „Woah Woah", das 1997 zur Aufführung im Hackeschen Hof-Theater kommt; 1997: Paul Robeson - Portrait of A Giant, eine Performance mit Text, Tanz und Video, Schauspielern und Tänzerin, die im Rahmen des Berliner Black History Month 1997 präsentiert wurde.

BLACK INTERNATIONAL CINEMA
ist ein jährlich stattfindendes interdisziplinäres Film- und Videofestival, produziert von Fountainhead Tanz Theatre/ Cultural Zephyr e.V. und TheCollegium. Es werden Filme aus der afrikanischen Diaspora gezeigt und solche, die sich mit verschiedenen interkulturellen Hintergründen und Perspektiven befassen. Das Festival konzentriert sich auf die Präsentation von Arbeiten, die durch ihre künstlerische oder politische Natur mit den allgemeinen Interessen afrikanischer Menschen übereinstimmen und eine Bereicherung der Menschen dieser Welt zur Folge haben.

THE COLLEGIUM - FORUM & TELEVISION PROGRAM
Definition: co.le.gi. um/n.- eine Gruppe, in der jedes Mitglied annähernd den gleichen Status und die gleiche Autorität besitzt. Die Ziele sind eine verbesserte Kommunikation zwischen schwarzen afro-amerikanischen Auswanderern, um für diese ein wachsendes psychologisches, spirituelles, soziales, künstlerisches und ökonomisches Wohlergehen zu schaffen. Weiterhin wird das Collegium danach streben, Beziehungen zu anderen Gruppen, Individuen oder Organisationen, die konvergierende Interessen in Bezug auf die oben genannten Ziele haben, zu etablieren und beizubehalten. The Collegium in Verbindung mit Fountainhead Tanz Theatre, dem XIII. Black International Cinema und Cultural Zephyr e.V. wurde als ein offenes Forum gegründet, um den informativen Austausch und das Durchführen von Projekten innerhalb der Collegium-Teilnehmer in Zusammenarbeit mit anderen Individuen und Gruppen, wenn machbar, zu ermöglichen und zu unterstützen.

MOTTOS:
„Mankind will either find a way or make one." - C.P. Snow
„I may not make it if I try, but I damn sure won't if I don't..."- Oscar Brown Jr.
„Whatever you do..., be cool!" - Joseph Louis Turner

Europa-Afrika-Kulturzentrum in Berlin-Brandenburg e.V.

Treffpunkt und Anlaufstelle für AfrikanerInnen in Berlin
Oranienstraße 159
10969 Berlin

Das Europa-Afrika-Kulturzentrum in Berlin-Brandenburg („EURAFRI") e.V. besteht seit April 1985. Es ist eine Anlauf-, Kontakt- und Beratungsstelle für AfrikanerInnen und Menschen afrikanischer Herkunft und ihre Familien sowie ein afrikanisch-europäisches Kommunikationszentrum.

Zielsetzungen/ Arbeitsweise:
Das EURAFRI versteht es als seine Aufgabe:

1. Die in Berlin-Brandenburg lebenden Afrikaner und andere Schwarze durch Beratung, Betreuung und gemeinsame Unternehmungen zu unterstützen.

2. Das Zusammenleben von Afrikanern und Deutschen sowie anderen Völkergruppen zu erleichtern.

3. Afrikanische Gäste während ihres Aufenthaltes in Berlin, bei offiziellen Besuchen auch in Zusammenarbeit mit den Gastgeber-Institutionen, zu betreuen bzw. ihnen Orientierungshilfen zu geben.

4. Die soziale und kulturelle Identität der Afrikaner und Menschen afrikanischer Herkunft zu fördern.

5. Auf Afrika bzw. Schwarze bezogene soziale, kulturelle und Bildungsprogramme zu initiieren, zu unterstützen und/ oder durchzuführen.

Projekte & Aktivitäten
Neben der Beratung und Betreuung, die den Schwerpunkt der EURAFRI-Arbeit ausmachen, werden verschiedene soziokulturelle, politische sowie Bildungsprogramme angeboten. Dazu zählen u.a.:

- Seminare und Kulturveranstaltungen
- Sprachkurse in afrikanischen Sprachen sowie Deutsch für ImmigrantInnnen
- Percussionkurse & Workshops
- EDV/ Neue Medien
- Kinder- und Jugendprogramme
- Afro-Kino und Mediathek.

Migranten sind ...Rentner?
Zur Situation älterer Arbeitsmigranten in Deutschland und Berlin[1]

Türkische SeniorInnen in Berlin-Mitte

Reinhard Griepentrog Migranten in Deutschland sind Gastwirte, Dönerverkäufer und Gemüsehändler, Hauswarte und Industriearbeiter, Flickschuster und Änderungsschneider; sie sind verzweifelte Flüchtlinge oder dreiste Asylbetrüger, gefährliche Kriminelle oder Opfer von Rassismus und Gewalt, gewaltbereite, vom islamischen Fundamentalismus infizierte Jugendliche auf dem Weg in den „Krieg der Kulturen", PKK-Aktivisten und patriarchal unterdrückte Mädchen und Frauen. Alltagswahrnehmungen, Massenmedien und die Wissenschaften präsentieren uns diese und ähnliche Bilder, sie folgen dabei zunächst einmal ihren eigenen Logiken und Konjunkturen und lassen eben auch vieles unter den Tisch fallen.

Zu den Auslassungen gehörte lange Zeit die eigentlich simple Tatsache, daß auch „ausländische Arbeitnehmer" älter werden, früher oder später ihre Erwerbstätigkeit beenden und Rentner werden. Es dominierte die Aufmerksamkeit für das Heranwachsen der zweiten und dritten „Ausländergeneration", und offensichtlich wurde nach wie vor fest erwartet, daß wenigstens die erste Generation so gut wie komplett doch noch in die Herkunftsländer zurückkehren werde. Kaum wirklich zur Kenntnis genommen wurde dagegen, daß ein erheblicher Anteil auch der Migranten der ersten Generation sich längst dauerhaft und unumkehrbar in Deutschland niedergelassen hatte - ein Prozeß, der schon vor dem Anwerbestopp von 1973 allmählich begonnen hatte und sich in den anschließenden Jahrzehnten immer mehr verfestigte. Die mittlerweile unübersehbare Konsequenz, daß Migranten auch Rentner sein und den letzten Abschnitt ihres Lebenslaufs in Deutschland verbringen werden, wurde lange Zeit nicht gezogen - auch von vielen der Betroffenen selbst nicht oder zumindest nicht als expliziter Entschluß zu bleiben, sondern als nach und nach sich einstellende Einsicht ins Unvermeidliche oder längst Entschiedene. Wer ein halbes Leben lang fest daran geglaubt hat zurückzukehren, gibt diese Perspektive nicht auf, auch wenn sie sich im Lauf der Zeit von einer konkreten Planung in eine „irgendwann" zu realisierende Absicht und schließlich in einen Traum verwandelt, der das ungewollte Altwerden in der Migration leichter macht. Das Pendeln zwischen Deutschland und dem Herkunftsland - ein paar Monate hier, ein paar Monate dort - ist für diejenigen, die es sich finanziell und gesundheitlich leisten können, Ausdruck und Lösungsversuch dieser Situation.

Es gibt eine Reihe von guten Gründen, warum ältere Migranten schließlich doch in Deutschland bleiben. Da sind zunächst einmal die Familien, die Kinder und Enkel, die weitere Verwandtschaft und manchmal auch die Ehepartner, die sich zur Rückkehr nicht entschließen mögen und verlassen werden müßten. Da ist die Scham, wenn der Lebensabend im Herkunftsland allzu bescheiden ausfiele, weil das Ziel der Wanderung nach Deutschland, sich eine Grundlage für ein gesichertes und gutes Leben im Herkunftsland zu schaffen, verfehlt wurde. Manche stellen fest, daß ihnen ihre Heimat in den langen Jahren in Deutschland fremd geworden ist, weil sie sich selbst und die Verhältnisse dort verändert haben. Großes Gewicht hat das deutsche Sozial- und Gesundheitssystem, in das viele ältere Migranten angesichts der manchmal desolaten Verhältnisse im Herkunftsland großes Vertrauen setzen oder auf das sie sich angewiesen fühlen. Dieser letzte Punkt zeigt, daß es nicht nur ein schicksalhaftes „Hängenbleiben", sondern durchaus auch ein bewußtes Wahrnehmen von Vorteilen ist, das ältere Migranten zum Bleiben in Deutschland veranlaßt.

Modellrechnungen prognostizieren, daß im Jahr 2010 etwa 1,3 Millionen und im Jahr 2030 etwa 2,8 Millionen Menschen ausländischer Herkunft über 60 Jahre in Deutschland leben werden; 1993 waren es knapp 350.000[2]. In Berlin ist die Zahl aller Ausländer über 65 Jahre allein zwischen Dezember 1991 und Juni 1995 von etwa 8.000 auf über 12.000 angewachsen; dabei stieg die Zahl der Migranten aus den ehemaligen Hauptanwerbeländern Italien, Griechenland, der Türkei und dem ehemaligen Jugoslawien von knapp 2.300 auf über 4.400. In der nachfolgenden Altersgruppe zwischen 55 und 65 Jahren lebten im Juni 1995 bereits über 27.000 Ausländer in Berlin, darunter waren mit knapp 18.000 etwa zwei Drittel Migranten aus den Hauptanwerbeländern[3].

Vergleicht man die Situation der älteren Migranten mit der der älteren Einheimischen, so läßt sich zunächst eine grundlegende Gemeinsamkeit feststellen: Da das deutsche System der sozialen Sicherung mit seinem Kernbereich der Sozialversicherung fast keinen Unterschied zwischen Deutschen und Ausländern macht, sind ältere Migranten genauso wie ältere Deutsche in der Regel kranken- und pflegeversichert und beziehen Renten aus der gesetzlichen Rentenversicherung. Ebenso können sie staatliche und kommunale Sozialleistungen der Sozialhilfe oder der Altenhilfe in Anspruch nehmen. In dieser Hinsicht können ältere Migranten als Ältere wie alle anderen auch betrachtet werden, deren letzte Lebenslaufphase mit der Ausgliederung aus dem Erwerbsleben beginnt und durch den öffentlichen Generationenvertrag abgesichert ist[4]. Eine wichtige Einschränkung muß jedoch erwähnt werden: Die dauerhafte Abhängigkeit von Ausländern von der Sozialhilfe kann zu aufenthaltsrechtlichen Konsequenzen und letztlich sogar zu einer Ausweisung führen. Obwohl dies in der Praxis so gut wie nie vorkommt, dürfte die bloße Möglichkeit, neben der Scham und Unkenntnissen über die eigenen Ansprüche auf Sozialhilfeleistungen, sicherlich eine zusätzliche Hürde vor der tatsächlichen Inanspruchnahme sein.

Im Rahmen der weitreichenden sozialrechtlichen Gleichstellung gibt es jedoch erhebliche Ungleichheiten in den Einkommen, der Wohnsituation und der gesundheitlichen Situation älterer Migranten und älterer Deutscher. Da es für die ausgezahlte Rente darauf ankommt, wie lange man Beiträge zur Rentenversicherung geleistet hat und wie hoch das Erwerbseinkommen war, liegen die Renten der älteren Migranten wegen ihrer relativ kurzen Beitragszeiten und niedrigen Erwerbseinkommen im Durchschnitt deutlich unter den Renten älterer Deutscher. Um nur einige Zahlen für Berlin anzuführen: Hier erhielten Ende 1994 aus der Arbeiterrentenversicherung, aus der über 90%

der Renten an Migranten aus den ehemaligen Hauptanwerbeländern gezahlt werden, deutsche Männer im Durchschnitt 1.874 DM, die unter den Migranten am besten gestellten spanischen Männer 1.280 DM und die türkischen Männer als Schlußlichter nur 898 DM Altersrente; die deutschen Frauen erhielten 860 DM, die unter den Migrantinnen am besten gestellten griechischen Frauen 777 DM und die Frauen aus dem ehemaligen Jugoslawien als Schlußlichter 653 DM. Die Zahlen für die gesamte Bundesrepublik bewegen sich in ähnlichen Größenordnungen. Diese Angaben sind Durchschnittswerte für die einzelnen ausgezahlten Renten - sie zeigen also nicht, welches reale Einkommen Haushalte mit mehreren Einkommens- oder Rentenempfängern haben bzw. Personen zur Verfügung steht, die neben einer eigenen Rente z.B. als Witwe oder Witwer zusätzlich eine Hinterbliebenenrente beziehen. Die Zahlen lassen aber deutlich erkennen, daß für die älteren Migranten ein erhebliches Risiko der Altersarmut besteht.

Auch die gesundheitliche Situation der älteren Migranten ist schlechter als bei gleichaltrigen Deutschen. Die oft körperlich schwere Arbeit, Akkord und Wechselschichten, dazu die psychischen Belastungen in der Migration haben dazu geführt, daß viele Migranten der ersten Generation in relativ jungen Jahren chronisch krank geworden sind. Die meisten der älteren Migranten in Berlin leben in Häusern und Wohnungen, die nur ungünstige Voraussetzungen für alte, behinderte und pflegebedürftige Menschen bieten. Häuser ohne Fahrstühle, Wohnungen mit nur geringem Ausstattungsstandard und Belastungen im Wohnumfeld der hochverdichteten innerstädtischen Altbauquartiere stehen einer möglichst langen und weitgehend selbständigen Lebensführung im Alter entgegen. Zur Bewertung des Wohnumfeldes muß aber auch gesehen werden, daß in den Quartieren mit den höchsten Ausländeranteilen entsprechende Infrastrukturen und Nachbarschaften entstanden sind, die die Wohnsituation und nicht zuletzt auch das subjektive Sicherheitsgefühl positiv beeinflussen.

Auch bei vorsichtiger Bewertung dieser Daten und Informationen bleibt nur der Schluß, daß die älteren Migranten in Deutschland und in Berlin auf Hilfe und Unterstützung angewiesen sind, und daß ihre Familienangehörigen nicht alle Probleme und Risiken auffangen können - selbst wenn sie, was nicht pauschal vorausgesetzt werden kann, in hohem Maße dazu bereit sind. Es gibt in Berlin bislang eine Reihe spezifischer Angebote für ältere Migranten - vor allem für die größte Teilgruppe aus der Türkei, aber auch für andere Nationalitäten - , die von Wohlfahrtsverbänden, Selbsthilfe- und Migrantenvereinen, Modellprojekten und teilweise auch von der öffentlichen Verwaltung getragen oder unterstützt werden. Auch in der Ausbildung des Altenhilfe- und Pflegepersonals gibt es erste Ansätze zur Vorbereitung auf die Probleme und Bedürfnisse der eingewanderten Alten.

Aber insgesamt hat sich das Altenhilfesystem bisher kaum für die älteren Migranten geöffnet; die Arbeit wird fast ausschließlich von Akteuren aus dem Feld der Migrationsarbeit geleistet. Die öffentliche Verwaltung des Landes und der Bezirke nutzt bisher vor allem die

Möglichkeit, die Aufgaben an die externen „Migrationsspezialisten" der Wohlfahrtsverbände, der Migrantenvereine oder auch an die Ausländerbeauftragten im eigenen Haus zu verweisen. Dabei zeigt das Beispiel eines Berliner Bezirks, daß die Verwaltung durchaus eine positive Rolle vor allem bei der Vernetzung der unterschiedlichen Akteure spielen kann, die auf das Alter in der Migration aufmerksam geworden sind und schon konkrete Arbeit leisten.
Angesichts der drastisch begrenzten finanziellen Mittel für soziale Arbeit und Angebote in Berlin ist es dringend notwendig, die Koordination, Kooperation und Vernetzung weiter auszubauen, um aus den vorhandenen Ressourcen, einschließlich der Kontakte zum Klientel und spezifischer Kompetenzen, ein tragfähiges Netz herzustellen.
Ein rasch wachsender Anteil der Älteren und Älterwerdenden in Deutschland und in Berlin sind Migranten - dieser Tatbestand muß endlich von allen Akteuren anerkannt und in sozialpolitischen Konzepten angemessen berücksichtigt werden ∎

Ausflug des Stadtteilladens „Halk Kösesi"

[1] *Dieser Beitrag beruht auf einem Forschungsprojekt zu den „Konzepten und Strategien zur Betreuung und Versorgung älterer Ausländerinnen und Ausländer in Berlin", das ich seit dem Oktober 1995 bearbeite. Das Projekt wird wissenschaftlich betreut von Prof. Dr. Martin Kohli und Prof. Dr. Rainer Münz.*

[2] *Vgl. Deutscher Bundestag, Drucksache 12/5796, Antwort der Bundesregierung auf die Große Anfrage zur Situation ausländischer Rentner und Senioren in Deutschland, September 1993.*

[3] *Diese Angaben beruhen auf meiner Auswertung der Bevölkerungsstatistik des Statistischen Landesamtes Berlin.*

[4] *Ich folge hier dem Konzept des „institutionalisierten Lebenslaufs" von Martin Kohli. Vgl. Kohli, Martin: Die Institutionalisierung des Lebenslaufs. Historische Befunde und theoretische Argumente. In: Kölner Zeitschrift für Soziologie und Sozialpsychologie 37 (1985), 1 - 29.*

Zum Autor:
Reinhard Griepentrog, Dipl.-Soziologe, ist wissenschaftlicher Mitarbeiter in der Forschungsgruppe Altern und Lebenslauf (FALL) am Institut für Soziologie der Freien Universität Berlin und arbeitet an einer Dissertation über die sozialpolitische Bearbeitung des Alters in der Migration in Berlin.

IV

Partizipation und Intervention

Bürgerschaftliche Teilhabe stellt einen Grundpfeiler im Kontext von Stadtplanung und Migration dar. Hierbei sind nicht nur festgefahrene Strukturen zu hinterfragen, sondern vor allem die Rolle und Innovationsbereitschaft aller Akteure. Neben den Migrantenorganisationen sind dies Repräsentanten von Politik und Verwaltung, Vertreter von Wohnungsbauunternehmen, sozialen Diensten, Verbänden oder kulturellen Institutionen.

Aktive Teilhabe von Zuwanderern erfordert eine Betrachtungsweise von zwei Seiten: als interkulturelle Öffnung der Verwaltung, politischer Entscheidungsträger und der sozialen Dienste einerseits, wie auch Artikulation und Selbstorganisation der „Minoritäten" andererseits. Gleichzeitig eröffnen sich Chancen für Vermittler zwischen Stadt und Öffentlichkeit durch die Förderung von Projekten und ethnischen Netzwerken.

Auch der Zugang von Migranten zum Wohnungsmarkt - als Hauptakteure hier die städtischen Gesellschaften mit ihrem hohen Anteil ausländischer Mieter, sowie die gemeinschaftsorientierten Genossenschaften, sind dabei mit neuen Beteiligungskonzepten gefragt.

Die Selbsthilfekraft von Zuwanderern sollte jedoch nicht nur als etatwirtschaftliche Ressource oder als „Loswerden" von Problemlösungen an die Betroffenen Beachtung finden. Partnerschaftliche Strukturen können sich vielmehr als Weg erweisen, der zwischen den Strategien paternalistisch oder ordnungspolitischer Maßnahmen und einer Vielzahl nicht vernetzter Projekte liegt, und zur bürgerschaftlichen Teilhabe in einer multi-ethnischen Gesellschaft beiträgt.

Die Möglichkeiten der Partizipation und die Notwendigkeiten der Intervention

Ethnische Eigenorganisationen als Instrumente im Situierungsprozeß

Melderechtlich registrierte Ausländer in Berlin am 31.12.1996 (größere Gruppen)

Türken	137.729
Jugoslawen (ehem. u. alle Nachfolgestaaten)	78.283
Polen	29.452
Staaten des ehem. Ostblocksystems (ohne Polen) insges.	17.884
Europäische Union (nur ehem. Anwerbestaaten):	32.573
Europäische Union (ohne ehem. Anwerbestaaten):	27.091
Staaten Asiens und des Vord. Orients insgesamt	49.987
Staaten Nord-, Mittel- und Süd-Amerikas insgesamt	16.555
Staaten Afrikas insgesamt	12.950
Staatenlos oder ungeklärt	11.848
melderechtl. registr. Ausl. am Ort d. Hauptwohng. insgesamt	444.112
Ansässige Muslime verschiedener Richtungen, etwa:	160.000
Mitglieder der Jüdischen Gemeinde, etwa:	10.500

Jürgen Fijalkowski ▮ Stadtentwicklungsexperten sagen, daß eine der ersten Sorgen der großstädtischen Kommunalpolitik sein muß, wie in den kommenden Jahrzehnten ein weiterer Zerfall der ethno-kulturell zunehmend heterogenen Wohnbevölkerung in segregiert lebende Teilgruppen verhindert werden kann. Das ist ein Problem keineswegs nur in Deutschland, aber eben auch in Deutschland. Wir wollen selbstorganisierte parallelgesellschaftliche Ghettosiedlungen zugewanderter Muslime ebensowenig, wie daß sich aus einem Verfallsbrei von Alt- und Neubauquartieren zunehmend verängstigter Kleinbürger privatpolizeilich bewachte Wohnquartiere der Reichen auszukernen beginnen. Die zunehmende Heterogenisierung der Großstadtbevölkerung, die mit Anwerbeaktionen für ausländische Arbeitskräfte und Flüchtlingsbewegungen begonnen hat, setzt sich im Zuge einer sozialen und territorialen Mobilität fort, die durch die oft von schweren Krisen begleitete Transformation von Gesellschaften und die Notwendigkeiten der Anpassung an Globalisierungszwänge angetrieben wird.

Nun gibt es zwar viele ethnokulturelle Minderheiten, die sich völlig außerhalb der öffentlichen Aufmerksamkeit befinden und in keinerlei Hinsicht ein stadtpolitisches oder gar nationales Politikum darstellen. Läßt man die unmittelbarsten individuellen Nachbarschaftsbegegnungen und die unmittelbaren Beobachtungen auf Arbeitsstellen oder im Publikum der Arbeits-, Sozial- und Wohnungsämter außer Betracht, so sind die meisten der heterogenen Minderheiten in der weiteren Öffentlichkeit sichtbar eigentlich nur, sofern sie im Restaurantwesen ethnospezifische Angebote machen - wie die Italiener und die Chinesen - oder wenn durch politische Ereignisse in ihren Herkunftsländern eine besondere Aufmerksamkeit auf sie fällt - wie im Falle des jahrelangen grausamen Bürgerkriegs in Jugoslawien - aber auch wenn sie sich eigens durch besondere Veranstaltungen in die Öffentlichkeit begeben, seien dies historische Gedenktage, wie bei der Erinnerung an die Judenmorde des Nationalsozialismus, oder seien es Kulturfestivals, Demonstrationen aus Anlaß von Politiker-Besuchen aus den Herkunftsländern sowie Solidaritätskundgebungen für die Kurden im Osten der Türkei u.ä.m. Auch das gruppeninterne Gemeinschafts- und Vereinsleben ist bei den verschiedenen Zuwanderernationalitäten höchst unterschiedlich ausgebildet. Ehemals wichtige Elternvereine der Griechen und Spanier sind inzwischen sehr unauffällig geworden, die meisten Italiener beschränken sich ebenso wie die Chinesen auf Familienkontakte. Viele der Polen verstehen sich als mehr oder weniger individuelle Grenzpendler.

Für die öffentliche Wahrnehmung sichtbar sind von den in der Tabelle aufgeführten Gruppen daher auf den ersten Blick nur die Türken und einige der Menschen vom Balkan oder aus Asien. Für die Türken ist dies der Fall, weil sie die größte Gruppe der transnationalen Zuwanderer sind, weil viele von ihnen in Kreuzberg und Neukölln leben, so daß auch das Straßenbild dies erkennbar macht, weil viele an mitgebrachten Kleidungs- und Frisiergewohnheiten sowie am Freitagsgebet in den örtlich entstandenen Moscheen festhalten, weil ihre Kinder örtlich hohe Schüleranteile stellen und einige Jugendgruppen sich nicht von vornherein anpassungsfromm zeigen. Einige der Menschen vom Balkan oder aus Asien werden spezifisch wahrgenommen, weil sie durch ungewohnte Selbsthilfeaktivitäten der Armut - wie das Absammeln von Wohlstandsmüll aus den Haustonnen von Siedlungen - oder durch Schwarzhandel mit geschmuggelten Zigaretten an den Bahnhöfen - oder in der Nähe von Asylbewerberunterkünften dadurch auffallen, daß sie keine Arbeitserlaubnis haben und daher herumlungern. Bei den Türken jedoch gibt es deutliche Bemühungen um Selbstorganisation und dazu auch etliche Resonanzbereitschaft in der jeweils angesprochenen Klientel, Attraktivität für die organisierte Rückbesinnung auf islamische Identität, allerdings auch spezifische Richtungsstreitigkeiten und Geltungskämpfe, die stark auf die inneren Entwicklungen des Herkunftslandes - nämlich auf die dortigen Auseinandersetzungen zwischen kemalistischen Traditionen und akuten Re-Islamisierungstendenzen sowie auf die interne Minderheitenpolitik des türkischen Staats selbst - oder auf Fragen des Staatsangehörigkeitswechsel der Kinder und Kindeskinder ehemaliger Gastarbeiterfamilien bezogen sind und mit der ungeklärten Entscheidung über eine Vollintegration der Türkei in die EU zusammenhängen.

Erst genaueres Hinsehen zeigt, daß es unter dieser Oberfläche zum Teil erhebliche strukturelle Probleme gibt. Trotz einer insgesamt verbesserten Wohnsituation leben gerade unter den größten Gruppen altansässiger ehemaliger Gastarbeiterfamilien viele gemeinsam mit deutschen benachteiligten Bevölkerungsgruppen vornehmlich in Stadtteilen mit geringer Wohn- und Wohnumfeldqualität. Sie tun dies keineswegs nur aus freiwilliger Suche nach Nähe zu den eigenen Leuten, sondern wesentlich aus Gründen struktureller Benachteiligung, weil sie große Haushalte haben, keine hohen örtlichen Vergleichsmieten zahlen können, Vermietervorbehalten begegnen etc. Und die sozialräumlich faßbaren Problemlagen der ethnisch heterogenen Bewohner bestimmter Wohngebiete überlagern sich mit anderen Defiziten so, daß es in bestimmten Stadtquartieren zu Kumulationen sozial und ökonomisch erfolgs- und durchsetzungsschwacher Gruppen kommt: Zuwanderer, Alte, Kinderreiche, Alleinerziehende, Arbeitslose, Sozialhilfeempfänger u.a.
Modellhaft gesprochen gibt es die allgemeine Tendenz, daß sich eine erste, nämlich international wettbewerbsfähige, von einer zweiten Stadt, der Wohnstadt der Mittelschichten, trennt und eine dritte Stadt übrig bleibt, die die Stadt der Randgruppen und Marginalisierten ist, in der vor allem auch die auf Distanz gehaltenen 'Ausländer' sich zusammenfinden und in der ein Klima populistisch aufheizbarer Ressentiments der Alteingesessenen ebenso wie ideologisierbarer Selbstsegregation der Zugewanderten gedeiht, das voller Konfliktpotentiale ist. Das bricht dann in Auseinandersetzungen zwischen Jugendgruppen oder in anderer Weise auf. Es ist eines der wichtigsten Probleme der Stadtpolitik, dieser Tendenz mit allen Mitteln entgegenzuwirken.

Die Frage ist, was sich zur Lösung dieser Probleme tun läßt, wenn die bloße patriarchalisch freundliche Aufmerksamkeit der jeweils betroffenen Ressortverwaltungen gewiß nicht genug sein kann. Die politische Struktur der Stadtgemeinden in demokratisch verfaßten Staaten gibt die Organisationsformen der Wahl von Volksvertretungen, Stadtregierungen und Bezirksämtern durch die wahlberechtigten Bürger und die Erarbeitung von stadtpolitischen Programmen und die Aufstellung von Wahlkandidaten durch die Parteien vor. Von der Ausübung eines Wahlrechts sind jedoch diejenigen heterogenen Minderheiten ausgeschlossen, deren Angehörige wenn nicht die deutsche, so mindestens die Staatsangehörigkeit eines EU-Mitgliedsstaates haben. Gerade für die größten der heterogenen Minderheiten in Deutschland ist dies aber nicht der Fall. Das ist eine weitere strukturelle Benachteiligung, die in der Regel nur um den Preis der Aufgabe der Herkunftsstaatsangehörigkeit und bei sehr langer Ansässigkeit und Assimilation an die Aufnahmegesellschaft überwunden werden kann. Es gibt gewiß nun in der Kommunalorganisation inzwischen auch langjährig tätige Ausländerbeiräte ebenso wie verwaltungseigene Ausländerbeauftragte, über die ein gewisser Einfluß auf die stadtpolitische Willensbildung und Entscheidungsfindung ausgeübt werden kann. Die Betroffenen selber aber nehmen an der Tätigkeit dieser Stellen vor allem wahr, daß sie allenfalls konsultativ sind und nur selten dort auch wirksam, wo es am deutlichsten strukturell wirkender Maßnahmen zur Korrektur von Fehlentwicklungen bedürfte.

So bleiben denn eigentlich nur noch die mehr oder minder informellen Möglichkeiten, durch Interessenverbände und Lobbyorganisationen Einfluß zu gewinnen und, wo es geht, Selbsthilfe durch Selbstorgansiation zu mobilisieren. Intervention in die Selbstläufigkeit der Prozesse, die zur Abtrennung einer dritten Stadt der Marginalisierten und zur Zusammendrängung von nach ethnischen Merkmalen stigmatisierten Unterschichten führen, ist für die Aufrechterhaltung von Friedensbedingungen des Zusammenlebens unerläßlich. Die von Seiten der Regierung und Verwaltung der Mehrheitsgesellschaft erfolgenden Maßnahmen sind im Zweifelsfalle nicht nur dem Aufwand nach zu geringfügig, sondern auch mit hohem Risiko der unzureichenden Erkenntnis der Problemlagen und der Bewirkung von Fehlleistungen behaftet. Fehlt auch die an Volleinbürgerung gebundene Vollausstattung mit aktivem und passivem Wahlrecht, so werden Selbstorganisationen der Betroffenen um so wichtiger. Das ist denn, neben der Pflege der kulturellen Eigenidentität, auch eines der wichtigsten Felder für die Aktivitäten der Eigenorganisationen der Zuwanderer. Allerdings besteht hier bei der deutschen Öffentlichkeit wiederum der Argwohn, daß eine derartige Organisationsform die Segregationstendenzen und Konfliktpotentiale nur eigens vermehren könnte.

Es gibt jedoch gute Gründe, diesem Argwohn zu widersprechen. Untersuchungen zeigen: Die ethnischen Eigenorganisationen „sind vor allem Instrumente im Situierungsprozeß von Zuwanderern. Der ethnospezifische Charakter dieser Instrumente wird dann betont, wenn dies zusätzliche Handlungskapazität ergibt. Die ethnischen Eigenorganisationen würden problematisch, wenn sie den Erwerb der Fähigkeiten zu vollständig selbständiger Lebensführung und gleichberechtigtem Zugang zu allen in der Aufnahmegesellschaft gegebenen Positionen behinderten und so etwas wie Selbstausschließung aus der umgebenden Gesellschaft begünstigten..... Unter Bedingungen demokratischer Rechts- und Sozialstaatlichkeit funktionieren die Eigenorganisationen ethnisch heterogener Zuwanderer de facto ähnlich wie die Schule: auch sie ist ein zeitweiliger Aufenthalt, und ob ihre Absolventen sich hinterher selbständig in der Welt bewegen können oder ins Abseits geraten, hängt davon ab, was man den Menschen beibringt und ob dies in einer ihren Lernbedingungen angemessenen Weise geschieht. Gerade die richtig erzogenen Schüler pflegen dann auch später noch einen Zusammenhalt und eine Anhänglichkeit an ihre alte Schule festzuhalten."

„Die Funktion der Eigenorganisationen im Situierungsprozeß von Zuwanderern ist abhängig nicht nur von Akzeptanzbedingungen der Aufnahmegesellschaft und kultureller Distanz der Zuwanderergruppe, sondern nicht zuletzt auch von intervenierenden Maßnahmen einer Bürgergesellschaft, die Alteingesessene und heterogene Zuwanderer gleichermaßen umfaßt und die sich um menschen- und bürgerrechtliche Gleichberechtigung wie um die Vermittlung einer Kultur des gegenseitigen Respekts bei Eingesessenen und Zuwanderern gleichermaßen bemüht. Auch im Urteil der Umfeldexperten ist die Funktion der ethnischen Eigenorganisationen... positiv zu bewerten, letztlich aber einzuschätzen nach der Kompatibilität der in den Eigenorganisationen der Zuwanderer verfolgten Ziele mit den Zielen der Aufnahmegesellschaft, soweit diese selbst die Ziele einer Toleranzkultur ernst nimmt. Politisch-normativ gesprochen ist die Toleranzkultur in der Tat das alles überragende Ziel."[1]

Eigenorganisationen der Betroffenen sind um so wichtiger, je größer die Diskrepanz zwischen den Notwendigkeiten der Intervention und den Möglichkeiten der Partizipation ist, um der mit wachsender transnationaler Mobilität zunehmenden Tendenz der risikoreichen und konfliktträchtigen Abtrennung einer dritten Stadt der Marginalisierten von der zweiten Stadt der Mittelschichtswohnsitze und der ersten allein wettbewerbsfähigen wirksam begegnen zu können ∎

[1] *Vergleiche dazu: Jürgen Fijalkowski und Helmut Gillmeister: Ausländervereine - ein Forschungsbericht über die Funktion von Eigenorganisationen für die Integration heterogener Zuwanderer in eine Aufnahmegesellschaft - am Beispiel Berlins. HITIT-Verlag Berlin, 1997 im Erscheinen.*

Zum Autor:
Jürgen Fijalkowski, Prof. Dr., Emeritus am Fachbereich Politikwissenschaft der Freien Universität Berlin, Forschungsstelle Arbeitsmigration, Flüchtlingsbewegung und Minderheitenpolitik.

Die interkulturelle Öffnung sozialer Dienste
Eine zeitgemäße Form der Partizipation von Migranten an kommunalen Dienstleistungen.

In Projekten und Einrichtungen der Wohlfahrtsverbände, der Selbstorganisation von Migranten, der Ausländerbeauftragten des Landes und der Bezirke sind spezialisierte Beratungs-, Bildungs- und Gemein-wesenprojekte für Migranten entstanden, die mit ihrer Arbeit Integrationshilfen bieten und somit die Teilhabe an allen gesellschaftlichen Leistungen ermöglichen wollen. Als Beispiel, für die Arbeit der Migrationsfachdienste und die Notwendigkeit der interkulturellen Öffnung sozialer Dienste in der regulären sozialen Versorgung, sollen an dieser Stelle die Erfahrungen und Ideen des PARITÄTISCHEN Wohlfahrtsverbandes dargestellt werden.

Margret Pelkhofer-Stamm | Die Beteiligung zugewanderter Bürger an der sozio-ökonomischen und kulturellen Entwicklung Berlins ist spürbar, wenn Besucher in Stadterkundungen Streifzüge durch die historische Mitte von Berlin unternehmen. Die Präsenz verschiedener Kulturen in dieser Stadt ist auch im Alltagsleben unübersehbar vorhanden. Ein ähnlich vielfältiges kulturelles Bild begegnet uns jedoch in den Einrichtungen der regulären sozialen Versorgung eher selten. Zwar sind auch in den Gesundheitsdiensten, den Sozialämtern, den Einrichtungen der Jugend-, Familien- oder Altenhilfe auf der Seite der zu versorgenden Bürger Migranten eine nicht zu vernachlässigende Zielgruppe geworden. Diese Dienstleistungen selbst werden jedoch immer noch vorwiegend so angeboten, als gäbe es nur eine homogene kulturelle Gruppe. Die Sprachen der Zuwanderergruppen, ihre Migrationsgeschichten und dementsprechend ihre Integrationschancen sowie die Unterschiedlichkeit der zur Verfügung stehenden kulturell geprägten sozialen Handlungsmuster spielen kaum eine Rolle in diesem für die Partizipation an gesellschaftlichen Dienstleistungen wichtigen Bereich. Die Diskussion über eine interkulturelle Öffnung der sozialen Dienste als zeitgemäße Form der Partizipation von Migranten an den kommunalen Dienstleistungen bekommt ihre Impulse deshalb auch nicht aus der Debatte um die Modernisierung sozialer kommunaler Dienste sondern aus der Fachdiskussion interkultureller Arbeit.

Die Aufgabe des PARITÄTISCHEN Wohlfahrtsverbandes ist es, soziales und gesellschaftspolitisches Engagement verschiedener Gruppen zu fördern, wenn diese im Rahmen der Wohlfahrtspflege tätig sind. In den Arbeitsfeldern der Jugend-, Gesundheits-, Altenhilfe und den sozialen Hilfen (Beratung und Betreuung) sind von kleinen ehrenamtlich tätigen Selbsthilfegruppen bis hin zu großen stationären Einrichtungen, wie z. B. dem Herzzentrum, gemeinnützige Vereine und neuerdings auch GmbH's Mitglieder des Verbandes. Sie können über den Dachverband ihre Interessen stärker gegenüber Verwaltung, Gesetzgeber und Kostenträgern durchsetzen und erhalten durch die Dienstleistungen und Vernetzungsangebote des Verbandes administrative und fachliche Unterstützung.

Interessengruppen, Projekte und Einrichtungen für Migranten sind im PARITÄTISCHEN im Zusammenhang mit der Bürgerbewegung der 70er Jahren entstanden. Heute gehören eine Vielzahl von Einrichtungen dazu, die spezielle Beratungs- und Hilfsangebote für verschiedene ethnische Gruppen mit inzwischen langen Aufenthaltszeiten in Deutschland, für Asylbewerber und Flüchtlinge und für die deutschstämmigen Zuwanderer aus den osteuropäischen Staaten anbieten.
Diese Einrichtungen werden zum Teil von Migrantenselbstorganisationen, wie z. B. dem Türkischen Elternverein, dem Verein iranischer Flüchtlinge, dem Polnischen Sozialrat betrieben, oder sie sind als Initiativgruppen interkultureller Teams von Sozialarbeitern und Päda-

gogen in Stadtteilläden, Kinder- und Jugendzentren oder Frauenprojekten tätig. Als dritte Variante der Angebote des Verbandes für Migranten gibt es spezialisierte Beratungsprojekte bei Trägern verschiedener Bereiche, wie z. B. die Beratung von Migrantinnen bei Pro Familia, die interkulturelle Erziehungs- und Familienberatung beim Arbeitskreis neue Erziehung, die Beratung und Heimunterbringung von Spätaussiedlern beim Deutschen Familienverband oder dem Arbeiter Samariter Bund. Darüber hinaus haben besonders die Jugend-Ausbildungs-Projekte viel Erfahrung in der interkulturellen Arbeit, da der Großteil der Jugendlichen aus nichtdeutschen Familien kommt.
Beim PARITÄTISCHEN Wohlfahrtsverband, einem freien Träger der sozialen Versorgung, konnte sich aufgrund der Zielgruppenorientierung die interkulturelle Öffnung der Arbeit in diesen o. g. Bereichen entwickeln. Dazu gehört es, daß muttersprachliche, den verschiedenen Zuwanderergruppen angehörende Mitarbeiter in den Einrichtungen arbeiten, daß spezifische fachliche und kulturelle Kompetenzen und Methoden in den Einrichtungen verfügbar sind, und dadurch Schwellenängste und Zugangsbarrieren auf Seiten der Migranten minimiert werden können.

Diese Migrationsprojekte fungieren auch als Vermittlungsstellen zwischen MigrantInnen, Ämtern und Institutionen. Sie haben wichtige Netzwerke aufgebaut, um die Chancengleichheit von MigrantInnen in den Bereichen Schule, Ausbildung, Arbeitsplatz, Gesundheits- und Sozialdiensten zu verbessern. Die MitarbeiterInnen dieser Projekte leisten oft „Übersetzungsarbeit" für andere Institutionen. Mit Übersetzung ist nicht eine ausschließliche Dolmetschertätigkeit gemeint, die jederzeit und kostenlos von allen Ämtern und Institutionen abgerufen werden kann. Es geht vielmehr um eine Art Vermittlungsarbeit. Sie soll helfen, die Ursachen sozialer, wirtschaftlicher, psychischer und gesundheitlicher Probleme im Hinblick auf Hintergründe und Folgen von Migration zu klären und bei kulturellen Verständigungsproblemen zu vermitteln, um psychosoziale Hilfen nutzbar zu machen. Diese Kooperation wird von Ämtern und Institutionen, die mit MigrantInnen zu tun haben zwar immer stärker gefragt aber nicht immer positiv bewertet. Zum einen machen gut informierte MigrantInnen manchmal mehr Arbeit und zum anderen ist es auch mühsamer, Vermittler in die Arbeit der Ämter einzubeziehen als nur eine reine Dolmetscherleistung abzurufen oder den Klienten weiter zu verweisen.

Diese Formen der interkulturellen Arbeit reichen jedoch nicht mehr aus. Wir müssen zunehmend feststellen, daß die kommunalen und z. T. auch die Einrichtungen der freien Wohlfahrtspflege in ihren Regelangeboten noch zu wenig auf die ethnische und kulturelle Vielfalt der Berliner Bevölkerung eingestellt sind. In den Sozial- und Gesundheitsdiensten, den therapeutischen Beratungsstellen, den ambulanten und stationären Einrichtungen der Altenhilfe fehlt es nach wie vor an einer ausreichenden Anzahl von MitarbeiterInnen aus den zugewanderten Bevölkerungsgruppen, es fehlt an Kompetenzen im Umgang mit kulturellen Unterschieden und den Folgen von Migration. Wir erleben zwar täglich, daß Wirtschafts- und Arbeitswelt, Politik und Kultur nicht mehr national funktionieren, sträuben uns jedoch dagegen, neue Handlungskompetenzen zu erlernen, die interkulturelle Kommunikation zumindest in wichtigen gesellschaftlichen Bereichen ermöglichen.

Die interkulturelle Öffnung der sozialen Dienste ist eine notwendige Forderung im Rahmen einer kommunalen Politik, die eine möglichst hohe Partizipation aller Bevölkerungsgruppen am gesamten Versorgungsangebot einschließt. Dies umzusetzen, erfordert jedoch eine ressort- und trägerübergreifende Arbeitsorganisation und dementsprechende strukturelle Veränderungen.

Zunächst wären bestehende Kooperationsformen zwischen Migrationsdiensten und den Regeldiensten der sozialen Versorgung auszuweiten. Die Organisation von Fallkonferenzen, das Aufstellen von Hilfeplänen muß die Komponente der interkulturellen Fragestellungen einbeziehen und bei Notwendigkeit auch die entsprechenden Fachleute beteiligen. Weiterhin wäre es denkbar, um Zugangsbarrieren für Migranten zu senken, Kooperationsverträge für Sprechstunden von Gesundheits- und Sozialdiensten, psychologischen Beratungsstellen usw. in den Einrichtungen der Migrationsdienste einzurichten.

Eine entscheidende Chance für die Öffnung der sozialen Dienste in Berlin könnte die zur Zeit laufende Verwaltungsreform bieten. Analog zu diesen Veränderungen - die Bürgernähe als ein wesentliches Ziel propagiert - könnten die Themen interkulturelles Image, Chancengleichheit für und der Schutz von Minderheiten als Leitgedanken für die Modernisierung der öffentlichen Verwaltung eingeführt werden. Dies setzt voraus, daß alle öffentlich zugänglichen Aufgaben unter dem Aspekt des Zugangs für Minderheiten untersucht und Zugangsbarrieren abgebaut werden. Planungsverfahren (Verwaltung, Jugendhilfeplanung, Plan- und Leitstellen im Sozial- und Gesundheitsbereich) müßten sich mit diesem Leitgedanken beschäftigen. Weiterhin könnte mit so „simplen Mitteln wie geschulten Pförtnern, mehrsprachigen Hinweisschildern und Broschüren die interkulturelle Offenheit des Amtes vermittelt werden.

All diese Vorschläge sind nicht kostenintensiv! Sie erfordern jedoch von den Beteiligten, das Verständnis, alle Bürger gleichermaßen an den sozialen Dienstleistungen zu beteiligen und Mut, andere als die bisherigen Handlungswege zuzulassen. Der dazu notwendige Schritt zu einem flexibleren Einsatz der Arbeitskräfte und -orte sowie die verbindliche Kooperation zwischen freien und öffentlichen Trägern entspricht einem modernen Dienstleistungsverständnis.

Die Offenheit in Bezug zu neuen Kooperationsformen ist ein möglicher Zugang der interkulturellen Öffnung sozialer Versorgung. Bedeutend bleibt nach wie vor die Einstellung muttersprachlicher und interkulturell erfahrener MitarbeiterInnen in die entsprechenden Dienste. Dies ist auch in Zeiten der leeren Kassen und Stellenstops nicht unmöglich, denn neu zu besetzende Stellen wird es immer wieder geben und diese sollten dann in den entsprechenden Bereichen der sozialen Versorgung auch unter dem interkulturellen Aspekt besetzt werden.

Als letzter Gesichtspunkt sei hier auch der gezielte Einsatz von interkulturellen Trainings und Fortbildungen für MitarbeiterInnen sozialer Dienste genannt, der durch die Ausländerbeauftragte des Berliner Senats bereits praktiziert wird. Für diese Form der interkulturellen Öffnung müssen jedoch noch viel stärker die MitarbeiterInnen und Verantwortlichen in den sozialen Diensten gewonnen werden ■

Zur Autorin:
Margret Pelkhofer-Stamm, Dipl.-Päd., ist Referentin beim PARITÄTISCHEN Wohlfahrtsverband: Wahrnehmung von Dachverbandsaufgaben zum Themenbereich Migration; konzeptionelle und fachliche Beratung von Mitgliedsorganisationen, die Beratungs- Bildungs- und kulturelle Einrichtungen und Projekte für MigrantInnen und/oder interkulturelle Projekte betreiben.

Die Arbeit des Caritasverbandes mit Migranten
Projektarbeit in Berlin

Der Deutsche Caritasverband - Wohlfahrtsverband der Katholischen Kirche - orientiert sich an der christlichen Sozialethik und Soziallehre der Kirche. Seine Grundpositionen wurden am 6.5.1997 veröffentlicht (Deutscher Caritasverband, Leitbild des Deutschen Caritasverbandes, Freiburg 1997).
Ziele und Aufgaben des Katholischen Wohlfahrtsverbandes sind, den Menschen in seiner Würde zu schützen, miteinander solidarisch in einer pluralen Welt zu leben und Verantwortung über Grenzen hinaus wahrzunehmen. Als Aufgaben sind benannt, den Menschen in Not zu helfen, sich für die Belange Benachteiligter als Anwalt und Partner einzusetzen sowie bei der Gestaltung von Sozial- und Gesellschaftspolitik mitzuwirken. Außerdem trägt der Caritasverband zur Qualifizierung sozialer Arbeit bei. Caritas hat den Anspruch, ehrenamtliches Engagement zu fördern und auszubauen.

Barbara Ruff, Peter Wagener ▌ Die Arbeit mit Migranten hat für die Caritas einen besonderen Stellenwert. Schon in der Gründungszeit des Deutschen Caritasverbandes vor 100 Jahren nahm der Sozialdienst für die damaligen italienischen Wanderarbeitnehmer seine Arbeit auf. Beratungsstellen für die ausländischen Arbeitnehmer während der Anwerbezeit von 1955 - 1973 wurden eingerichtet, welche später durch den Zustrom von Flüchtlingen und Aussiedlern ausgeweitet wurden.

Die veränderte Migrationsentwicklung - vor allem bedingt durch den verstärkten Familiennachzug von bereits hier lebenden Ausländern, das Heranwachsen der zweiten und dritten Generation der Gastarbeiter, einer erhöhten Zuwanderung aus Osteuropa und durch eine zahlenmäßig immer größer werdende Gruppe von Menschen ohne Aufenthaltsstatus - machten es erforderlich, neue Konzepte zu entwickeln. Um der wachsenden Fremdenfeindlichkeit entgegenzuwirken, ist es außerdem notwendig, die einheimische Bevölkerung in den Prozeß der Aufnahme und Akzeptanz von Menschen ausländischer Herkunft einzubeziehen. Der Zentralrat des Deutschen Caritasverbandes hat am 10.05.1994 das Rahmenkonzept der Caritasarbeit mit Migranten verabschiedet. Dieses Konzept geht auf die veränderten Rahmenbedingungen in den Sozialdiensten für Ausländer ein. Weiter wird darin die Notwendigkeit eines speziellen Dienstes für die Arbeit mit Migranten betont. Dieser hat zunächst die Aufgabe, Zuwanderer in typischen Ausländerfragen, die z.B. Integrationsmaßnahmen, Deutschkurse und den Aufenthaltsstatus betreffen, zu beraten und ihnen bei auftretenden Problemen zu helfen. Die Sozialdienste sollten die Migranten - sofern erforderlich - in der Muttersprache beraten können.

Häufig sind die Beratungsstellen für Menschen fremdländischer Herkunft in der Praxis mit anderen Problemen der Ratsuchenden befaßt. So führen die Sozialarbeiter u.a. Schuldenregulierung durch und beraten bei vorhandenen Erziehungsschwierigkeiten. Die allumfassende Beratung hat jedoch ihre Grenzen. Ziel des Rahmenkonzeptes ist deshalb, daß die ausländische Bevölkerung wie alle einheimischen Bürger in Fragen des alltäglichen Lebens, andere Dienste (z.B. Schuldner- und Familienberatungsstellen) aufsuchen.

Für ein friedvolles Miteinander sind Begegnungen zwischen Menschen fremder Kulturen und Einheimischen zu ermöglichen. Der Aufbau von ehrenamtlicher Tätigkeit in Zusammenarbeit mit Hauptamtlichen ist ein wichtiges Anliegen der Caritasarbeit mit Migranten. Kooperation und Vernetzung mit anderen Dienststellen und Institutionen sind anzustreben. Und nicht zuletzt ist der Caritasverband gefordert, die gesellschaftlichen und politischen Entwicklungen mitzugestalten, z.B. in Form von Stellungnahmen und Mitarbeit in entsprechenden Gremien.

Die Beratungsstellen sind in erster Linie mit der materiellen Existenzsicherung der Ausländer befaßt. Die Arbeitslosenquote von ausländischen Arbeitnehmern war im Jahr 1996 im Vergleich zur Gesamtbevölkerung im Jahresdurchschnitt mehr als doppelt so hoch. In Westberlin waren 28,5 % Ausländer gegenüber 14,2 % der Gesamtbevölkerung arbeitslos (Deutscher Caritasverband, Ausländersozialberatung/Sachbericht 1996, S. 5, Freiburg 1996). Es wird eine kontinuierliche Verschlechterung der materiellen Versorgung und eine sichtbare Zunahme von Armut bei ausländischen Familien und Einzelpersonen festgestellt. Erst in zweiter Linie sind die Sozialdienste mit Fragen, die den Aufenthaltsstatus betreffen, befaßt. Ältere Migranten spielen in der Beratungsarbeit eine zunehmende Rolle. Dabei geht es hier im wesentlichen um Fragen der Rentenversicherung, die in der Regel für die ausländische Bevölkerung - insbesondere für die Erwerbstätigen aus der ersten Generation der Gastarbeiter - wegen zu kurzer Beitragszahlungen und niedrigem Lohnniveau keine hinreichende Lebenssicherung darstellt. Oftmals muß hier zusätzliche Sozialhilfe beantragt werden. Ein weiterer Problembereich ist die schulische und berufliche Integration Jugendlicher, der nicht außer Acht gelassen werden darf. Spezielle Förderprogramme und Ausbildungsmaßnahmen sind aber nicht genügend vorhanden; sie werden auf Grund von Einsparungen noch weiter reduziert.

Die Fachdienste in der Migrationsarbeit haben künftig ein komplexeres Aufgabengebiet zu bewältigen. Sie müssen sich mit der rechtlichen Situation der Migranten aus den verschiedenen Herkunftsgebieten und mit ihrem jeweiligen Aufenthaltsstatus befassen und sind mit einer Vielfalt von Kulturen konfrontiert. Weiter erfordert die zunehmende Armut der Migranten u.a. ein präzises Fachwissen über die für sie in Frage kommenden Sozialleistungen. Die Besonderheiten von älteren Migranten und Jugendlichen sind zu berücksichtigen. Und bei alledem erfahren die Sozialdienste für die Migranten eine kontinuierliche Personalreduzierung durch den Rückgang öffentlicher und kirchlicher Finanzmittel. Die Beratungsstellen werden fachlich zunehmend unter schwierigeren und eingeschränkteren Rahmenbedingungen gefordert sein. Gruppen- und Gemeinwesenarbeit, Kooperation mit anderen Fachdiensten, Institutionen, Ehrenamtlichen, kommunalen Stellen und Kirchengemeinden müßten vielmehr intensiviert und ausgebaut werden. Qualitätssicherung in Form von Fortbildungen ist für den Caritasverband auch weiterhin ein zentrales Thema.

Der Caritasverband für Berlin e.V.

Die Erfahrungen, die in der Migrationsarbeit bundesweit gemacht wurden, bestätigen sich auch in Berlin. Die materielle Versorgung der Migranten steht im Vordergrund. Eine wachsende Armut der Ratsuchenden (Arbeitslosigkeit, Überschuldung, schlechte Wohnverhältnisse, Wohnungslosigkeit) prägt den Sozialdienst. Weiter ist die psychosoziale Beratung, etwa wegen Familienproblemen und Traumatisierung durch Fluchterlebnisse, ein wichtiger Bestandteil der Tätigkeit. Eine zahlenmäßig starke Zunahme ist aus Osteuropa und von Menschen ohne Aufenthaltsstatus zu verzeichnen. Derzeit haben die Sozialdienste den großen Andrang bosnischer Bürgerkriegsflüchtlinge, deren Rückkehr bevorsteht, zu bewältigen.

Der Caritasverband für Berlin e.V. ist u.a. Träger des Migrationszentrums in Berlin-Kreuzberg, Stresemannstraße 66. Elf Mitarbeiter und Mitarbeiterinnen beraten in verschiedenen Sprachen (englisch, deutsch, französisch, italienisch, koreanisch, kroatisch und spanisch) Menschen ausländischer Herkunft sowie Aussiedler unabhängig von Nation, Kultur und Religion. Dem Migrationszentrum sind ferner drei Außenstellen zugeordnet: In Spandau sowie in Marienfelde in der Landesaufnahmestelle für Aussiedler befindet sich jeweils eine Beratungsstelle für diesen Personenkreis, in Tempelhof gibt es ein Jugendgemeinschaftswerk für junge Aussiedler.

Caritasverband für das Erzbistum Berlin e.V.

Die Mitarbeiter im Migrationszentrum informieren die Ratsuchenden über Deutschkurse und motivieren sie, daran teilzunehmen. Der Fachdienst in der Stresemannstraße befaßt sich außerdem mit den Anliegen der älteren Migranten. So gab es z.B. im letzten Jahr in Kooperation mit den Aussiedlerdiensten eine Seniorenfreizeit mit Teilnehmern aus verschiedenen Kulturen. Ein weiteres wichtiges Angebot ist das Caritasprojekt „Sozialpädagogische Betreuung und Beratung jugendlicher Aussiedler in Berlin-Lichtenberg. Darüber hinaus werden immer wieder einzelne Projekte entwickelt und durchgeführt. So hatte der Caritasverband für Berlin e.V. z.B. für eine Gruppe von Vietnamesinnen eine Ausbildung zu Altenpflegerinnen organisiert. Weiterhin ist im Rahmen des Europäischen Sozialfonds ein Projekt zur Integration von Flüchtlingen beantragt worden. Der Caritasverband führt mit den Mitarbeitern regelmäßig Fortbildungen durch, um die Qualität der Sozialarbeit zu gewährleisten und zu verbessern.

Sozialpädagogische Betreuung und Beratung jugendlicher Aussiedler im Wohngebiet „Frankfurter Allee Süd"

Im Berliner Bezirk Lichtenberg wohnen nach Schätzungen des Bezirksamtes 3.200 Aussiedler, von denen 40 % unter 20 Jahre alt sind. Fast alle leben erst ein bis zwei Jahre in Deutschland. Sie kommen aus den GUS-Staaten, überwiegend aus Kasachstan. Nicht alle Jugendlichen besitzen einen Schulabschluß, nur wenige eine abgeschlossene Berufsausbildung.

Im Wohngebiet „Frankfurter Allee Süd" leben die Ausiedlerfamilien in typischen Plattenbauten. Da ihre finanziellen Möglichkeiten auf Grund hoher Arbeitslosigkeit beschränkt sind, bewohnen sie vorwiegend 2- bzw. 3-Raum-Wohnungen. Es ist durchaus üblich, daß zwei oder mehr Kinder sich ein Zimmer teilen. War man dies vom Herkunftsland gewöhnt, wird es in Berlin zum Problem, da die jungen Aussiedler erleben, daß die einheimischen Jugendlichen in der Regel ihr eigenes Zimmer haben. Dies ist ein Beispiel dafür, daß sich die bisher vertrauten Lebensgewohnheiten so nicht mehr in Deutschland fortsetzen lassen. In den häufig beengten Wohnverhältnissen gestaltet sich das Zusammenleben schwieriger als im Herkunftsland. Generationskonflikte sind die Folge, da die Jugendlichen ihr Leben, anders als die Eltern es erwarten, gestalten wollen. Offensichtlich mangelt es ihnen an Rückzugsmöglichkeiten.

Im Bezirk Lichtenberg gibt es keine entsprechenden Freizeit- und Bildungsangebote. So bleibt als einziger Treffpunkt die Straße, der Spielplatz vor dem Plattenbau Frankfurter Allee Nr. 182, die Hauseingänge der Hochhäuser und der Supermarkt im Bereich der Schulze-Boysen-Straße. Da außer diesen Treffpunkten keine Freizeitmöglichkeiten vorhanden sind, kommen schnell Langeweile, Frust und damit zusammenhängend exzessiver Alkoholkonsum auf. Die beobachtbaren Folgen sind zunehmende Gewaltbereitschaft, die sich in Schlägereien mit anderen Jugendlichen entladen und sogar kriminelle Delikte. Diese Auffälligkeiten stehen in direktem Zusammenhang mit der besonderen Situation der Aussiedler: Mangelnde Deutschkenntnisse führen zu Verständigungsproblemen und vermindern die beruflichen und sozialen Eingliederungschancen. Die Folgen davon sind oftmals Arbeitslosigkeit und Abhängigkeit von Sozialhilfe. Erhebliche Verunsicherung und Orientierungslosigkeit treten außerdem häufig durch den Verlust der bisher gelebten Werte und Normen auf und verschärfen somit die ohnehin schon belastende Situation der Aussiedler. Die geschilderte Lebenssituation erklärt, warum sie sich von anderen Mitbürgern abschotten und unter sich bleiben. Anerkennung und Schutz erfahren Aussiedler in ihrer Clique, während sie im Kontakt zur einheimischen Bevölkerung eher auf Ablehnung bis hin zu Fremdenfeindlichkeit stoßen.

Im Rahmen von Jugendsozialarbeit können solche beschriebenen Problemsituationen aufgegriffen und konstruktive Lösungsansätze in Form von Angeboten und Maßnahmen entwickelt werden. Dies bedeutet, die sprachliche, schulische, berufliche, soziale und gesellschaftliche Integration zu fördern und zu unterstützen. Da der Caritasverband für Berlin e.V. seit über 20 Jahren in der Arbeit mit Aussiedlern engagiert ist, wurde er vom Bezirksamt Lichtenberg im Sommer 1997, nachdem die Probleme mit den Jugendlichen immer auffälliger wurden, mit der Einrichtung eines Jugendtreffpunktes für die Spätaussiedler beauftragt.

Die Alltagsbegleitung der Jugendlichen muß durch eine kompetente Kontaktperson mit entsprechender Ausbildung als Sozialarbeiter bzw. Sozialarbeiterin erfolgen. Wichtigstes Ziel war zunächst, den Jugendlichen einen Raum zu geben und sie von der Straße zu holen. Die Deutsche Telekom stellte dem Caritasverband einen ehemaligen Betriebskindergarten in unmittelbarer Nähe zu den Plattenbauten zur Verfügung, der von den Jugendlichen mitgestaltet wird. Die Angebote enthalten folgende Elemente: Aufsuchende Beratung und intensive pädagogische Einzelfallhilfe, Vernetzung und Kooperation mit anderen Einrichtungen der Jugendarbeit und anderen Diensten (z.B. „gangway", Jugendamt, Drogenberatungsstellen, Schulen), Gruppenangebote für Jungen und Mädchen, Freizeitaktivitäten im sportlichen und musisch-kulturellen Bereich, Organisation jugendspezifischer Sprach- und Orientierungskurse sowie Nachhilfeunterricht und Hausaufgabenhilfe.

Ehemaliger Betriebskindergarten in Lichtenberg als zukünftiger Treffpunkt für jugendliche Aussiedler

Natürlich ist es das Ziel des Caritasprojektes in Lichtenberg, die Jugendlichen in die Berliner Gesellschaft zu integrieren. Dazu leistet der Jugendclub einen Beitrag. Unabdingbar bleibt jedoch die mittelfristige Förderung des Projektes durch die Politik.

Zu den AutorInnen:
Barbara Ruff ist Referentin für den Migrationsdienst im Caritasverband für das Erzbistum Berlin e.V., Peter Wagener ist Fachbereichsleiter für Migration und Wohnungslosenhilfe im Caritasverband für Berlin e.V.

Die Wohnheimunterbringung von Migranten in Berlin

In der Nachkriegszeit wurden in Berlin (West) die ersten Wohnheime für Flüchtlinge, wie z.B. das „Lager Marienfelde" eröffnet. Mit dem Wort „Flüchtling" wurden früher DDR-Bürger bezeichnet, die in den Westen geflüchtet sind. Eine dramatische Unterbringungsnotsituation entstand kurz vor dem Mauerbau 1961. Danach wurde es wieder ruhig.

Peter Kužma ▌ Erst in den 70er Jahren stieg erneut die Zahl der Übersiedler (DDR), der Aussiedler aus Polen und der anderen Flüchtlinge. 1974 gab es die erste größere Flüchtlingswelle aus Indien und Pakistan, mit der Berlin wieder konfrontiert wurde. Höhepunkte waren die Jahre 1989 und 1990 nach dem Fall der Mauer und des „Eisernen Vorhangs". Es kamen zur gleichen Zeit Übersiedler aus der DDR, Aussiedler aus Polen und besonders viele Flüchtlinge aus Süd- und Osteuropa. Zu diesem Zeitpunkt gab es mehr als 200 Wohnheime und Notunterbringungseinrichtungen. Heute sind es ca. 100 Wohnheime mit einer Kapazität von ca. 20 000 Betten.

Wohnheimunterbringungsarten

Die Wohnheime haben die Aufgabe, Migranten (Flüchtlinge, Aussiedler), die in die Bundesrepublik kommen, aufzunehmen, damit sie nicht obdachlos werden.

Zuständig für die Unterbringung von Flüchtlingen und Aussiedlern in Berlin ist das Landesamt für Zentrale Soziale Aufgaben und die Bezirksämter. Die Betreiber der Wohnheime sind die Wohlfahrtsverbände (42%), insbesondere das DRK und die Privaten (58%).

Es gibt mehrere Arten von Wohnheimen:
1. Durchgangswohnheime (Erstaufnahme)
2. Notunterbringungen
3. Übergangswohnheime

1. Durchgangswohnheime

Alle Asylbewerber müssen sich in der Zentralen Aufnahmestelle für Asylbewerber (ZAA) in der Streitstraße zur Aufnahme melden. Nach dem Bundesländerverteilerschlüssel nimmt Berlin heute 2,2% aller Flüchtlinge auf. Ist diese Quote erfüllt, werden die Flüchtlinge auf andere Bundesländer verteilt. Das Asylverfahrensgesetz schreibt einen maximal 3-monatigen Aufenthalt in der ZAA vor, danach müssen die Flüchtlinge in die Übergangswohnheime verteilt werden.

In dem Durchgangswohnheim Marienfelde werden die nach Berlin zugeteilten Aussiedler für einige Tage aufgenommen und dann in die Übergangswohnheime in alle Bezirke verteilt.

2. Notunterkünfte

Durch den besonderen politischen Status war Westberlin bis zum Mauerfall ein beliebter Einreiseort in die BRD. So konnten z.B. alle Osteuropäer nach Westberlin visafrei einreisen, und die anderen Flüchtlinge haben nur ein DDR-Visum gebraucht, um aus Ostberlin über den Grenzübergang Friedrichstraße ohne Kontrolle einzureisen. In den 80er Jahren sind 40% und mehr der Flüchtlinge über Westberlin in die BRD eingereist. Dies führte öfters zu Engpässen bei der Unterbringung. Bei größeren Flüchtlingswellen war man dann gezwungen, zusätzliche Notunterkünfte bereitzuhalten.

So wurden z.B. öfters Turnhallen als Notunterkünfte beschlagnahmt. In den kritischen Jahren 1989 und 1990 wurde z.B. eine Messehalle für 300 Personen über Nacht zu einem Wohnheim umfunktioniert. In der Erstaufnahmeeinrichtung Streitstraße wurden 1989 im Speisesaal 80 Betten aufgestellt und der Speisesaal wurde in ein auf dem Hof aufgebautes Zelt ausgelagert. Zusätzlich wurden auf dem Gelände Wohnwagen und Container aufgestellt, so daß die Kapazität von 1.000 Plätzen innerhalb kürzester Zeit auf 1.500 angehoben wurde. In dieser Notsituation sind auch mehrere Container-Wohnheime entstanden. Die letzte Notsituation war 1992, als Tausende bosnischer Kriegsflüchtlinge nach Berlin kamen.

3. Übergangswohnheime

Die Übergangswohnheime sollen die Funktion haben, die Flüchtlinge und Aussiedler so lange aufzunehmen, bis sie in eine eigene Wohnung umgezogen sind. Dies kann unterschiedlich lange dauern und ist von mehreren Faktoren abhängig.

Zur Zeit ist die Wohnungsmarktsituation in Berlin günstig, insbesondere in Osberlin, wo es viele leere Wohnungen in den Plattenbauten gibt, die insbesondere unter den GUS Aussiedlern beliebt sind. Oft finden die Aussiedler eine Wohnung innerhalb von 2 bis 3 Monaten. Die Wohnungsvermieter wollen von den Mietern in der Regel eine Verdienstbescheinigung. Für viele ist es ein Problem, weil sie Sozialhilfeempfänger sind. Bei den meisten Wohnungsbaugesellschaften werden jedoch Mietkostengarantiebescheinigungen von den Sozialämtern akzeptiert.

Unter den anerkannten Flüchtlingen haben es die Ausländer schwerer eine Wohnung zu finden als die Aussiedler, die einen deutschen Personalausweis besitzen.

Nach der Verschärfung des Asylbewerberleistungsgesetzes seit dem 1.6.1997 dürfen Flüchtlinge eine eigene Wohnung erst nach 3 Jahren, d.h. erst am 1.6.2000 beziehen.

Eine Ausnahme sind nur die Asylberechtigten und die Kontingentflüchtlinge.

Gemeinschaftsküche im Wohnheim Tegel

Infrastruktur und Standards der Wohnheime

Die Wohnheime, mit Ausnahme der Erstaufnahmeeinrichtungen, sind für einen mittel- bis langfristigen Aufenthalt konzipiert. Sie müssen einem Mindeststandard, der durch das Landesamt für Zentrale Soziale Aufgaben vorgegeben wird, erfüllen.

Im wesentlichen sind es folgende Kriterien:

- „Für jede Person werden mindesten 6 qm Wohnfläche bereitgestellt. Darüber hinaus ist ein Gemeinschaftsraum zur Verfügung zu stellen. ...
- Für jeden Bewohner wird eine eigene Bettstelle vorgesehen. ... Es dürfen höchstens zwei Bettgestelle übereinander gestellt werden.
- Zur Ausstattung der Wohnräume gehören: Ein Schrank oder ein Schrankteil pro Person, ein Tischplatz mit Stuhl pro Person, mindestens ein Abfalleimer je Zimmer, eine Möglichkeit zur Aufbewahrung von Lebensmitteln-Kühlschrank-, Handtücher und Bettwäsche.

- Für unverheiratete Männer und Frauen werden getrennte Schlafräume vorgehalten.
- Für die im Haus wohnenden Kinder wird ein Spielzimmer, ausgestattet mit kindergerechtem Mobiliar, eingerichtet. ...
- Für die Erwachsenen soll mindestens ein Aufenthaltsraum mit Fernsehmöglichkeit eingerichtet werden, der auch für kulturelle und religiöse Zwecke genutzt werden kann.
- Es müssen ausreichend Kochstellen und Spültische zur Selbstverpflegung vorhanden sein.
- Für die notwendige Körperpflege werden mindestens zwei Handwaschbecken sowie eine Dusche/Wanne für 15 Personen vorgesehen.
- Nach Möglichkeit erfolgt eine Belegung mit Familienverbänden. Es werden nicht mehr als eine Familie in einem Raum untergebracht. ..."

Es klingt nicht nach Luxus, es ist auch wahrhaftig keiner und jeder Flüchtling und Aussiedler ist froh, wenn er in seine eigene Wohnung umziehen kann und endlich seine eigene Küche, Toilette und Badezimmer hat.
Trotzdem muß differenziert werden, denn die Wohnheime unterscheiden sich noch in der Größe, der Bauart und vom Standort. So hat z.B. das DRK ein Wohnheim mit 69 Plätzen in einer Villa mit Garten im Westend und ein anderes Wohnheim mit 700 Plätzen in einem ehemaligen Verwaltungsgebäude mit trostlosen langen Gängen im Industriegebiet in Tegel.
Es wird aber auch auf Besonderheiten eingegangen wie z.B. Frauenhäuser und Wohnheime für unbegleitete jugendliche Asylbewerber.

Beratung und Betreuung in den Wohnheimen

In den Wohnheimen leben auf engstem Raum Flüchtlinge aus vielen Ländern mit verschiedenen Kulturen. Das Warten auf Entscheidungen von Behörden und das Arbeitsverbot ist zermürbend und versetzt die meisten Flüchtlinge in eine abwechselnde Lage aus Lethargie, Depression und Aggression. Diese Stimmung wird von den Erwachsenen oft auch auf die Kinder übertragen.
Die MitarbeiterInnen (Betreuer, Sozialarbeiter, Erzieher) in den Wohnheimen, die oft selbst Migranten sind, sorgen dafür, daß die Flüchtlinge psychosozial betreut und im Asylverfahren und bei Aufenthaltsangelegenheiten beraten werden.
Unter der räumlichen Enge leiden die Kinder am meisten, deshalb wird besonders großer Wert auf die Kinderbetreuung gelegt.
Ein großes Problem ist die sprachliche Verständigung. Zur Zeit sind in der ZAA die größte Flüchtlingsgruppe die Mongolen, es gibt aber keinen Mitarbeiter der mongolisch spricht.

Zimmer im Wohnheim Tegel

Welche gesellschaftspolitische Funktion erfüllen heute die Wohnheime?

Wohnheimunterbringung soll eigentlich nur eine vorübergehende Hilfsmaßnahme sein, solange die betroffenen Personen keine eigene Wohnung haben. Wohnheimunterbringung ist auch eine teure Angelegenheit (z.Z. ca. 700 DM pro Person pro Monat).

Das gesellschaftspolitische Ziel bei der Aufnahme von Aussiedlern ist eindeutig, sie sollen integriert werden und sollen so schnell wie möglich eine eigene Wohnung beziehen.

Bei der Integration von Flüchtlingen muß nach dem Aufenthaltsstatus differenziert werden. Anerkannte Flüchtlinge sollen integriert werden, d.h. sie sollen in eigene Wohnungen ziehen. Die übrigen, die im Asylverfahren sind, die „Geduldeten", die in ihre Heimatländer nicht zurückkehren können und die bosnischen Kriegsflüchtlinge sollen nach der Gesetzesänderung vom 1. Juni 1997 nur noch in Wohnheimen untergebracht werden.

Früher konnten sich alle Flüchtlinge nach der Erstaufnahme sofort eine eigene Wohnung suchen. Als Anfang der 90er Jahre die Zahl der Asylbewerber 600 000 (1992) erreichte, wurden die Gesetze verschärft. Mit dem neuen Asylbewerberleistungsgesetz wurden die neu ankommenden Flüchtlinge verpflichtet, das erste Jahr in einem Wohnheim untergebracht zu werden und deren Sozialhilfe wurde um 20% gekürzt und mußte als Sachleistung ausgegeben werden.

In Berlin wurde das Problem so gelöst, daß die Flüchtlinge in einem nur für sie eingerichteten Laden in einem privaten Wohnheim bargeldlos einkaufen konnten.

Seit der Gesetzesänderung vom 1.6.1997 müssen alle Flüchtlinge im Asylverfahren 3 Jahre lang nach dem Sachleistungsprinzip versorgt werden. Dies gilt für alle Flüchtlinge, auch wenn sie hier schon einige Jahre lebten. Für die ca. 2.100 Flüchtlinge, die in Berlin im Asylverfahren sind, wurde jetzt noch ein zweiter Laden eröffnet.

Dieses Verfahren ist auf heftige Kritik gestoßen und wird als menschenverachtend von den Wohlfahrtsverbänden, den Kirchen und dem Flüchtlingsrat abgelehnt.

Zur Zeit wird von der Sozialsenatorin Hübner eine Gesetzesinitiative angeregt, wonach alle Flüchtlinge ohne Aufenthaltsstatus in Sammelunterkünften unter Ausschluß von allen Bargeld- und Sachleistungen bis auf die Verpflegung(Großküche), untergebracht werden sollen ■

Zum Autor:
Peter Kuźma, Diplom Pädagoge, Fachgruppenleiter im Berliner DRK Zentrum für Flüchtlingshilfen und Migrationsdienste.

Planung eines interkulturellen Gesundheitszentrums für Berlin

Trotz der außerordentlich umfangreichen Gesundheitsversorgung in Deutschland, die MigrantInnen mit einer Aufenthaltsberechtigung in Anspruch nehmen können (die Versorgungsleistungen für Asylbewerber sind dagegen eingeschränkt), werden Defizite in allen Bereichen - insbesondere aber in Bezug auf psychosoziale Leistungen - beschrieben. Sie äußern sich im wesentlichen darin, daß MigrantInnen - trotz des hohen Bedarfs - Regelangebote nur wenig in Anspruch nehmen, daß sie häufig den Arzt und auch die Gesundheitseinrichtungen wechseln. Zahlreiche und unterschiedliche Gründe führen zu diesen Erscheinungen. Ihnen gemeinsam ist: MigrantInnen fühlen sich aus sprachlichen und kulturellen Gründen häufig unverstanden und nicht angenommen.

Angelika Pochanke-Alff ■ Die Literatur zum Themenbereich Migration und Gesundheit in Deutschland weist auf erhebliche Defizite hin. Auch wenn ZuwanderInnen sich hinsichtlich ihrer Migrationsgründe und Zukunftserwartungen extrem unterscheiden, teilen sie doch das gleiche Schicksal der Migration, mit dem spezifische Gesundheitsrisiken verbunden sein können. So werden insbesondere ein erhöhter Anteil von psychosozialen Erkrankungen sowie vermehrt chronische Krankheitsverläufe registriert.

Seit geraumer Zeit schon wurde nach Möglichkeiten zur Gesundheitsförderung bzw. verbesserten Versorgung von MigrantInnen in Berlin gesucht. Beispiele aus anderen Städten wie das 'Ethnomedizinische Zentrum' in Hannover dienten als Vorbild. Im Sommer 1996 beauftragte schließlich die Bezirksverordnetenversammlung von Kreuzberg die zuständigen Verwaltungen (Ausländerbeauftragte, Plan- und Leitstelle Gesundheitsförderung), zu überprüfen, ob auch hier ein 'interkulturelles Gesundheitszentrum' geeignet wäre.

Nun besteht in Berlin seit den 70er und 80er Jahren eine ausgeprägte Struktur von Selbsthilfegruppen, Initiativen von Wohlfahrtsverbänden sowie von staatlichen Institutionen auch auf dem Gebiet der Gesundheitsversorgung und -förderung von MigrantInnen. Im Rahmen der Sparmaßnahmen der letzten Jahre, von denen Berlin besonders betroffen ist, wurden viele Einrichtungen geschlossen, stark reduziert oder kämpfen derzeit um ihr Überleben. In dieser Situation war und ist es ausgesprochen schwierig, inhaltlich sinnvolle Überlegungen betreffs Bedarf, Planung und Gestaltung eines interkulturellen Gesundheitszentrums für Berlin zu führen. Um in diesem Spannungsfeld ein breites von vielen Initiativen getragenes Bedarfs- und Meinungsbild erstellen zu können, wurde in Kreuzberg eine Planungsgruppe initiiert mit Mitgliedern aus dem öffentlichen Dienst, Wohlfahrtsverbänden, freien Trägern und Universität. Ziel ist es, einen Projektvorschlag zur Verbesserung der Gesundheitsversorgung von MigrantInnen im Rahmen einer partizipativen Planungsweise zu erarbeiten. Dabei soll die Idee eines interkulturellen Gesundheitszentrums als Hypothese begriffen werden und nicht als Vorgabe zur Errichtung einer zentralen Einrichtung mit entsprechenden Aktivitäten.

Das vorläufige Ergebnis sagt aus: Es gibt einen großen Bedarf an interkulturell kompetenten Gesundheitseinrichtungen. Damit ist nicht ein Bedarf an zusätzlichen Einrichtungen gemeint, sondern vielmehr an mehr Qualität durch ein verbessertes Sprachangebot (qualifizierte Sprachmittler), verstärkten Einsatz muttersprachlicher Mitarbeiter, Fortbildungsangebote im Bereich interkulturelle Information, Organisationsberatung, Förderung von Kooperationen sowie Verbesserung des Informationsaustausches sowohl zwischen Klienten und Mitarbeitern der Gesundheitseinrichtungen wie auch zwischen den Einrichtungen und den politischen Gremien ■

Zur Autorin:
Angelika Pochanke-Alff ist Absolventin des Postgraduierten Studiengangs Gesundheitswissenschaften/Public Health der Technischen Universität Berlin und hat die wissenschaftliche Begleitung des Planungsprozesse übernommen.

AKARSU

**Immigrantinnen Verein
Gesundheit & Bewegung
ausbildungsbegleitende Hilfe
und Berufsvorbereitung**

AKARSU e.V.
Oranienstraße 25
10999 Berlin

Bereits 1984 wurde der Verein „Türkische Mädchen- und Frauenetage" von Migrantinnen und deutschen Frauen gegründet, aus dem 1987 der Verein Akarsu entstand. Ziel des Vereins war es, die gesundheitliche und psychosoziale Versorgung der Migrantinnen in der Stadt zu verbessern.

Seither gibt es eine Gesundheitsetage, in der z.B. Kurse für Gymnastik, Rückengymnastik, Aerobic, Selbstverteidigung für Frauen, Bauchtanz und vieles mehr durchgeführt werden. Zudem finden Seminare zu Ernährungsfragen, über den Umgang von Frauen mit den Wechseljahren (deutsche und Frauen aus der Türkei im Vergleich), alternative und Heilmethoden statt. Außerdem sollen Selbsthilfegruppen wie z.B. für Diabetikerinnen entstehen, denen auch ein entsprechendes Beratungsangebot zur Seite stehen sollen.

In der Berufsvorbereitung/Grundausbildungslehrgang (BVB) werden jährlich 45 junge Frauen und Mädchen aus Migrantenfamilien auf eine berufliche Ausbildung im Gesundheitsbereich - Arzthelferin, Krankenschwester, PKA- vorbereitet.
Im Verlaufe des Lehrgangs sollen die jungen Frauen und Mädchen praktische und theoretische Grundkenntnisse und -fertigkeiten in den Gesundheitsberufen erwerben und somit ihre Chancen auf Erlangung eines Ausbildungsplatzes im gewünschten Bereich erhöhen. Dadurch soll ihre Integration in diese Gesellschaft ermöglicht und ihnen eine Perspektive für die Zukunft geboten werden.
Einen wesentlichen Bestandteil des Lehrgangs stellt ein dreimonatiges Praktikum dar, in dem die Teilnehmerinnen den Arbeitsalltag und möglicherweise ihre zukünftigen Ausbildungsplätze kennenlernen und ihren bestehenden Berufswunsch überprüfen

können, d.h. entweder stabilisieren oder sich neu orientieren können.
Die Teilnehmerinnen werden von den Berufberatern der Arbeitsämter an uns vermittelt.
Im Bereich abH (ausbildungsbegleitende Hilfe) werden junge, überwiegend Migrantinnen aber auch deutsche Frauen, die einen Ausbildungsplatz als Arzthelferin, Zahnarzthelferin oder PKA haben und in der Schule oder im Betrieb Unterstützung brauchen, betreut.
Erstes und vordergründiges Ziel ist es, daß die Teilnehmerinnen durch motivierenden Unterricht fähig werden, die Anforderungen der Ausbildungsbetriebe und der Berufsschule zu erfüllen, die Abschlußprüfung zu bestehen und schließlich einen erfolgreichen Start ins Berufsleben haben. Unterstützung und Hilfe bei persönlichen Problemen ist selbstverständlicher Bestandteil der abH.

Milieuschutz als Instrument zur Erhaltung multi-ethnisch strukturierter Wohngebiete

Sigmar Gude | Nach einer langen Phase der Vernachlässigung der Wohnbedürfnisse ausländischer Bewohner hat es ab Ende der 70er Jahre in Berlin Versuche gegeben, eine schrittweise Verbesserung der Wohngebiete zu initiieren, in denen eine Mischung ausländischer und deutscher Bewohner mit unterschiedlicher Herkunft und Wohnperspektive zusammenlebte. Durch finanzielle Mittel und politische Absicherung unterstützt, hatte sich ein prekäres Verhältnis gebildet, das eine zumindest graduelle Verbesserung der Lebensverhältnisse dieser Gruppen beinhaltete. Die Qualität hatte sich dabei sicher nicht so weit gesteigert, wie es die Elogen auf Kreuzberg teilweise glauben machen wollten, aber die Fortschritte vor allem in der Absicherung von Mindeststandards waren vorhanden.

Mit der beschleunigten Deregulierung auf dem Felde der Wohnungspolitik hat sich aber inzwischen nicht nur die Qualität - und Quantität - staatlich gesicherter Wohnungsversorgung kontinuierlich verschlechtert. Es wurden nahezu alle Möglichkeiten behindert und eingeschränkt, jenseits marktwirtschaftlicher Mechanismen neue Wohnmodelle zu entwickeln. Es war daher zusätzlich dringend notwendig, die verbliebenen rechtlichen Instrumente auf ihre Anwendbarkeit und ihren Nutzen für die Sicherung der Wohnungsversorgung von Haushalten mit geringem Einkommen zu überprüfen sowie durch offensive Auslegung der Bestimmungen, ihre Verwendbarkeit in der Praxis zu testen und möglichst zum erprobten Normalfall zu entwickeln.

In Berlin bedeutete diese Entwicklung nach Wegfall der Mietpreisbindung und der Entwicklung nach Maueröffnung umfängliche Aufwertungsinvestitionen im Wohnungsbau, weil mit einer langdauernden starken Nachfrage im Zuge der Hauptstadtwerdung gerechnet wurde. Die schnellen spekulativen Mietsteigerungen bei Modernisierung drückten sich in den erheblichen Mietpreisdifferenzen zwischen Wohnungen mit bestehenden Mietverhältnissen und der nach Modernisierung neu vermieteten Wohnungen aus. Für Wohnungen gleicher Qualität mußten in letzteren durchschnittlich vier bis sechs Mark pro Quadratmeter mehr gezahlt werden (TOPOS Stadtforschung/Mieterberatung Prenzlauer Berg: Privatmodernisierung in Prenzlauer Berg. Berlin 1995). Entsprechend hoch war der Druck auch auf die Mieter in den beschriebenen Gebieten, denen zudem aufgrund ihrer innenstadtnahen Lage eine schnelle Umstrukturierung ihrer Sozialstruktur prophezeit wurde.

In diesem Zusammenhang wurde in Berlin versucht, die Anwendung des §172 BauGB (Erhaltungssatzung mit 'Milieuschutz') sowohl für eine kontinuierliche städtische Entwicklung, als auch zur Sicherung des Bestandes an preiswertem Wohnraum einzusetzen. Diese Verwendung der genannten Satzung auf ein durchschnittliches - und nicht mehr durch eine spezielle Bevölkerungsstruktur geprägtes - Wohngebiet ist keine Berliner Entdeckung gewesen. Andere Städte - insbesondere Nürnberg und München - haben bereits vorher eine Interpretation in die Praxis umgesetzt, die weiterreichte als in der bundesrepublikanischen Praxis bis dahin üblich war. Die Übernahme und

Erweiterung dieser Rechtsauffassung in Berlin bezog sich auf die Anwendung und Adaption des Instrumentariums auf Wohnungsbestände im weiteren Umfeld der Sanierungskulisse im Westen der Stadt und später auf die Altbauwohngebiete des Ostteils Berlins.
Das Beispiel zeigt aber auch aus aktuellem Anlaß der Novellierung des BauGB, wie anfällig derartige Strategien, die aus einer offensiven Auslegung oder geschickten Kombination von Versatzstücken des Gesetzesinstrumentariums bestehen, für Veränderungen der parlamentarischen Gremien sind. Wohnungs- und Stadtentwicklungspolitik ist gerade, weil sie langdauernde Phasen und langfristige Auswirkungen haben, nicht ohne eine entsprechende politische Absicherung denkbar.
In Berlin ist das Instrument zuerst im Stephan-Kiez im Bezirk Tiergarten angewandt worden. Das gründerzeitliche Wohnviertel, geprägt von einer typischen Altbaumischung aus Arbeitern, kleinen Angestellten, Ausländern, Studenten, Akademikern und Arbeitslosen ist kein besonderes Problemgebiet, hat aber eine Reihe baulicher und städtebaulicher Mängel. Gegen die Initiative zur Festlegung von Teilen als Sanierungsgebiet wurde insbesondere aus Kreisen des Berliner Senats argumentiert, die erheblichen städtebaulichen Mängel und die vorhandene instabile Sozialstruktur würden das Gebiet ungeeignet für das Instrument Erhaltungssatzung machen. Trotzdem wird es seit 1991, auch bestärkt durch ein Verwaltungsgerichtsurteil, als Erhaltungsgebiet mit Milieuschutz verwaltet.

Bereich Stephankiez/Tiergarten

Ausweitung des Instruments in den Ostteil Berlins

Schon bald nach dem Zusammenschluß beider Stadthälften Berlins wurde das Instrument Erhaltungsrecht als ein für die besonderen Verhältnisse Ostberlins besonders gut geeignetes Instrument bezeichnet. Insbesondere die gut gemischten Bevölkerungsstrukturen stellen eine derartige stadtstrukturelle und soziale Qualität dar, daß der Beleg negativer städtebaulicher Prozesse bei sozialen Umstrukturierungen leichter fällt als in den Gebieten im Westteil. Zudem war es gerade in den Zeiten des 'Nachwendebooms', der sich in einem aufgeheizten Immobilienmarkt mit weit überhöhten Preisen zeigte, notwendig, frühzeitig preisdämpfende Faktoren zur Wirkung zu bringen, damit ein möglichst großer Teil der Altbauwohnungen auch längerfristig dem großen Teil der Ostberliner Haushalte zur Verfügung bleiben kann. Zwar hat die schleppende Restitution auf der einen Seite

Bereich Falkplatz/Prenzlauer Berg

und die nur zögernde 'Invasion' einkommensstärkerer Westhaushalte für einen schwächeren Verdrängungswettbewerb gesorgt. Trotzdem sind eine Reihe von Gebieten stark gentrifizierungsgefährdet. Aus diesem Grund sind inzwischen auch in östlichen Bezirken Berlins - allen voran im Bezirk Prenzlauer Berg - eine Reihe von Erhaltungsverordnungen in Kraft gesetzt worden.
Um bauliche Maßnahmen oder Umstrukturierungen versagen zu können, muß also dargelegt werden können, daß jene die vermuteten Veränderungen in der Bevölkerungsstruktur auslösen und daß dadurch negative städtebauliche Veränderungen eintreten werden.

Das Instrument
§ 172 Abs. 1 Nr. 2 BauGB bestimmt, daß dann Genehmigungsvorbehalte gemacht werden können, wenn durch bauliche Maßnahmen die soziale Zusammensetzung der Gebietsbevölkerung verändert wird und dadurch negative städtebauliche Entwicklungen in der Gemeinde ausgelöst werden. Damit ist als Voraussetzung festgelegt, daß städtebauliche und soziale Struktur eines Gebiets zueinander passen müssen. Dies muß aber kein ideales, problemfreies Verhältnis sein, sondern es sollte erkennbar sein, daß durch Veränderungen negative städtebauliche Auswirkungen auftreten, die durch die Beeinflussung und Steuerung der Bauprozesse vermeidbar sind.
Auch für die Gebietsbevölkerung folgt daraus, daß sie in ihrer Struktur für das Gebiet charakteristisch, nicht daß sie im besonderen 'ideal' oder konfliktfrei sein muß. Es muß vielmehr erkennbar sein, daß sie im besonderen auf die speziellen Angebote, z.B. auf die infrastrukturelle Ausstattung des Wohngebiets angewiesen ist, daß sie zu der Gebietsstruktur paßt und daß eine vergleichbare Situation an anderer Stelle des Stadtgebiets nicht ohne weiteres herstellbar ist.

Für die Überprüfung der Voraussetzungen für den Erlaß einer 'Milieuschutzverordnung' bedeutet es im einzelnen, daß

- das spezielle Verhältnis von Wohnbevölkerung zu Stadtstruktur beschrieben,
- die Verdrängungsgefahr aufgezeigt,
- das Zueinanderpassen zwischen Stadt- und Bevölkerungsstruktur belegt,
- die konkreten Auswirkungen baulicher Maßnahmen auf die Wohnbevölkerung dargestellt,
- die negativen städtebaulichen Folgen dargelegt werden müssen.

Die Kombination der beiden Bestimmungsfaktoren Sozialstruktur und negative städtebauliche Prozesse zeigt aber bereits die Problematik und die Begrenztheit des Instruments. Nicht das Vorhandensein von sozialen Problemen begründet eine Milieuschutzsatzung sondern lediglich der Nachweis negativer städtebaulicher Auswirkungen. Im Extremfall kann das bedeuten, daß in vielen Haushalten im Gebiet durch erhebliche Mietsteigerungen im Zuge von Modernisierungsmaßnahmen zwar soziale Probleme entstehen, bei Fehlen aber von städtebaulich negativen Auswirkungen das Instrument §172 Abs.1 Satz 2 nicht eingesetzt werden kann.

Die zentralen Zielsetzungen, die mit der Satzung verfolgt werden können, sind zum einen die Vermeidung schneller städtischer Umstrukturierungsprozesse durch Aufwertungsinvestitionen im Wohnungsbestand, also sowohl die zunehmende Segregation unserer Städte als auch die Verdrängung ärmerer Haushalte aus innerstädtischen Wohngebieten. Das andere Ziel ist der Erhalt eines Bestandes an qualitativ guten, preiswerten Wohnungen im Altbau bzw. im älteren Nachkriegswohnungsbau.

Da die Satzung Teil des Baurechts ist, kann sie nur im Zusammenhang mit Baumaßnahmen wirken. Auch dies zeigt ihre Begrenztheit. Die Mieten im normalen Bestand, gleich welcher Ausstattungsqualität, können genausowenig beeinflußt werden wie die Belegung freiwerdender Wohnungen. Beschnitten werden die Mietsprünge im Zuge der baulichen Erneuerung und Modernisierung. Insbesondere die Möglichkeit, Wohnungen, die im Verlauf des Erneuerungsprozesses entmietet werden, bei Neubelegung ohne Nachweis tatsächlicher Modernisierungskosten - und nur begrenzt durch die schwache Bedrohung durch das Wirtschaftsstrafrecht - frei zu vermieten, hemmt ebenso die Mietentwicklung als auch die Motivation, Mieter auf jeden Fall auswechseln zu wollen.

Ergebnisse
Trotz der teilweise schon langdauernden Verwaltungspraxis sind die Auswirkungen und Ergebnisse nur ansatzweise bekannt. Auch hier ist es der Stephan-Kiez, der am besten dokumentiert ist.
Insbesondere die Untersuchungen über das Ausmaß der Modernisierungsaktivitäten im Gebiet nach Festsetzung war wesentlich, um den häufig geäußerten Bedenken, die niedrigen Mietobergrenzen würden

zu einem Erliegen der Standardverbesserungen im Bestand und zu erheblichem Verwaltungsaufwand aufgrund von vielfachen Widersprüchen und gerichtlichen Auseinandersetzung führen, zu begegnen. Beide Befürchtungen sind nicht eingetreten. Wieweit das zentrale Ziel einer Milieuschutzsatzung, der Erhalt der Bevölkerungsstruktur erreicht und gesichert werden konnte, kann allerdings auch für den Stephan-Kiez nur vermutet werden. Ein wichtiges Indiz hat aber die letzte Mietkontrolluntersuchung 1995 gezeigt, die zur Fortschreibung der Mietobergrenzen durchgeführt wurde. Dabei zeigte sich, daß die Mieten im Gebiet durchschnittlich weniger angestiegen waren als in Westberlin insgesamt und in vergleichbaren Wohngebieten insbesondere.

Neufassung

Im Zuge der Novellierung des Baugesetzbuches, die am 1.1.1998 in Kraft treten soll, ist allerdings eine weitgehende Änderung des Erhaltungsrechts beschlossen worden. Danach gilt nun, daß die Genehmigung zu erteilen ist, wenn „die Änderung der baulichen Anlage der Herstellung eines zeitgemäßen Ausstattungszustands einer durchschnittlichen Wohnung ... dient." (novellierte Fassung BauGB § 172 Abs.4 Satz 3 Nr. 1) Damit wird in den Gebieten, die bereits überwiegend Wohnungen mit Vollstandard haben, beim größten Teil der Modernisierungsfälle keine Bindung an die Mietobergrenze durchzusetzen sein. Dies waren aber gerade die Fälle, in denen sich bisher die Praktikabilität der Satzung gezeigt hatte, eine Standardverbesserung zuzulassen, sie aber an eine Beschränkung der Mieterhöhung zu knüpfen. Auch wenn es augenblicklich noch zu früh ist, die tatsächlichen Einschränkungen durch die angeführte Veränderung des Gesetzestextes für die festgesetzten Erhaltungsgebiete abzuschätzen, so ist doch zumindestens zweierlei zu erwarten. Erstens werden die Eigentümer in stärkerem Maße gegen Bescheide vorgehen, die ihnen finanzielle Beschränkungen auferlegen. Zum zweiten werden Verwaltungen sehr viel vorsichtiger agieren und gegebenenfalls auf die Aufstellung einer Erhaltungssatzung ganz verzichten ∎

Zum Autor:
Sigmar Gude, Soziologe, ist seit 12 Jahren Partner im Büro TOPOS Stadtplanung, Landschaftsplanung, Stadtforschung. Schwerpunkt ist u.a. die Durchführung von Sozialstudien in Sanierungs- und Erhaltungssatzungsgebieten.

Zur Standortbestimmung kommunaler Wohnungsunternehmen

Die städtischen Wohnungsunternehmen sind vom Wandel Berlins gleich mehrfach betroffen:

- *Sie müssen sich mit ihrem jeweiligen Wohnungsangebot auf einem schnell sich ändernden Wohnungsmarkt bewähren.*
- *Die notorisch unterfinanzierten städtischen Wohnungsunternehmen im Ostteil Berlins sind konfrontiert mit einem gewaltigen Instandhaltungs- und Modernisierungsstau, dessen Finanzbedarf aus den Mieten nicht zu erwirtschaften ist; sie müssen darüber hinaus vom Gesetzgeber auferlegte, aber unzureichend vergütete Dienstleistungen bei der Verwaltung restitutionsbetroffener Wohnimmobilien und bei der Umsetzung der Privatisierungsauflagen nach dem Altschuldenhilfegesetz erbringen.*
- *Am schlimmsten: die städtischen Wohnungsunternehmen sind Objekt des Nachdenkens über Vermögensaktivierungen, mit denen der strukturell defizitäre Berliner Haushalt ausgeglichen werden soll.*

Hans Jörg Duvigneau ▌ Der rasante Strukturwandel im wiedervereinigten Berlin, gekennzeichnet durch den unwiederbringlichen Verlust von Industriearbeitsplätzen in 6-stelliger Größenordnung, hohe Arbeitslosigkeit, die Abwanderung leistungsstarker Unternehmen und einkommensstarker Haushalte ins offene Umland und die Aufgaben aus der Wiedervereinigung der 30 Jahre lang hermetisch voneinander getrennten Stadthälften und ihrer Bewohner bringt auch für die Wohnungswirtschaft Berlins eine Fülle neuer Herausforderungen mit sich.

Es versteht sich von selbst, daß angesichts völlig ungewisser Zukunftsaussichten eine realistisch fundierte Perspektive über die künftige Rolle der städtischen Wohnungsunternehmen Berlins kaum zu leisten ist. Hier kann nur eine Standortbestimmung über ihre gegenwärtige Rolle gegeben werden.

Die Aufgaben der städtischen Wohnungsunternehmen Berlins sind mit der Abschaffung des Wohnungsgemeinnützigkeitsgesetzes 1989/90 in neuen Gesellschaftssatzungen aktualisiert und nach diesem Muster auch auf die aus den kommunalen Wohnungsverwaltungen hervorgegangenen Ostberliner Wohnungsbaugesellschaften übertragen worden.

Mit gutem Recht dürfen sich deshalb die städtischen Wohnungsunternehmen auch weiterhin als „gemeinnützig" bezeichnen. Die lästigen Beschränkungen ihrer Tätigkeit als Immobilienunternehmen sind hingegen aufgehoben: die Unternehmen dürfen als Projektträger für städtische Entwicklungs- und Erneuerungsaufgaben, für den Bau von Gewerbeprojekten und Infrastrukturmaßnahmen sowie als gewerbliche Anbieter von wohnungswirtschaftlichen Dienstleistungen rund ums Wohnen tätig sein, ohne daß dafür Sondergenehmigungen einer Behörde eingeholt werden müssen.

Diese Aktivitäten füllen die städtischen Wohnungsunternehmen heute schon nach Kräften aus - oder sind doch dabei, entsprechende Geschäftsfelder zu besetzen:

- Sie haben ein modernes Bestandsmanagement aufgebaut mit einer mieternahen Verwaltung, oft organisiert in Geschäftsstellen für einen regional begrenzten, übersehbaren Wohnungsbestand, die mit weitgehenden Kompetenzen für die Vermietung, Verwaltung und bauliche Unterhaltung ausgestattet sind.
- Sie bieten eine Vielzahl von Dienstleistungen zusätzlich zum Mietvertrag an, um ihren Mietern notwendige Nebenleistungen so kostengünstig und effizient wie möglich zu offerieren: z.B. die Erzeugung, Lieferung und Abrechnung von Wärme oder den Gebrauch elektronischer Medien oder Serviceleistungen, die alten oder behinderten Menschen so lange wie möglich die Führung eines selbständigen Haushalts ermöglichen sollen etc.
- Sie initiieren und fördern partizipatorische Konzepte der Mietermitwirkung durch Bildung und Unterstützung von Mieterbeiräten und durch Bereitstellung von Räumen für Mieteraktivitäten.

- Sie sind engagierte Bauherrn für den Neubau von Miet- und Eigentumswohnungen mit der vollen Kompetenz als fachkundiger Bauherr für eigene oder fremde Rechnung.
- Sie sind Partner der Kommune bei der Stadterneuerung oder bei der Entwicklung neuer Standorte, sei es als privater Träger mit vollem Risiko oder als treuhänderischer Träger für Rechnung der Gemeinde.
- Schließlich leisten sie - ohne gesetzlichen Auftrag - ein Stück gesellschaftlicher „Pannenhilfe" durch eine Vielzahl unterschiedlicher sozialer Aktivitäten, von der Schuldnerberatung zahlungsunfähig gewordener Mieter bis zur Gemeinwesenarbeit.
- Seit 1994/95 haben die Berliner Unternehmen ein weiteres Geschäftsfeld besetzt, nämlich die Bildung von Wohnungseigentum durch Angebot und Verkauf von Bestandswohnungen an die jeweiligen Mieter.

Fast die Hälfte aller Wohnungen Berlins (48 v.H.) sind z.Z. (Stand 31.12.96) im Besitz gemeinnütziger Wohnungsunternehmen. Die städtischen Wohnungsunternehmen halten z.Z. den Löwenanteil dieses „gemeinnützigen" Bestandes, der mit knapp 600.000 WE rund ein Drittel des gesamten Berliner Wohnungsangebots von 1,8 Mio. Wohnungen umfaßt. Nach Restitution von zu DDR-Zeiten unrechtmäßig enteigneten Immobilien und nach Privatisierung von 15% ihrer Bestände als Mieterwohnungseigentum würden in der Hand städtischer Wohnungsunternehmen noch rund 400.000 Wohnungen verbleiben, das sind 22,5 v.H. des Gesamtbestandes.

Der hohe Anteil kommunaler Wohnungsunternehmen am Berliner Gesamtwohnungsbestand, Ergebnis der Wohnungspolitik in beiden Stadthälften in den Jahrzehnten der Teilung, war ein Glücksumstand für die Zeit nach der Wende - wie sonst hätte man die Wohnungsengpässe schnell überwinden können?

Während die Ostberliner Wohnungsunternehmen im Rahmen des Altschuldenhilfegesetzes verpflichtet wurden, mindestens 15 v.H. ihres Wohnungsbestands zu privatisieren, und zwar vorrangig durch Verkauf an die Mieter, hat der Berliner Senat seine Unternehmen im Westteil der Stadt durch Gesellschafterbeschluß angewiesen, ebenfalls 15 v.H. ihres Westberliner Bestands an Mieter zu veräußern. Der Berliner Wohnungsmarkt unterscheidet sich nach seiner Anbieterstruktur erheblich von dem anderer Großstädte: Nicht einmal 10 v.H. aller Wohnungen Berlins sind selbstgenutzte Eigentümerwohnungen, alle anderen sind Mietwohnungen.

Besondere Aufgaben der Wohnungsversorgung

Ein besonderes Phänomen der Segregation und Ghettobildung ergibt sich aus der Praxis vieler deutscher Behörden bei der Versorgung von Haushalten mit anerkannt dringlichem Wohnungsbedarf. Gebäude, Baublocks und Ortsteile, die als öffentlich geförderter Mietwohnungsbau geschaffen wurden, können bei ständiger Einweisung von Haushalten mit Dringlichkeitsschein schnell zu Brennpunkten gehäufter sozialer Probleme werden.

Auf Initiative der städtischen Wohnungsunternehmen wurde daher schon in den 80er Jahren ein erster Kooperationsvertrag mit der Stadt geschlossen, in dem Berlin auf sein Recht verzichtet, Dringlichkeitsfälle in den belegungsgebundenen Bestand der Sozialwohnungen einzuweisen, während die Unternehmen ihren gesamten Bestand für diese Fälle öffnen. Die Unternehmen haben dadurch Spielraum, die soziale Mischung in ihren Beständen zu steuern und so der Segregation bestimmter Bevölkerungsteile und der Stigmatisierung bestimmter Bestände entgegenzuwirken.

Auch wenn immer wieder die Erwartungen der Stadt und die Möglichkeiten der Unternehmen Anlaß für Differenzen sind, so hat sich doch bis heute das Vertragswerk seinem Sinne nach bewährt und das Entstehen von Ghettos, unsicherer Quartiere und räumlicher Segregation verhindern helfen. Wieweit dies künftig möglich sein wird, wenn die städtischen Unternehmen durch Verkauf oder Zerschlagung nicht mehr über den geeigneten Wohnungsbestand verfügen können, wird sich zeigen.

In den 90er Jahren wurde diese Vereinbarung erneuert und auf den Ostteil Berlins ausgedehnt. Außerdem wurde der Vertrag ergänzt um das sog. „geschützte Marktsegment", mit dem die städtischen Wohnungsunternehmen jährlich 2.000 Wohnungen aus ihrem Bestand für besondere Notfälle zur Verfügung stellen, insbesondere für durch Scheidung auseinanderfallende Familien, von Obdachlosigkeit bedrohte Menschen etc.
Infolge ihrer gesetzestreuen Mietenpolitik sind die Altbaumieten bei den „Städtischen" deutlich niedriger als die anderer Wohnungsanbieter. Die niedrigen Mieten im Wohnungsbestand der städtischen Wohnungsunternehmen hatten infolge ihres zumindest regional hohen Anteils am Gesamtwohnungsbestand einen meßbaren Einfluß auf die Westberliner Mietenspiegel vergangener Jahre.
Mit der beabsichtigten Reduzierung des städtischen Wohnungsbestandes wird dieser mäßigende Einfluß auf die Mietenentwicklung schwinden.
Bekanntlich scheuen sich viele private Wohnungsvermieter, aber auch viele Wohnungsgenossenschaften, sog. „Problemmieter" aufzunehmen. Die Versorgung solcher Bevölkerungsgruppen fällt den kommunalen Vermietern zu. Immigranten, Gastarbeiterhaushalte, Aus- oder Umsiedlerhaushalte, entlassene Strafgefangene, aber auch Alleinerziehende, kinderreiche Familien etc. sind oft auf das Angebot städtischer Wohnungsunternehmen allein angewiesen.
Im Wohnungsbestand der GSW in beiden Teilen Berlins beträgt der Anteil ausländischer Mieterhaushalte z.Z. etwa 9 v.H. und entspricht damit fast dem Ausländeranteil an der Gesamtzahl aller Haushalte Berlins.
Freilich konzentrieren sich die Ausländerhaushalte auf bestimmte Stadtteile: So hat die GSW Wohnanlagen, in denen der Ausländeranteil zwischen 25 und 43 % beträgt (Kreuzberg). Die bei weitem größte Ausländergruppe in Berlin ist türkischer Nationalität. Sowohl im Bereich Vermietung wie auch in bestimmten Wohnhausgruppen beschäftigt die GSW ausländische Mitarbeiter als Vermieter, Verwalter oder Hauswarte, um Kommunikationsprobleme von vornherein zu vermeiden. Darüber hinaus bestehen enge Kontakte der GSW zu sozialen Dienstleistungsunternehmen vor Ort, sowie insbesondere zu türkischen Selbsthilfeorganisationen, die bei auftretenden Problemen in vielfältiger Weise vermitteln oder helfen können.

In einer Reihe von Wohnanlagen haben sich - oft initiiert durch die GSW - Nachbarschaftsvereine konstituiert, die quasi nebenbei eine wichtige Rolle informeller Gemeinwesenarbeit übernehmen. So konnte die GSW beispielsweise in der „Thermometer-Siedlung" in Lichterfelde-Süd mit der Umgestaltung eines alten Waschhauses zu einer Begegnungsstätte einen Ort der Kommunikation schaffen, der die Sprachlosigkeit, Gleichgültigkeit, ja, Angst und Feindschaft zwischen den verschiedenen Bevölkerungsgruppen des Ortsteils überwinden half.

Den Anstoß hatte eine Untersuchung für die GSW gegeben, in der die Isolierung zwischen Alt- und Neumietern, zwischen einheimischen und neuzugezogenen Aus- und Umsiedlerhaushalten festgestellt und Modelle für ein aktives Nachbarschaftskonzept entwickelt wurden. (Weeber u. Partner, Stuttgart: „Ein Neubauviertel wird älter, Thermometersiedlung 1988"). Träger des Begegnungszentrums „Altes Waschhaus" ist ein von Mietern getragener Verein, der durch die GSW als förderndes Mitglied ins Leben gerufen wurde und der heute Zuwendungsempfänger öffentlicher Mittel der Gemeinwesenarbeit ist. Nach diesem Muster arbeiten heute in anderen sozial schwierigen Wohnanlagen der GSW ähnlich strukturierte Vereine.

Das Bürgerbegegnungszentrum „Altes Waschhaus" in der Thermometersiedlung in Berlin-Steglitz, Lichterfelde-Süd

Es ist eine in vielen Großstädten erhärtete Erfahrung, daß zur Versorgung der „breiten Schichten der Bevölkerung" die ganze Vielfalt gemeinnütziger Wohnungsunternehmen unverzichtbar erforderlich ist - dazu gehören insbesondere leistungsfähige kommunale Wohnungsbaugesellschaften. Man kann darüber streiten, wie groß ihr Anteil am gesamten Wohnungsangebot sein soll. Aber eines ist klar: Ist ihr Anteil sehr klein, dann sind diese städtischen Unternehmen reduziert auf die Funktion sozialer „Pannenhilfe", ihr beschränktes Wohnungsangebot wird kaum ausreichen, die der städtischen Fürsorge anheimfallenden sozialen Notfälle zu versorgen; von einer „ausgewogenen" Sozialstruktur in ihren Wohnanlagen wird nicht mehr die Rede sein.

Ferienaktion im „Alten Waschhaus" im Sommer 1996: „Die Reise nach Afrika"

Es gibt z.Z. bei den politischen Entscheidern Berlins kein Konzept, das die Aufgaben städtischer Wohnungsunternehmen und den daraus abgeleiteten Umfang des von ihnen dauerhaft zu haltenden Wohnungsbestandes neu definiert. Es ist vielmehr zu befürchten, daß angesichts der notorischen Haushaltsprobleme Berlins Panikentscheidungen getroffen werden, um, koste es was es wolle, Liquidität zu beschaffen. Die Vielzahl informeller Aktivitäten städtischer Wohnungsunternehmen zur Aufrechterhaltung des sozialen Friedens in den von ihnen betreuten Häusern, Wohnquartieren, Ortsteilen, wäre dann schnell am Ende.
Die Frage muß erlaubt sein, ob der dadurch bewirkte Schaden Berlin nicht teurer kommt als der Liquiditätseffekt aus dem Ausverkauf der städtischen Wohnungsunternehmen.

Zum Autor:
Hans Jörg Duvigneau, Stadtplaner und Architekt, ist Geschäftsführer der GSW Gemeinnützigen Siedlungs- und Wohnungsbaugesellschaft Berlin mbH.

Mieterberatung für Zuwanderer in Berlin

Ausländer und Mietrecht - Schwierigkeiten der Interessenvertretung

Das Ende des Traums vom Glück?

„Der Schnee fängt schon an!" bemerkte Mevlut am Fenster (des Sonderzuges für ausländische Arbeitnehmer von Istanbul nach Deutschland, der Autor). Einige Schneeflecken waren da, nicht größer als Tischplatten im Kaffeehaus. „Das bißchen?" fragte Niyazi. „Deutschland ist im Winter völlig weiß, ich habe Bilder gesehen. Aber Schnee hält auch warm." Alle sagten Zuversichtliches über Deutschland und die Deutschen, denn Mevlut hatte es übernommen, sämtliche bösen Befürchtungen und Gewißheiten vorzubringen. „Frieren werden wir!" sagte Mevlut. (Sten Nadolny, 1994)

Reiner Wild Erstmals seit 10 Jahren ist die Zahl der in Berlin gemeldeten Ausländer rückläufig. Nach dem Einwohnermelderegister gab es in Berlin Ende 1996 444.000 Ausländer. Deren Anzahl hat sich danach innerhalb von 6 Monaten um 1.500 Menschen auf 442.534 Personen verringert, wovon 370.815 im Westteil und 71.719 im Ostteil der Stadt leben. Der Rückgang bei der Zahl der Ausländer in 1997 wird andererseits aber auch auf die erhöhte Zahl bei den Einbürgerungen zurückgeführt. Seit 1990 sind es fast 70.000 Personen, davon allein in 1995 und 1996 zusammen 22.400. Noch mehr als 50.000 Anträge liegen zur Prüfung vor. Auch die Zahl der einreisenden Asylbewerber verringert sich. Bis Ende Juli 1997 waren es 4.970 in diesem Jahr gegenüber 10.187 in 1996 und 11.289 Personen in 1995.

Die These vom Ende des Traums erscheint jedoch verfrüht, ganz abgesehen davon, daß die Zuwanderer in Folge der verbesserten Information über das Einwanderungsland in ihrer Heimat wohl nur selten das reine Glücksgefühl bei der Einwanderung empfinden. Vor dem Hintergrund des Wanderungsgewinnes in 1996 und des Geburtenüberschusses ändert die seit Jahresbeginn niedrigere Ausländerzahl wenig an der Konsequenz, die sich für die Stadtentwicklung und die Sozialpolitik aus dem Ausländeranteil ergeben. Im Gegenteil, wegen des hohen Wanderungsverlustes der deutschen Bevölkerung durch die Abwanderung in das Umland und den Geburtenüberschuß bei der ansässigen ausländischen Bevölkerung erhöht sich der Ausländeranteil an der Gesamtbevölkerung. Hinzukommt, daß der Wanderungsverlust sich bei den Hauptherkunftsländern nahezu ausschließlich auf das ehemalige Jugoslawien bezieht.
Das Konfliktpotential der Zukunft liegt in der Verknüpfung von Diskriminierung am Arbeitsmarkt und Deklassierung der Wohnbedingungen. Ansätze dafür gibt es bereits bei der jugendlichen Ausländerbevölkerung. Vieles spricht dafür, daß die neuen Einwanderer nicht die gleiche Wohnungsversorgung zu erwarten haben, wie die Flüchtlinge der 50er Jahre (begrenzte Ausnahme: Aussiedler).

Warum sich Mieterorganisationen schwer tun

Bei vielen Einwanderern, mit Ausnahme der Über- und Aussiedler, hielt sich beharrlich über Jahre die Rückkehrperspektive. Dies dürfte auch ein Grund dafür sein, daß die Adaption von heimischen Wohnkomfortvorstellungen wie auch Konfliktaustragungsmechanismen nur wenig vollzogen wurde. Da die herrschende Ausländerpolitik die Anwerbung von Arbeitskräften aus dem Ausland als De-Facto-Einwanderung ablehnte, über lange Zeit ebenfalls von einer Rückkehr ausging und auf dem Ausländerstatus beharrte, wurde den Konzepten zur Integration nur ein geringer Stellenwert beigemessen. Andererseits fanden sich insbesondere die Einwanderer, die in ihrem Herkunftsland nur sehr unzureichende Wohnverhältnisse kannten, in der Regel mit den schlechten Wohnbedingungen im Einwanderungsland ab. Die Mitgliedschaft in einer Mieterorganisation war und ist auch heute für diesen Personenkreis ohne Bedeutung. Der Rechtschutz wird im Grunde nur wirksam, wenn aus Vorsorge die Mieter den Weg in die Mieterorganisation gefunden haben. Vorsorge und Dauer der Bindung setzen jedoch in der Regel eine feste Lebensplanung voraus. Als Folge der Rückkehrperspektive regiert darüber hinaus ein eiserner Sparwille mit der Minimalisierung der konsumtiven Ausgaben.

Die Identifikation der Immigranten mit ihrem Wohnort war und ist vielfach nicht gegeben. Doch wachsen mit zunehmender Aufenthaltsdauer auch die Anforderungen an die Ausstattung und den Zustand der Wohnung. Die behutsame Stadterneuerung in Berlin bzw. die öffentliche Förderung von Sanierungsmaßnahmen hat die Hemmschwelle gegen die Modernisierungsmaßnahmen abgeschafft. Über Zwischenumsetzungen wurden die Vorteile erhöhten Wohnkomforts schätzen gelernt. Heute lassen sich in vielen Städten zwar nur noch geringe Ausstattungsunterschiede bei Wohnungen von Deutschen und Ausländern feststellen, beim Gebäudezustand gibt es dennoch erhebliche Unterschiede. Nach wie vor gilt, daß Ausländer sich vielfach mit Wohnungen begnügen müssen, die von der heimischen Bevölkerung nicht akzeptiert werden.

Da, wo eine hohe Konzentration von Ausländern einer bestimmten Nationalität in Wohnvierteln anzutreffen ist, wurde vielfach auch mit öffentlichen Mitteln, insbesondere in Stadterneuerungsgebieten, ein Beratungsangebot für Mieter geschaffen. Hier stehen häufig Übersetzer, in Berlin vor allem für die türkische Sprache, zur Verfügung. Darüber hinaus bieten andere soziale und karitative Organisationen grundsätzlichere Hilfestellung für Einwanderer und Asylbewerber an. Da diese Angebote in der Regel kostenfrei sind, ist eine Mitgliedschaft im Mieterverein zumeist unattraktiv und damit eine Interessenvertretung für die Mieter zivilrechtlich nicht möglich. Zudem gibt es im Rahmen der behutsamen Stadterneuerung umfangreiche kostenlose Mieterbetreuungsangebote, mit denen eine ausschließlich auf Rechtsberatung orientierte Interessenvertretung nicht konkurrieren kann. Die ausländischen Mitglieder im Berliner Mieterverein wohnen zu einem hohen Prozentsatz nicht in diesen Erneuerungsgebieten.

Eine Prognose für die Einwanderung ist schwierig, Konsequenzen für den Wohnungsmarkt nur schwer vorherbestimmbar. Zudem, von 6,9 Mio Ausländern in Deutschland ist jeder zweite mehr als 10 Jahre im Land, 27% sogar länger als 20 Jahre. Seit 1992 wandern pro Jahr mehr Menschen zu als im Inland geboren werden. Der Ausländeranteil beträgt bundesweit 8,5%. Besondere Folgewirkungen ergeben sich vor allem in den Großstädten. Hier liegt der Anteil heute teilweise schon bei 25%, in manchen Bezirken Berlins auch darüber, z.B. 1995 in Kreuzberg 31,7% (Prognose für 2010: 40,9%), Wedding: 26,5% (Prognose für 2010: 37%), im Norden Neuköllns 35% (ehemaliger U-Bereich Flughafenstr.: Haushalte 53%, Personen 78%). Ohne Zuwanderung, so eine These, schrumpft die Bevölkerung in Deutschland bis 2050 auf 38,9 Millionen, bis 2100 auf 19,3 Millionen, mit den gravierenden Konsequenzen für den Arbeitsmarkt und das System der sozialen Sicherung. Ursache der Zuwanderung ist vorwiegend das Wohlstandsgefälle. Für die Einwanderung sind die Kommunen in der Regel jedoch nicht gerüstet.

Nach einer Untersuchung des Berliner Senats wollten im übrigen auch nur 14% von knapp 3.000 befragten Türken in einem Wohnviertel leben, wo die Türken die Mehrzahl bilden. Ein Drittel der Befragten befürwortete mehrheitlich von Deutschen bewohnte Viertel, etwas mehr als die Hälfte ein ausgewogenes Nebeneinander.

Vielfach ist aber auch das unzureichende Beratungsangebot der Mietervereine für die Zuwanderer Ursache für die mangelnde Teilhabe der Ausländer an den mietrechtlichen und wohnungspolitischen Auseinandersetzungen. Ein großer Anteil der Mietervereine in Deutschland ist eher mittelschichtsorientiert und hat an der Vertretung von Ausländern kaum Interesse, da „Problemfälle" mehr Arbeit und Kosten bei in der Regel weniger Erfolg bedeuten.

Der Berliner Mieterverein richtete im Herbst 1981 eine spezielle Beratung für die Hauptgruppe der Zuwanderer in Berlin im Türkenzentrum ein. Trotz intensivster Werbung unter Berücksichtigung von Multiplikatoren wurde das Angebot nicht angenommen und wegen mangelnder Nachfrage eingestellt. Derzeit betreuen in einigen Beratungsstellen Übersetzer türkische Mieter bei der Wahrnehmung der Interessenvertretung. Viele Zuwanderer, die der deutschen Sprache nicht mächtig sind, bringen ihren eigenen Übersetzer mit.

Zuwanderer und Mietrecht

Es hat den Anschein, als wären für die Vermieter die pünktlichen Vertragsleistungen von herausragender Bedeutung und die Nationalität des Mieters dabei ohne Einfluß. Da die Vertragsloyalität bei Ausländern und Zuwanderern wegen der Schwierigkeiten bei der Wohnungssuche oft erheblich ist, dürften die Vorbehalte nur unbedeutend sein. Dem ist jedoch nicht so. Denn die Vermieter verweisen auf eine ganze Anzahl von möglichen Konfliktpunkten bei der Wohnnutzung durch Ausländer: „exotische Verkehrsformen, Überbelegung, überdurchschnittliche Informationsbedürfnisse, sprachliche Verständigungsschwierigkeiten" (Derleder, 1995).

Eine Studie der Bundesforschungsanstalt für Landeskunde und Raumordnung im Auftrage des Bundesbauministeriums (BMBau) aus dem Jahre 1990 zur Analyse sozialer Akzeptanzprobleme auf dem Wohnungsmarkt zeigt, daß zwei Drittel aller befragten Ausländer mindestens einmal im Rahmen ihrer Wohnungssuche eine mit der spezifischen Gruppenzugehörigkeit begründete Ablehnung erhielten. Damit rangieren sie in der Ablehnungsskala noch vor den Sozialhilfeempfängern (52,9%) und den Alleinerziehenden (44%). Vermieter, die die Mietverhältnisse auf mögliche Auseinandersetzungen und Konflikte sehr genau überprüfen, werden immer Gründe finden, nicht an Ausländer zu vermieten. Jedoch ist Ausländer nicht gleich Ausländer. Der gut verdienende alleinstehende Angestellte würde gewiß der alleinstehenden Mutter mit zwei Kindern vorgezogen, auch wenn sie deutscher Nationalität ist. Innerhalb der „Minderheiten" gibt es eine klare Vorurteilshierarchie. Zwischen den Risiken der individuellen Ausländereigenschaft und den anderer „Minderheiten" wird abgewogen.

Vertragsfreiheit versus Diskriminierung: Der Vermieter ist frei, mit wem er ein Mietverhältnis abschließt. Eingeschränkt werden kann dies theoretisch dadurch, daß der Vermieter eine Monopolstellung innehat. Gleichwohl hat es für bestimmte Kreise von Zuwanderern wie die Aussiedler, Übersiedler und Vertriebene Vergünstigungen beim Bezug einer Sozialwohnung gegeben (z.B. erhöhte Einkommensgrenzen). Angesichts der Wohnungsmarktsituation besteht eine strukturelle Überlegenheit der Vermieterseite, die sich in Diskriminierungen gegenüber Ausländern ausdrückt. Die Zurückweisung von Ausländern bei der Wohnungssuche ist allgegenwärtig. Teilweise wird schon in Anzeigen die Auswahl angekündigt. Bei der Wohnungsvergabe fällt zudem auf, daß nach wie vor Wohnraum an Ausländer vermietet wird, der wegen der minderen Qualität nicht an Bevölkerungsgruppen vermietet wird, die sich bei der Suche auch anderweitig Erfolgschancen ausrechnen können. Eine besondere Problematik stellt die Anmietung von Sozialwohnungen dar, weil hier als Voraussetzung ein adäquater Wohnberechtigungsschein erforderlich ist.

Der Mietpreis: Bei Abschluß eines Mietvertrages wird zumeist ein Mietpreis mit Aufschlag vereinbart. Die Rechtsprechung gestand den Vermietern teilweise Zuschläge zu, so das LG Mannheim (6 KLS3/74, in WM 77,77 und 147): - „Bei der Vermietung an Gastarbeiter können die damit im Einzelfall verbundenen erhöhten Aufwendungen und Risiken des Vermieters durch angemessene Zuschläge zu den sonst ortsüblichen Mietentgelten berücksichtigt werden". Das LG attestierte aber auch wucherischen Mietzins, der durch die Ausnutzung der Zwangslage ausländischer Gastarbeiter erzielt wird, wenn örtlich ein akuter Mangel an geeignetem Wohnraum für diesen Personenkreis besteht, sodaß die Gastarbeiter zur Anmietung von Räumen mit überhöhtem Mietzins gezwungen sind. Die Voraussetzung für die Beurteilung, ob der verlangte Mietzins wucherisch ist, dürfte bei Ausländern in der Regel vorliegen. Denn verboten ist, die Zwangslage, die Unerfahrenheit, den Mangel an Urteilsvermögen oder die erhebliche Willensschwäche eines anderen auszubeuten. Die Unerfahrenheit liegt auf jeden Fall vor, wenn „Kommunikationsschwierigkeiten infolge fehlender Sprachkenntnisse bei ausländischen Arbeitnehmern bestehen, sodaß sie die Gegebenheiten des örtlichen Wohnungsmarktes nicht überblicken können" (LG Köln, 39-2/74 in ZMR 75,367). Die neuere, entscheidende Rechtsprechung verneint „Ausländerzuschläge" (OLG Stuttgart 8REMiet5/81). Da ausländische Haushalte teilweise zu erheblich dichterem Wohnen bereit sind, weil ihre Wohnungssituation im Herkunftsland vielfach nicht anders war, werden diese Mietpreise, die nur von mehreren Verdienern in einem Haushalt aufgebracht werden können, meist auch akzeptiert. Hinzu kommt wiederum, daß die Auswahl nicht vorhanden ist und in der Regel auch eine Unkenntnis der Rechtslage vorherrscht. Aber selbst wenn die Interessenvertretung daran nicht scheitert, so ist ein zivilrechtliches Verfahren auf Rückforderung von überhöhter Miete nicht zwingend erfolgreich und auch mit finanziellen Risiken für einen nicht rechtsschutzversicherten Mieter verbunden. Statistisch betrachtet ist dann die Wohnkostenbelastung pro Person deutlich niedriger als bei deutschen Haushalten. Bei der Ermittlung der ortsüblichen Vergleichsmiete werden in einzelnen Städten von Ausländern bewohnte Viertel mit überhöhten Mieten ausgeklammert. Rechtlich kann auf diese Weise verfahren werden, weil ein Mietpreiszuschlag für Ausländer dem Leitbild des Gesetzgebers zu § 2 MHG von einer marktgerechten Ausrichtung am objektiven Wohnwert nicht entspricht.

Interkulturelle Konflikte und Gebrauchsrechte: In sozialer Hinsicht macht es keinen Unterschied, ob es afrikanische Klänge oder Heavy-metal-Geräusche sind, die in der Nacht die Ruhe des Nachbarn stören (Derleder, 1995). Klar ist, daß die unterschiedlichen Gewohnheiten zu Besuchshäufigkeit, Kochkünsten und -verfahren, Musik und Festen, ganz zu schweigen von den anderen Familienstrukturen und Zeitrhythmen zu Spannungen führen können. Wegen der rapide angestiegenen

Individualität kommt es allerdings auch unter deutschen Bewohnern vermehrt zu Auseinandersetzungen über das Wohnverhalten. Ein struktureller Unterschied bei der Interessenkollision besteht jedoch nicht. „Das Verbot, Ausländer besuchsweise in der Wohnung zu empfangen, ist sittenwidrig" (AG Nürnberg 25C7389/79 in WM 84,295). „Ausländische Mieter sind nicht verpflichtet, ihrem Vermieter darüber Auskunft zu geben, ob sie eine Aufenthaltsberechtigung in Deutschland haben" (AG Wiesbaden 98C251/92).

Informationsfreiheit: Hierbei spielt vor allen Dingen die Anbringung von Parabolantennnen eine Rolle, wenn die ausländischen Bürger über andere Möglichkeiten, wie z.B. Kabelanschluß, keine Möglichkeit zum Bezug von Informationen Bildern etc. in ihrer Landessprache haben, um den kulturellen Bezug zum Heimatland aufrecht erhalten zu können.

Die Kündigung von Ausländern: Wegen vertragswidrigen Gebrauchs der Wohnung nach § 553 BGB mag gegenüber Ausländern vermehrt gekündigt werden. Statistiken gibt es darüber nicht. Insbesondere die Kündigung wegen Überbelegung spielt hier eine Rolle. Bei einer Untersuchung über Aussiedler im freifinanzierten Wohnungsbau zeigte sich, daß fast jedem zweiten Aussiedlerhaushalt weniger als ein Raum pro Person zur Verfügung steht (BMBau 1993). Die Rechtssprechung stellt jedoch hohe Anforderungen an Kündigungen wegen Überbelegung. Soweit es sich um direkte Familienangehörige handelt, wurde eine Interessenabwägung angesichts der Schwere des Eingriffs (außerordentliche Kündigung) zwischen dem Interesse des Vermieters und dem Mieterinteresse am Zusammenleben mit den nächsten Angehörigen geprüft. Der Bundesgerichtshof (BGH VIIIARZ 1/93 vom 14.7.1993, in WM 93,529) verneinte den Kündigungsanspruch: „Eine Mietwohnung darf nicht allein deshalb fristlos gekündigt werden, weil sie durch Zuzug von weiteren Kindern überbelegt ist, den Vermieter beeinträchtigende Auswirkungen indessen nicht festzustellen sind"

Zusammenhang Wohnung und Aufenthaltsrecht: Längerfristige Obdachlosigkeit ist gemäß Ausländergesetz ein Ausweisungsgrund. Ein Zusammenhang besteht aber auch für Vermieter: „Die Ausweisung eines Ausländers erfolgt zu Recht, wenn er fortgesetzt Mietwucher begangen hat." (VGH Mannheim I2876/77 in WM 79,109)

Deutsche Mieter gegen Ausländer - Ansprüche aus dem Mietrecht: Die Vermietung anderer Wohnungen im Hause an ausländische Gastarbeiter rechtfertigt eine fristlose Kündigung nicht, solange die anderen Wohnungsmieter den Hausfrieden nicht nachhaltig stören.(AG Hannover, 29C469/68 in ZMR 69,240). Fin Milieuschutz für deutsche Staatsbürger besteht nicht, so ein Urteil des AG Gronau (4C430/90 in WM 91,161). Danach rechtfertigen Beeinträchtigungen und Störungen, die sich aus der Unterbringung von Asylbewerbern oder Übersiedlern in einem Nachbargebäude ergeben, nicht die Mietminderung wegen Beeinträchtigung der Gebrauchstauglichkeit der Wohnung. Anders das LG Dortmund (17S47/88): Mieter, die durch die lauten Lebensgewohnheiten von im gleichen Haus lebenden tamilischen Asylbewerbern belästigt werden, dürfen die Miete um 20% mindern. Die Geruchsbelästigung im Treppenhaus durch fremdländische Gewürze rechtfertige einen Minderungsanspruch hingegen nicht.

Nachteile für deutsche Mieter aus der Diskriminierung der Ausländer durch Vermieter sind rechtlich in der Regel nicht haltbar. Zwar urteilten in den 70er Jahren die Gerichte bei der Frage der Nachmieterstellung noch sehr diskriminierend (LG Frankfurt 2/11S64/69 in WM 70,115 -
„Ein von einem Mieter als Nachfolgemieter vorgeschlagener Ausländer kann vom Vermieter als nicht genehm abgelehnt werden", ebenso LG Mannheim). Allerdings änderte sich die Rechtsprechung im Laufe der Jahre (LG Hannover, 8/11S8/75 in GE 78,449 - „Die Ablehnung eines vom ausziehenden Mieter

gestellten Mietnachfolgers deshalb, weil es sich um einen Ausländer handelt, ist - wenn nicht weitere Umstände vorliegen - unzulässig" und AG Saarbrücken 36C402/94 in WM 95,313 - „Die bloße Ausländereigenschaft stellt keinen Ablehnungsgrund für den vorgeschlagenen Nachmieter dar"). „Der Vermieter darf Ausländer als Untermieter nicht allein wegen ihrer Herkunft ablehnen", dieser Satz aus der alten Rechtsprechung des LG Köln (1S181/76) hat auch heute Bestand, wie die weitere Rechtsprechung zeigt: LG Berlin 63S43/93- „Die Befürchtungen des Vermieters, daß er gegen den ausländischen Untermieter persönlich gerichtete Ansprüche nicht wird durchsetzen können, weil dieser sich leicht in sein Heimatland absetzen könne, reichen für eine Ablehnung der Untervermietung wegen Unzumutbarkeit i.S. des § 549 Abs.2 Satz 1, 2.Halbsatz nicht aus", AG Berlin-Wedding 20C123/93 in MM 93,329 - „Eine Untervermietung ist für den Vermieter nicht allein deshalb unzumutbar im Sinne des § 549 Abs.2 BGB, weil der vorgeschlagene Untermieter türkischer Nationalität ist" und LG Berlin 6/S297/ 93 in MM 94,210 - „Der Vermieter kann nicht verlangen, daß der Untermieter deutscher Nationalität sein müsse".

Literatur:

BMBau: Integration von Aussiedlern und anderen Zuwanderern in den deutschen Wohnungsmarkt, Bonn 1993

Prof. Dr. Peter Derleder: Ausländer im Mietrecht, in: Wohnungswirtschaft und Mietrecht 95,296. Köln 1995

Sten Nadolny: Selim oder Die Gabe der Rede, München 1994

Zum Autor:
Reiner Wild ist Soziologe und stellvertretender Hauptgeschäftsführer des Berliner Mietervereins. Veröffentlichungen zu diversen Themen der Wohnungspolitik, Mieterbewegung und Stadterneuerung.

Haus der Nationen
Interkulturelles Projekt im sozialen Wohnungsbau einer Genossenschaft

Renate Amann, Barbara von Neumann-Cosel ▌ Die Charlottenburger Baugenossenschaft zählt mit ihren über 6.500 Wohnungen und 750 weiteren Mietobjekten, darunter Kinder- und Seniorentagesstätten, zu den großen tradtionsreichen Wohnungsbaugenossenschaften Berlins. Seit ihrer Gründung 1907 sind in ihr Menschen unterschiedlicher Berufsstände, politischer als auch nationaler Zugehörigkeiten vereint.

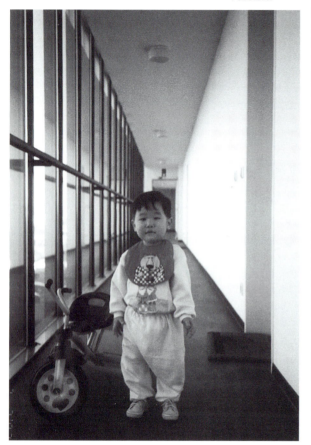

Symptomatisch dafür ist die Bewohnerstruktur des 1994 erstellten Neubauprojekts Kaiserdamm/ Ecke Riehlstraße in Charlottenburg, in dem Angehörige aus unterschiedlichen Nationen unter einem Dach miteinander wohnen.

Der Ursprung dieser „bunten Mischung" liegt dabei weniger in einem bewußten Integrationskonzept, als vielmehr in der Besonderheit der Baugeschichte. Die Genossenschaft nahm sich erst des problematischen Grundstücks an, nachdem bereits andere Bauherren als Interessenten abgesprungen waren. Direkt an der Stadtautobahn, zudem - wegen der tieferliegenden U-Bahn - auf schwierigem Baugrund, stellte das Projekt erhebliche Herausforderungen an den Architekten Jürgen Sawade. Durch einen Riegel mit Büro- und Gewerberäumen zum Kaiserdamm und vor allem mit Hilfe eines verglasten Laubengangs zur Stadtautobahn konnte eine hoher Lärmschutz für den Wohnbereich erzielt werden, jedoch mit der Einschränkung nur einbündiger Wohnungsanordnungen zum Innenhof. Durch die daraus resultierenden Wohnungszuschnitte mit maximal zwei Räumen war die Belegung in diesem öffentlich geförderten Projekt an ein eingegrenztes Klientel vorausbedingt.

Da sich unter den Mitgliedern der Charlottenburger Baugenossenschaft nicht genügend Bewerber für die Einkommensgrenzen des sozialen Wohnungsbaus fanden, wurden die neuen Mieter „von außen" gesucht. Im Belegungszeitraum ab Dezember 1993 handelte es sich bei den Interessenten vorwiegend um nicht-deutsche Bewerber. Für viele, die bislang in Wohnheimen oder zur Untermiete gelebt hatten, bot sich nun die Möglichkeit, eine eigene Wohnung mit regulärem Mietverhältnis zu bekommen.

Auch im vierten Jahr nach Wohnungsbezug stellt sich die ethnische Vielfalt des Hauses als ausgesprochen harmonisch dar. Durch die Begrenzung der Wohnungsgröße hatte sich schon im Vorfeld eine überwiegend ältere Bewohnerschaft (meist Ehepaare oder Singles) ergeben, deren Lebensformen sich im wesentlichen auf den eigenen Wohnbereich konzentrieren und sich wenig extensiv darstellen. Einige wenige Paare mit kleinen Kindern werden daher im Sinne einer vitalen Bereicherung gern gesehen.

Obwohl die Nutzungsmischung von Wohnen mit Gewerbeeinheiten nicht ohne Probleme zu bewältigen ist, schätzen die meisten die Lage ihres Hauses im belebten Wohn- und Geschäftsviertel Charlottenburgs. Zudem werden die offenen Wohnungsgrundrisse mit Wintergärten als günstig empfunden.

Da keine Nationalität im Haus dominiert, ist von vornherein ein gleichberechtigter, respektvoller Umgang entstanden. Neben dem eher distanzierten „Grüßen" auf dem Laubengang oder im Aufzug ergaben sich darüber hinaus gute Nachbarschaftsbeziehungen, die sich „übernational" in gegenseitigen Hilfeleistungen bewähren: dazu gehört Blumen gießen, Post entgegennehmen oder schwere Sachen transportieren.

Gerade ältere deutsche Hausbewohner scheinen hier eine neue, sinnvolle Betätigung und Verantwortlichkeit zu finden. Dabei kommt es zur Unterstützung bei Sprachproblemen oder Behördengängen, im Gegenzug gibt es Einladungen an Festtagen wie Weihnachten oder Geburtstage, die bei den ausländischen Nachbarn gefeiert werden. Über die reinen Nachbarschaftskontakte hinaus, die sich z.B. auf einer Etage zwischen deutschen, polnischen, türkischen, koreanischen bis russischen Haushalten selbstverständlich ergeben haben, entstanden auch hausübergreifende „Netze", so etwa unter den russisch-jüdischen Bewohnern, die sich u.a. die relativ teuren Zeitungen aus Moskau in einer Art Lesezirkel untereinander ausborgen. Ebenso bestehen enge Kontakte zwischen koreanischen Familien. Allein die Kinder scheinen sich eher für die jeweils „andere Nation" zu interessieren, und schlagen deshalb ungeahnte interkulturelle Brücken.

In guter Erinnerung ist das Einweihungsfest, das zu einem ersten Kennenlernen der Hausbewohner geführt hat. Gerne würden dies manche nicht-deutsche Mieter wiederholen, hätten selbst aber eher Scheu, die Initiative zu ergreifen. Ebenso bleibt das direkte Mitwirken in der Genossenschaft, das heißt die satzungsgemäß verankerte demokratische Teilnahmemöglichkeit als Vetreter oder Aufsichtsrat, für viele aufgrund von Sprachproblemen, mangelnder Information oder auch psychologischer Barrieren ein Tabu. Hier läge aber ein wesentlicher Baustein für Genossenschaften, eine stärkere Akzeptanz und Mitsprachemöglichkeit unter ihren Mitgliedern herzustellen ■

Zu den Autorinnen:
Renate Amann, Architektin, und Barbara von Neumann-Cosel, Volkswirtin, betreuen das 1994 gegründete Genossenschaftsforum in Berlin und führen ein Büro für Wohnforschung und Beratung von innovativen Wohnungsbauvorhaben.

Werkstatt der Kulturen:
Werkstatt für die Weltstadt

WERKSTATT DER KULTUREN
Wissmannstraße 32
12049 Berlin

Andreas Freudenberg ▌ Fast eine halbe Million Menschen aus über 180 Nationen prägen mit ihrer Kultur und Sprache, mit ihrer Religion und ihren ethischen Vorstellungen, mit ihren ästhetischen Idealen und ihren Künsten das internationale Flair Berlins - einer Welt-Stadt im Wandel. Als engagierte Bürger haben sie Vereine gegründet und soziale, kulturelle und religiöse Einrichtungen aufgebaut. Sie arbeiten in Jugendclubs, Beratungsstellen, Bildungseinrichtungen und kulturellen Zentren. Als Künstler und Intellektuelle bereichern sie mit ihren Impulsen das kulturelle Leben dieser Stadt. Sie alle leisten einen unverzichtbaren Beitrag, um das Leben der Berliner nichtdeutscher Herkunft und das Zusammenleben aller Nationalitäten positiv zu beeinflussen. In diesem Kontext präsentiert sich die Werkstatt der Kulturen (WdK) seit ihrer Eröffnung im Oktober 1993 der Berliner Öffentlichkeit als Bühne der kulturellen Vielfalt und als Forum der Begegnung und des politischen Dialogs. Als vergleichsweise junge Einrichtung ist sie gefordert, mit einem klaren Profil die Arbeit der übrigen Organisationen und Einrichtungen sinnvoll und bedarfsgerecht zu ergänzen.

Die WdK ist Diskussionsforum und Tagungsstätte. Alle Gruppen und Organisationen im Bereich der Minderheiten, der Immigranten und der sozialen Dienste können die Räume, die Technik und die konzeptionelle und technische Beratung der WdK für die Realisierung eigener Programme in Anspruch nehmen. Als profilierter Veranstaltungsort zu kulturellen, historischen, politischen oder pädagogischen Themen im Bereich Migration, internationale Beziehungen und Völkerverständigung mit einem gewachsenen Netz an Verbindungen und Kontakten bietet die WdK einen qualifizierten Service für die Nutzer und Partner des Hauses an.

Die WdK ist ein Haus der Begegnung. Sie steht allen Gruppen offen und bleibt in Bezug auf vorhandene Konflikte neutral. Sie will Anlässe für den Austausch von Ideen und Erfahrungen und für kulturübergreifende Zusammenarbeit bieten und positive Erfahrungen in der Öffnung und Erweiterung eigener Horizonte vermitteln. Nicht nur die Berliner deutscher Herkunft finden bisweilen keinen Zugang zu anderen Kulturen oder lehnen fremde kulturelle Einflüsse auf ihr Leben ab. Auch viele Berliner Bürger nichtdeutscher Herkunft ziehen sich gerne in ihren sozialen und kulturellen Kontakten auf die eigene Bevölkerungsgruppe zurück und tun sich schwer mit den transkulturellen Einflüssen und mit der multikulturellen Realität ihrer Stadt. Alle Menschen sind mit der Tatsache konfrontiert, daß sie sich bisweilen von falschen Bildern leiten lassen, die sie hindern, offen auf andere zuzugehen. Die WdK möchte an solchen Blockaden arbeiten und in ihrem Haus ein Klima der Toleranz schaffen, das Reibung unter Menschen, die sich fremd sind, fruchtbar werden läßt.

IV
Partizipation und Intervention

Die WdK ist ein kulturelles Zentrum der multikulturellen Kunstszene Berlins. Es ist anzunehmen, daß in keiner anderen Stadt in Deutschland so viele Künstler und Intellektuelle mit dem schöpferischen Potential einer anderen Sprache, einer anderen Kultur, Geschichte oder Religion leben und arbeiten. Oft behindern Sprachbarrieren ihre Integration in den offiziellen Kulturbetrieb dieser Stadt nachhaltig. Sie haben aber das künstlerische Potential, kulturelle Vielfalt als urbane Qualität erlebbar zu machen. Die verschiedenen Nationalitäten Berlins beteiligen sich über ihre Künstler und Intellektuellen aktiv am Kulturleben der Stadt. Sie sind Botschafter ihrer Kultur und bieten dafür ihr ganzes Können auf. Sie sind eine Quelle der Inspiration und der guten Unterhaltung, wenn sie die Chance dazu haben. Die WdK möchte dieses Potential auf die Bühne bringen und an andere Kultureinrichtungen der Stadt Berlin und im Umland Brandenburgs weitervermitteln.

Diese drei Aspekte prägen die Arbeit der WdK. Es geht hier nicht um Betreuung oder Beratung, sondern um Dienstleistung und Zusammenarbeit mit den Nutzern und Partnern des Hauses. In wenigen Jahren wurde die WdK mit dieser Konzeption zu einem anregenden Zentrum kultureller Vielfalt und zu einem Kristallisationspunkt vieler Initiativen. Das bislang bekannteste Projekt der WdK ist der von ihr initiierte und organisierte Karneval der Kulturen, der 1997 zum zweiten Mal als Straßenumzug mit über 2.600 Mitwirkenden vor ca. 300.000 Besuchern durchgeführt wurde. Karneval ist populäre Kunst, ist demokratische Kultur. Er lebt von der aktiven Beteiligung aller Mitwirkenden. Er bietet ihrer Fantasie und ihrer Kreativität die größte Bühne der Welt: die Straße. In diesem einzigartigen Fest der Vielfalt feiert Berlin mit großartiger Publikumsresonanz unübersehbar die Internationalität seiner Bevölkerung.

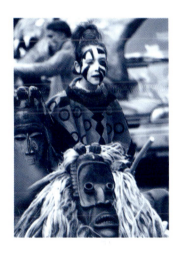

Unter dem Motto „Musica Vitale" vergibt die WdK alle zwei Jahre den Musikpreis der Kulturen, für den sich schon beim zweiten Mal über 100 Gruppen und Einzelmusiker bewarben. Dabei zeigte sich, daß in den vielen Gruppen Musiker unterschiedlicher Nationalität zusammenkommen und den musikalischen Dialog verschiedener Musikkulturen auf gleichberechtigter Grundlage suchen. Sie schaffen in ihrer Musik eine Polyphonie, eine Mehrstimmigkeit, die nicht mehr auf die kompositorischen Regeln und Klangmuster einer Kultur reduziert werden kann. Dieser Wettbewerb brachte jedesmal bislang unentdeckte große Talente zum Vorschein, die sich hier vor einer fachkundigen Jury profilieren konnten.

International gesehen ist die Darbietung traditioneller Tänze längst zur Bühnenkunst mit spezifischen konzeptionellen und künstlerischen Herausforderungen geworden. Diese Entwicklung ermutigte die WdK, die künstlerische Arbeit vieler Immigrantenvereine in diesem Genre öffentlich sichtbar zu machen und zu fördern. Nach intensiver Recherche hat die WdK 1997 zum ersten Mal unter dem Titel „Bewegte Welten" ein Festival für traditionelle Tänze ausgeschrieben, das Aufführungen mit traditionellen Tänzen aus starren Mustern der Brauchtumspflege lösen will.

Die Internationalität der Berliner Bevölkerung spiegelt sich auch in der Arbeit der fremdsprachigen oder bilingualen Theatergruppen, die von Seiten der Kulturverwaltung kaum gefördert und unterstützt wird. Dabei verfügt die Stadt über ein großes Potential an professionell ausgebildeten Schauspielern und Regisseuren anderer Nationalität, die an den deutschsprachigen Bühnen selten eine Chance bekommen. Im Rahmen ihrer Möglichkeiten unterstützt die WdK deren Initiativen und arbeitet regelmäßig mit Theaterprojekten aus dem türkischen, dem russisch-jüdischen, koreanischen, iranischen und spanischen Sprach- und Kulturbereich zusammen. Ein Theater, welches ein gemischtes Publikum ansprechen will, muß die gewohnten Konzepte von Theaterarbeit über Bord werfen. Sprache ist nicht mehr wichtigstes Medium der Verständigung mit dem Publikum. Der Schauspieler ist in seiner Mimik und Gestik noch stärker gefordert. Symbole oder auch musikalische Elemente gewinnen als Kommunikationsmittel für die Regie an Bedeutung. Diese Verlagerungen bedeuten für alle Mitwirkenden eine neue künstlerische Herausforderung und regen zu interessanten Experimenten an.

In diesen Arbeitsschwerpunkten der WdK ist Kunst über die ästhetische Wirkung hinaus Medium für Kommunikation, für Konfrontation, für Auseinandersetzung mit Bildern aus eigener Wirklichkeit und aus fremden Realitäten. Kunst wirkt als Katalysator und widersetzt sich - ebenso wie die selbstbestimmte Initiative der Vereine und der freien Gruppen - einer entmündigenden Pädagogisierung interkultureller Begegnung. Und Kunst vermittelt Heimat. Dies geschieht nicht nur über die Pflege von Traditionen sondern auch über den Transfer ästhetischer (und ethischer) Entwürfe in den sozialen und kulturellen Kontext der Lebenswelt, den man hier in Berlin vorfindet. In diesem Sinne will die WdK die verborgenen Schätze der internationalen Künstlerszene heben, die Auseinandersetzungen zwischen Menschen unterschiedlicher Kultur oder politischer Auffassung ermöglichen und den kulturellen Reichtum Berlins fördern. Berlin - schon immer Schmelztiegel vieler Kulturen - bietet dafür ein unerschöpfliches Reservoir ∎

Zum Autor:
Andreas Freudenberg ist Leiter der Werkstatt der Kulturen

HAUS DER KULTUREN DER WELT

HAUS DER KULTUREN DER WELT
John-Foster-Dulles-Allee 10
10557 Berlin

Kultureller Dialog gegen ethnische Separierung

Seit Januar 1989 ist die ehemalige Kongreßhalle Forum der Gegenwartskulturen Afrikas, Asiens und Lateinamerikas. Das Haus der Kulturen der Welt fördert hier – am Rande des Tiergartens und des zukünftigen Regierungsviertels – durch Veranstaltungen aus verschiedenen künstlerischen Gattungen den Dialog zwischen den westlichen und den nichtwestlichen Kulturen.

In einer polyzentrisch vernetzten Welt sind viele Probleme der Zukunft globaler Natur; sie lassen sich in der Beschränkung auf den eigenen Kulturkreis nicht mehr lösen. Die Fähigkeit, Fremdem und Neuem offen zu begegnen, gilt als Schlüssel, um die Herausforderungen der kommenden Jahrzehnte erfolgreich bestehen zu können. Wie in der Technik, der Architektur und der Medizin gehen auch in der Musik, der bildenden Kunst, der Literatur, dem Film, dem Theater und dem Tanz neue Entwicklungen von Afrika, Asien und Lateinamerika aus. Sie fordern die europäischen Traditionen heraus, erweitern den kulturellen Spielraum und schärfen das Bewußtsein über die eigene Kultur.

Was für den internationalen Austausch gilt, ist ebenso gültig für das Zusammenleben der Menschen aus 180 Nationen in Berlin. Eine differenzierte Information über die jeweils andere Kultur ist notwendig; unsere Gesellschaft braucht Orte der Kommunikation zwischen unterschiedlichen kulturellen Zusammenhängen. Das Haus der Kulturen der Welt versteht sich als Forum auch der Begegnung für deutsche und ausländische Bürger der Stadt. Veranstaltungen der communities umfassen Kulturwochen, traditionelle Feste, Nationalfeiertage, Gesprächsrunden ebenso wie Gastspiele hervorragender Theater- und Musikensembles. Wer aus dem Kreis der ausländischen Kulturinitiativen im Haus der Kulturen der Welt eine Veranstaltung organisiert, möchte Brücken bauen zwischen der eigenen und der deutschen Kultur.

Transkulturelle Veranstaltungen bringen Angehörige vieler communities und deutsche Berliner an „einen Tisch".
Damit wird Tendenzen der ethnischen Separierung entgegengewirkt und der vielseitige Austausch und das Verantwortungsgefühl zwischen den verschiedenen Einwohnergruppen der Stadt bestärkt.

Die Kommunikation zwischen den Kulturen beruht auf Kontinuität. Herausragende Einzelveranstaltungen sind wichtig, wichtiger noch ist die Verstetigung einmal geknüpfter Beziehungen. Das Haus der Kulturen der Welt arbeitet deshalb im internationalen wie deutschen Rahmen in einem Netzwerk befreundeter Institutionen, und in Berlin sucht es die Kooperation mit den kulturellen Zentren und Vereinigungen der ausländischen Gemeinschaften. Die Arbeit auf einem so komplexen Feld wie dem der „Kulturen der Welt" ist nur im Zusammenwirken vieler Partner erfolgreich zu leisten.

Abbildungsnachweis:

Die Abbildungen sind nach Seitenzahlen geordnet. Bei mehr als einer Abbildung pro Seite sind diese von links oben nach rechts unten aufgeführt. Bei fehlenden Angaben zum Fotografen gilt als Quelle der/die AutorIn bzw. das Projekt.

Titelbild:
Michael Kayser, Privat, Amann, Ann-Christine Jansson

I Stadt im Wandel

S.6 Paul Langrock/ Zenit, Spaich S.98; S.7 John Röhe, Amann, Ahmet Ersöz, Katja Simons; S.8 Paul Langrock/ Zenit; S.12 Landesbildstelle Berlin; S.13 John Röhe; S.15, 22, 25 Amann; S.31 Arin;

II Stadtraum und Aneignung

S.34 Amann; S.35 Schmals, Amann, Michael Kayser; S.43, 44 (oben), 45 Amann; S.50 v.Neumann-Cosel; S.55 Schwarz; S.58, 59 S.T.E.R.N. GmbH; S.62 Hanna Sjöberg; S.63 Cristina Damasceno; S.64 Ilka Normann; S.66, 67 BSG; S.69 Jürgen Schröder; S.77 Christof Ziemer; S.82, 83 Michael Kayser; S.84 Amann, Michael Kayser; S.86, 87 Michael Kayser; S.88 Bärbel Felber/ Pressestelle Marzahn;

III Identitäten und Netzwerke

S.90 v. Neumann-Cosel, Caritasverband; S.91 Amann, Ann-Christine Jansson, Greh, Katja Simons, v. Neumann-Cosel; S.92 v. Neumann-Cosel, S.94 Katja Simons; S.104 Jens Liebchen; S.107, 108 Pichler; 112, 113 Binbir Bistro-Bar Restaurant; S.114 Ahmet Ersöz; S.115, 116 Turgut Kaya; S.120 Ann-Christine Jansson; S.121 Karin Heinrich; S.122, 123 Amann; S.126 Minh; S.128 Axel Liepe; S.129 Axel Liepe, Minh; S.130 Martha Swope; S.132 A.Maurer; S.133 Amann; S.135 A.Maurer;

IV Partizipation und Intervention

S.136 Klaus Rabien, Caritasverband; S.137 privat, Berliner Mieterverein; S.148, 149 Caritasverband; S.151, 152 Fathy El-Faramawy; S.164, 166 Berliner Mieterverein e.V.; S.172 Cynthia Matuszewski; S.173 Cristina Damasceno; S.174 Klaus Rabien; S.175 William Strauch, Anna Jacobi

Abkürzungen

ABM	Arbeitsbeschaffungsmaßnahme
AG	Amtsgericht
AWO	Arbeiterwohlfahrt
BauGB	Baugesetzbuch
BGB	Bürgerliches Gesetzbuch
BGH	Bundesgerichtshof
BI	Bürgerinitiative
BMBau	Bundesministerium für Bau- und Wohnungswesen
BRD	Bundesrepublik Deutschland
DDR	Deutsche Demokratische Republik
DRK	Deutsches Rotes Kreuz
e.G.	eingetragene Genossenschaft
EU	Europäische Union
e.V.	eingetragener Verein
GUS	Gemeinschaft Unabhängiger Staaten
IBA	Internationale Bauausstellung
LG	Landgericht
MHG	Miethöhegesetz
OLG	Oberlandesgericht
ÖPNV	Öffentlicher Personennahverkehr
OVG	Oberverwaltungsgericht
RAA	Regionale Arbeitsstelle für Ausländerfragen
SAGIF	Schöneberger Arbeitsgemeinschaft ImmigrantInnen- und Flüchtlingsprojekt
UdSSR	Union der Sozialistischen Sowjetrepubliken